RENÚNCIA À NACIONALIDADE BRASILEIRA

Direito fundamental à apatridia voluntária

Paulo Cesar Villela Souto Lopes Rodrigues

Prefácio
Luís Roberto Barroso

Apresentação
Rui Manuel Gens Moura Ramos

RENÚNCIA À NACIONALIDADE BRASILEIRA
Direito fundamental à apatridia voluntária

Belo Horizonte

2019

© 2019 Editora Fórum Ltda.

É proibida a reprodução total ou parcial desta obra, por qualquer meio eletrônico, inclusive por processos xerográficos, sem autorização expressa do Editor.

Conselho Editorial

Adilson Abreu Dallari
Alécia Paolucci Nogueira Bicalho
Alexandre Coutinho Pagliarini
André Ramos Tavares
Carlos Ayres Britto
Carlos Mário da Silva Velloso
Cármen Lúcia Antunes Rocha
Cesar Augusto Guimarães Pereira
Clovis Beznos
Cristiana Fortini
Dinorá Adelaide Musetti Grotti
Diogo de Figueiredo Moreira Neto (*in memoriam*)
Egon Bockmann Moreira
Emerson Gabardo
Fabrício Motta
Fernando Rossi
Flávio Henrique Unes Pereira

Floriano de Azevedo Marques Neto
Gustavo Justino de Oliveira
Inês Virgínia Prado Soares
Jorge Ulisses Jacoby Fernandes
Juarez Freitas
Luciano Ferraz
Lúcio Delfino
Marcia Carla Pereira Ribeiro
Márcio Cammarosano
Marcos Ehrhardt Jr.
Maria Sylvia Zanella Di Pietro
Ney José de Freitas
Oswaldo Othon de Pontes Saraiva Filho
Paulo Modesto
Romeu Felipe Bacellar Filho
Sérgio Guerra
Walber de Moura Agra

CONHECIMENTO JURÍDICO

Luís Cláudio Rodrigues Ferreira
Presidente e Editor

Coordenação editorial: Leonardo Eustáquio Siqueira Araújo
Aline Sobreira de Oliveira

Av. Afonso Pena, 2770 – 15º andar – Savassi – CEP 30130-012
Belo Horizonte – Minas Gerais – Tel.: (31) 2121.4900 / 2121.4949
www.editoraforum.com.br – editoraforum@editoraforum.com.br

Técnica. Empenho. Zelo. Esses foram alguns dos cuidados aplicados na edição desta obra. No entanto, podem ocorrer erros de impressão, digitação ou mesmo restar alguma dúvida conceitual. Caso se constate algo assim, solicitamos a gentileza de nos comunicar através do *e-mail* editorial@editoraforum.com.br para que possamos esclarecer, no que couber. A sua contribuição é muito importante para mantermos a excelência editorial. A Editora Fórum agradece a sua contribuição.

Dados Internacionais de Catalogação na Publicação (CIP) de acordo com a AACR2

R696r	Rodrigues, Paulo Cesar Villela Souto Lopes
	Renúncia à nacionalidade brasileira: direito fundamental à apatridia voluntária / Paulo Cesar Villela Souto Lopes Rodrigues. – Belo Horizonte : Fórum, 2019. 258p.; 14,5 cm x 21,5 cm
	ISBN: 978-85-450-0673-2
	1. Direito Internacional Privado. 2. Direito Internacional Público. 3. Direito Constitucional. I. Título.
	CDD: 342.3
	CDU: 341.9

Elaborado por Daniela Lopes Duarte – CRB-6/3500

Informação bibliográfica deste livro, conforme a NBR 6023:2018 da Associação Brasileira de Normas Técnicas (ABNT):

RODRIGUES, Paulo Cesar Villela Souto Lopes. *Renúncia à nacionalidade brasileira*: direito fundamental à apatridia voluntária. Belo Horizonte: Fórum, 2019. 258p. ISBN 978-85-450-0673-2.

Dedico este trabalho aos meus pais e ao meu irmão.

O amor incondicional faz a diferença na vida.

AGRADECIMENTOS

Agradeço aos Professores Rui Moura Ramos, Daniel Gruenbaum, Carmen Tibúrcio e Paulo Emílio Vauthier Borges de Macedo. Ao Professor Moura Ramos pela generosidade da apresentação que escreveu para este trabalho, e pela fidalguia com que me recebeu em Coimbra, em um desses episódios mágicos que marcam a vida: o aprendiz que se encontra com o mestre insuperável. Ao Daniel Gruenbaum, meu orientador neste trabalho e no anterior, pela delicadeza e paciência. À Professora Carmen Tibúrcio, coorientadora; minha guia no direito internacional e o professor que quero ser quando crescer. E ao Professor Paulo Emílio Vauthier Borges de Macedo pelas leituras que sugeriu e, notadamente, pelas que obrigou. Poucas pessoas são tão importantes na vida quanto os professores certos.

Aos alunos da Faculdade Nacional de Direito da Universidade Federal do Rio de Janeiro (UFRJ), da Faculdade de Direito da Universidade do Estado do Rio de Janeiro (UERJ) e da Faculdade de Direito da Universidade de Brasília (UnB), com os quais compartilhei as ideias aqui apresentadas. Em especial, agradeço aos alunos Carine Pierre, Glauco Santos Júnior, Wilson Coelho, Raíssa Pedroza e Raquel Santana (UnB), além de Felipe Graça Meneses, do Centro Universitário de Brasília (UniCEUB), pela inestimável colaboração com a pesquisa. Agradeço ainda a Yuri Rezende, meu aluno na UnB e o melhor estagiário do mundo, que tornou minha vida mais fácil, e cuja ajuda no Supremo Tribunal Federal foi fundamental para que eu pudesse concluir este trabalho.

Nos últimos anos, tenho tido o prazer e a honra de servir ao País como juiz federal instrutor no gabinete do Ministro Luís Roberto Barroso, no Supremo Tribunal Federal (STF). Agradeço imensamente ao Ministro pela oportunidade de com ele conviver e assim poder observar atentamente como um gigante do direito arruma artesanalmente suas ideias. Um aprendizado sem preço.

Depois de quase dez anos do solitário ofício judicante, recuperei no STF o prazer do trabalho em equipe e agradeço aos colegas do gabinete por isso. Em ordem alfabética: Aline Osório, Alonso Freire, André Araújo, Bernadette Leal Vitorino, Carina Lellis, Ciro Grymberg,

Eduardo Aidê, Estêvão Gomes, Frederico Montedonio, Luis Felipe Sampaio, Luísa Lacerda, Leonardo Cunha, Marcelo Costenaro Cavalli, Nina Pencak, Odilon Romano Neto, Patrícia Perrone, Renata Saraiva e Teresa Melo. Ao Alonso Freire, acadêmico de primeira linha, agradeço especialmente pelos *insights* de direito constitucional que iluminaram minhas conclusões. Espero, um dia, poder retribuir a ajuda.

Ao amigo Wellington de Paulo, jurista erudito, de um tipo em extinção, pela rica troca de ideias. Ao aluno Luiz Felipe Guerreiro, que seguramente será um jurista erudito, não permitindo a extinção dessa categoria de profissionais.

Agradeço, ainda, à colega Adriana Cruz pelo envio sistemático de material para minha pesquisa, o que revela a extrema gentileza e a disposição para ajudar que a caracterizam.

Agradeço, por fim, à Professora Marília Albuquerque Guedes de Mello – a quem não vejo há mais de 30 anos, mas que em uma sala de aula de uma escolinha de bairro, no início dos anos 1980, ao me ensinar História da Arte, marcou definitivamente o meu destino e os meus interesses. Tudo na vida é uma questão de ter o estímulo certo, inclusive a felicidade. Obrigado, Professora.

A língua é minha Pátria e eu não tenho Pátria: tenho mátria. Eu quero frátria.

(Caetano Veloso, Língua)

LISTA DE ABREVIATURAS E SIGLAS

a.C.	–	Antes de Cristo
ACNUR	–	Alto Comissariado das Nações Unidas para Refugiados
ADCT	–	Ato das Disposições Constitucionais Transitórias
Art.	–	Artigo
CADH	–	Convenção Americana de Direitos Humanos
CC	–	Código Civil
CDH	–	Comissão Interamericana de Direitos Humanos
CEDH	–	Corte Europeia de Direitos Humanos
CIDH	–	Corte Interamericana de Direitos Humanos
CIJ	–	Corte Internacional de Justiça
CLN	–	*Certificate of Loss of Nationality*
ComEDH	–	Comissão Europeia dos Direitos Humanos
ConEDH	–	Convenção Europeia dos Direitos Humanos
CP	–	Código Penal
CPC	–	Código de Processo Civil
CPF	–	Cadastro de Pessoa Física
CPP	–	Código de Processo Penal
CRFB	–	Constituição da República Federativa do Brasil
d.C.	–	Depois de Cristo
DELEMIG	–	Delegacia de Imigração
DEMIG	–	Departamento de Migrações
DIP	–	Direito Internacional Público
DIPri	–	Direito Internacional Privado
DPF	–	Departamento de Polícia Federal
DUDH	–	Declaração Universal dos Direitos Humanos
EC	–	Emenda Constitucional
EUA	–	Estados Unidos da América
INA	–	*Immigration and Nationality Act*
Inc.	–	Inciso
LINDB	–	Lei de Introdução às Normas do Direito Brasileiro
MERCOSUL	–	Mercado Comum do Sul
MJ	–	Ministério da Justiça
MJ	–	Ministério da Justiça
MP	–	Ministério Público
MPF	–	Ministério Público Federal
MRel	–	Ministério das Relações Exteriores
N.	–	Número

OAB	–	Ordem dos Advogados do Brasil
ONG	–	Organização Não Governamental
ONU	–	Organização das Nações Unidas
PF	–	Polícia Federal
PIDCP	–	Pacto Internacional de Direitos Civis e Políticos da ONU
PIDESC	–	Pacto Internacional de Direitos Econômicos, Sociais e Culturais da ONU
PL	–	Projeto de Lei
PROUNI	–	Programa Universidade Para Todos
RDA	–	República Democrática Alemã
RE	–	Recurso Extraordinário
RFA	–	República Federal Alemã
SNJC	–	Secretaria Nacional de Justiça e Cidadania
STF	–	Supremo Tribunal Federal
STJ	–	Superior Tribunal de Justiça
TJE	–	Tribunal de Justiça Europeu
TPA	–	Tribunal Permanente de Arbitragem
TPI	–	Tribunal Penal Internacional
TPR	–	Tribunal Permanente de Revisão do Mercado Comum do Sul
TRF2	–	Tribunal Regional Federal da 2ª Região
UE	–	União Europeia
UERJ	–	Universidade do Estado do Rio de Janeiro
UFRJ	–	Universidade Federal do Rio de Janeiro
UnB	–	Universidade de Brasília
UniCEUB	–	Centro Universitário de Brasília
URSS	–	União das Repúblicas Socialistas Soviéticas

SUMÁRIO

PREFÁCIO
Luís Roberto Barroso 17

APRESENTAÇÃO
Rui Manuel Gens Moura Ramos 21

INTRODUÇÃO 25

CAPÍTULO 1
NACIONALIDADE, NAÇÃO E NACIONALISMO 51

1.1   O que é ser nacional nos dias de hoje? 51
1.2   Conceitos: alcance 55
1.3   O que é uma nação? 58
1.4   Nacionalismo 61
1.5   A nação, o nacionalismo e a nacionalidade para os
      internacionalistas 65
1.5.1 A nação e os nacionais para Vattel 65
1.5.2 A nação e o nacionalismo para Mancini 72
1.5.3 A origo romana e a nacionalidade para Savigny 76
1.6   Para onde caminha o direito de nacionalidade? 78

CAPÍTULO 2
A NACIONALIDADE 83

2.1   Direito de nacionalidade: doutrina geral 88
2.1.1 Natureza jurídica e teorias de fundamentação 88
2.1.2 Principais espécies históricas de ligação 89
2.1.3 A posição do direito de nacionalidade no quadro geral do
       Direito 90
2.1.3.1 Direito de nacionalidade como tema de direito internacional
       privado: posição adotada 90
2.1.3.2 Direito de nacionalidade como tema de direito internacional
       público 100
2.1.3.3 Direito de nacionalidade como tema de direito constitucional .. 101

2.1.3.4	Direito de nacionalidade como tema de direito civil	102
2.1.4	O direito de nacionalidade	103
2.1.4.1	Nacionalidade e cidadania	105
2.1.4.2	Princípios da nacionalidade	111
2.1.4.3	A aquisição da nacionalidade	113
2.1.4.4	A perda da nacionalidade	114
2.1.4.5	A prova da nacionalidade	117
2.1.4.6	Apatridia e polipatria	117
2.1.4.6.1	Apatridia	117
2.1.4.6.2	Polipatria	119
2.1.4.7	Subnacionalidade e supranacionalidade	121
2.1.4.8	Nacionalidade no direito convencional	122
2.1.5	Nacionalidade no direito comparado	125
2.1.5.1	Nacionalidade no direito alemão	125
2.1.5.2	Nacionalidade no direito francês	130
2.1.5.3	Nacionalidade no direito português	132
2.1.5.4	Nacionalidade no direito norte-americano	134
2.1.6	A renúncia à nacionalidade no direito comparado	138
2.1.6.1	A renúncia à nacionalidade no direito comparado e o direito brasileiro	141

CAPÍTULO 3

A NACIONALIDADE NO DIREITO BRASILEIRO 143

3.1	A nacionalidade por atribuição	146
3.1.1	Nacionalidade originária	146
3.1.2	A opção de nacionalidade	153
3.1.3	Nacionalidade por adoção	154
3.1.4	Nacionalidade pelo casamento	159
3.2	A Nacionalidade Derivada	159
3.2.1	Antecedentes históricos	159
3.2.2	Regime	161
3.2.3	Requisitos	165
3.2.4	Procedimento	167
3.2.5	A radicação precoce	171
3.2.6	Os filhos de brasileiros naturalizados	172
3.3	A extradição de brasileiros	173
3.4	Obrigações decorrentes da nacionalidade	179
3.5	Perda da nacionalidade brasileira	180
3.5.1	Renúncia à nacionalidade brasileira	186
3.6	Reaquisição da nacionalidade brasileira	189

CAPÍTULO 4
FUNDAMENTAÇÃO DA RENÚNCIA À NACIONALIDADE
BRASILEIRA 193

4.1 Renúncia à nacionalidade como renúncia a direito
fundamental 193
4.1.1 Direitos fundamentais 193
4.1.2 Nacionalidade como direito fundamental no direito brasileiro . 198
4.1.3 Renúncia a direitos fundamentais 198
4.1.4 Renúncia à nacionalidade brasileira como renúncia a direito
fundamental 203
4.2 Renúncia à nacionalidade brasileira como proteção à
dignidade humana 204
4.2.1 Dignidade humana 205
4.2.2 Renúncia à nacionalidade como proteção da dignidade da
pessoa humana, entendida como direito de liberdade 207
4.3 Hipóteses de renúncia à nacionalidade no direito brasileiro 210

CAPÍTULO 5
APATRIDIA 213

5.1 Proteção no Direito Internacional 217
5.2 Proteção no direito comparado 221
5.3 Proteção no direito brasileiro 222
5.4 Apátrida como estrangeiro 225
5.5 Apátrida como direito fundamental a não ostentar qualquer
nacionalidade 235

CONCLUSÃO 239

REFERÊNCIAS 247

PREFÁCIO

Nacionalidade e autonomia: direito fundamental à apatridia voluntária

I O autor

Paulo Cesar Villela Souto Lopes Rodrigues é juiz instrutor no meu gabinete desde meados de 2015. Chegou com fama de competência, seriedade e elevado preparo intelectual, que o tempo confirmou sobejamente. Paulo é um exemplo de elegância e serenidade, aliadas a uma cultura refinada e a uma visão humanista da vida. Todos da equipe o admiram e estimam, beneficiados por seus *insights* frequentemente espirituosos e por uma atitude fraterna e positiva.

Paralelamente à carreira de sucesso na magistratura, onde se consolidou como um juiz criminal lúcido e alinhado com os novos tempos no Brasil, Paulo desenvolveu uma vitoriosa carreira acadêmica. Em 2012, tornou-se mestre pela Universidade do Estado do Rio de Janeiro (UERJ), com uma dissertação cujo tema era premonitório das dificuldades que viriam pela frente: *A efetividade dos direitos dos estrangeiros irregulares e clandestinos no Brasil*. A partir daí, ingressou no magistério, tendo lecionado em algumas das grandes faculdades de direito do país, como a Universidade Federal do Rio de Janeiro, a Universidade de Brasília e o Centro Universitário de Brasília. Com esta tese, conquistou o merecido título de doutor, também pela UERJ. Querido e apreciado por seus alunos, Paulo é frequentemente professor homenageado ou paraninfo das turmas em que leciona.

II O livro

Este livro corresponde à tese de doutoramento defendida pelo autor na Universidade do Estado do Rio de Janeiro, em fevereiro de

2017. O tema do livro é original e instigante: a admissibilidade, no direito brasileiro, de renúncia voluntária à nacionalidade, colocando-se o ex-nacional na condição de apátrida. Seria possível a alguém renunciar à nacionalidade brasileira sem adquirir qualquer outra nacionalidade? Deixar de ser brasileiro apenas como uma experiência existencial, um projeto pessoal de vida boa, como exercício de liberdade, ainda que a Constituição não preveja expressamente esta espécie de renúncia?

A resposta do autor – adianto – é positiva: a renúncia voluntária à nacionalidade corresponde ao exercício de um direito fundamental à liberdade (ou à autonomia). A autonomia, como já escrevi alhures, constitui uma das principais dimensões do princípio da dignidade da pessoa humana, fundamento da República, nos termos do art. 1º, III, da Constituição. Ela corresponde ao livre-arbítrio dos indivíduos, que lhes permite buscar, da sua própria maneira, o ideal de viver bem e de ter uma vida boa. A noção central da autonomia é a capacidade de autodeterminação, isto é, o direito de as pessoas definirem, elas próprias, os rumos de suas vidas e de desenvolver livremente a própria personalidade. Significa, assim, o poder de realizar as escolhas existenciais relevantes, assumindo a responsabilidade pelas decisões tomadas.

A proteção constitucional do direito à autonomia individual e à dignidade impede que o Estado retire dos indivíduos a possibilidade de tomarem decisões morais e fazerem opções personalíssimas que não violem direitos de terceiros. Trata-se de um postulado antipaternalista e antimoralista, que se assenta na ideia de que os indivíduos têm capacidade para escolher o que é melhor para si, independentemente do padrão moral majoritário.

Estabelecida a premissa de que o indivíduo possui uma esfera de autonomia que deve ser preservada da ingerência estatal, este livro investiga se a consequência negativa da renúncia – a apatridia – seria fundamento suficiente para impedi-la. Pode ou deve o Estado proteger o indivíduo de si mesmo e de suas próprias escolhas, notadamente quando estas escolhas não interfiram na vida dos demais e sejam fruto de uma decisão refletida?

Para responder a essa questão, o autor percorre um extenso e consistente percurso. A primeira parte da obra é dedicada ao estudo do direito de nacionalidade. O trabalho investiga, de forma abrangente, o conteúdo desse direito, seu conceito, consequências jurídicas, aquisição, perda e reaquisição, tanto no direito internacional quanto no direito brasileiro. Nos primeiros capítulos da obra, o leitor encontrará também uma rica exposição a respeito da construção histórica do direito à nacionalidade: da cidadania na Antiguidade Clássica à cidadania global da atualidade, passando pela aligeância do direito medieval e pelos nacionalismos do século XIX. O autor investiga, ainda, o futuro do direito de nacionalidade e sua função no mundo contemporâneo, especialmente quando consideradas as ideias de cidadania regional e global.

Essa base teórica é utilizada, na sequência, para enfrentar e fundamentar juridicamente a possibilidade da renúncia à nacionalidade, com a consequente autocolocação do indivíduo na condição da apátrida, o que o autor denominou de direito fundamental à apatridia voluntária. Para chegar a essa conclusão, o problema central da tese foi o de contornar o obstáculo consistente na natureza jurídica do direito de nacionalidade. Considerado um direito humano, no plano internacional, e um direito fundamental, no plano constitucional, o autor propõe a superação do dogma da irrenunciabilidade do direito à nacionalidade, sem, contudo, deixar o indivíduo desprotegido.

Por fim, o trabalho investiga a proteção que o direito internacional e o direito brasileiro conferem aos apátridas. Com isso, o trabalho procura demonstrar que a tutela jurídica dos apátridas também pode ser entendida como o reconhecimento da existência de um direito fundamental a não ostentar qualquer nacionalidade. Estabelecida a possibilidade de renúncia voluntária à nacionalidade brasileira, o autor propõe que, procedimentalmente, tal renúncia deva ser obtida judicialmente. A ausência de previsão expressa no texto constitucional obstacularizaria a obtenção administrativa. Uma vez efetivada a renúncia, a tese conclui pela possibilidade de o ex-nacional viver como apátrida no Brasil, desfrutando da ampla proteção que o direito brasileiro confere aos estrangeiros em geral e aos apátridas em particular. A renúncia, porém, não é definitiva: por se tratar de direito fundamental, o ex-nacional brasileiro terá sempre a possibilidade de readquirir a nacionalidade se assim desejar.

O caso, citado no trabalho, da atriz Elke Maravilha, demonstra que a hipótese da tese não é meramente teórica. A atriz chegou apátrida ao Brasil, naturalizou-se brasileira e depois voltou, mais uma vez, à condição de apátrida por protestar contra o regime militar. Depois, após restaurada a democracia no Brasil, recusou-se a readquirir a nacionalidade brasileira como escolha existencial, motivada por razões políticas.

III Conclusão

A leitura do trabalho de Paulo Cesar Villela Souto Lopes Rodrigues foi, para mim, de certa forma, uma volta às origens. No início da minha carreira universitária, em outra vida, fui professor de direito internacional privado e um dos capítulos do meu curso era, precisamente, o estudo da nacionalidade. Uma das virtudes mais admiráveis na vida acadêmica é ir a lugares onde ninguém ou poucos estiveram, e imaginar soluções originais para problemas não suficientemente equacionados. O livro de Paulo é um exemplo vivo dessa virtude. Sem temer a bibliografia escassa e mesmo as reações iniciais que sua ideia ousada podem provocar, o autor construiu um argumento sólido em favor de sua tese, levando a liberdade de escolha existencial à fronteira do direito fundamental à nacionalidade.

Quebrar dogmas e contestar o conhecimento convencional é parte essencial da evolução de qualquer ciência. Mesmo quem não se deixe convencer pela tese central do livro terá tido a necessidade imperiosa de revisitar e repensar as próprias ideias. É para isso que existe a vida acadêmica: para que o conhecimento nunca estacione, petrificado em uma mesma estação. Este livro cumpre, com grande mérito, esse papel. Uma leitura que o leitor desfrutará com prazer e proveito.

Brasília, 20 de maio de 2019.

Luís Roberto Barroso
Professor Titular de Direito Constitucional da UERJ.
Ministro do Supremo Tribunal Federal.

APRESENTAÇÃO

1. Essencialmente dedicado ao estudo monográfico da possibilidade de renúncia à nacionalidade brasileira, o presente trabalho, que constituiu a dissertação de doutoramento do seu Autor na prestigiada Faculdade de Direito da UERJ, contém um conjunto de reflexões que em muito ultrapassam o tema que constitui o seu objecto central. Assim, na busca de uma precisão conceptual, a obra inicia-se por uma indagação do lugar da condição nacional, tanto numa perspectiva histórica como nos dias de hoje, indagação que leva o Autor a aproximar a nacionalidade de outros conceitos (como o de Nação e de nacionalismo), num percurso que sublinha o lugar por eles ocupado no pensamento dos cultores do direito internacional e se defronta com o (ao menos aparente) declínio, comprovado por diversos factores, deste instituto na contemporaneidade.

Esta abrangência de análise continua-se, depois, quando, considerando agora já o direito da nacionalidade, ele é visto na sua plúrima pertença ao direito internacional privado, ao direito internacional público, ao direito constitucional e ao direito civil, culminando na qualificação do direito a uma nacionalidade como direito fundamental. Reflexo desta natureza é a própria caracterização do vínculo em que aquela se analisa, que deixou de se poder considerar, nesta perspectiva, quer como uno, o que implicou a aceitação da plurinacionalidade (polipatria), quer como perpétuo, reconhecendo-se a possibilidade da sua alteração, quando resultado da vontade do indivíduo que dela é titular. O Autor sublinha estas características ao considerar as vicissitudes do vínculo (a sua aquisição e perda), dando igualmente conta da utilização do conceito (ou da de outros que lhe são próximos) em relação a realidades jurídicas distintas da do Estado.

Depois de um excurso pelo tratamento da nacionalidade em diversos sistemas jurídicos nacionais (o alemão, o francês, o português e o norte-americano), o trabalho centra-se na figura da renúncia à nacionalidade, apresentando a forma como ela é considerada no direito comparado e colocando o problema da sua admissibilidade perante o direito brasileiro.

A resposta a esta questão não é porém dada sem um estudo do direito da nacionalidade brasileira no seu conjunto, quer no plano da aquisição (tanto originária como derivada), quer no da perda e da reaquisição, estudo onde se enfatizam as diferenças entre os vários estatutos do nacional e as obrigações que esta condição impõe. Só após tal análise se entra na problemática da renúncia à nacionalidade, coerentemente tratada como renúncia a um direito fundamental, e que o Autor distingue de figuras próximas, como a perda, a suspensão e o não exercício. Renúncia a um direito fundamental cujo fundamento é situado na protecção da dignidade da pessoa humana, ponto de referência cardinal da concepção constitucional hodierna dos direitos fundamentais e valor cimeiro em que, no Brasil como em Portugal, baseia-se a forma de Estado constituída nos dois países. No dizer do Autor, "impedir a renúncia pura e simples à nacionalidade brasileira, para que o indivíduo se coloque, voluntariamente, na condição de apátrida, significa violar sua dignidade, na medida em que tal escolha existencial representa, na actualidade, o exercício legítimo de sua autonomia e não coloca em risco os direitos de terceiros". E à vulnerabilidade que uma tal posição acarreta para o interessado opõe o Autor a protecção em geral dispensada ao apátrida (que no direito brasileiro seria idêntica àquela de que goza o estrangeiro), que para mais é objecto de uma garantia internacional. Nesta conformidade, o Autor vê na renúncia ao direito (fundamental) a uma nacionalidade (no caso, a brasileira) o exercício de um direito fundamental, salientando que "o não reconhecimento da possibilidade de renúncia pura e simples violaria o postulado constitucional de protecção da dignidade da pessoa humana".

Em suma, a tese do Autor não belisca aquelas linhas de força que têm procurado evitar que quer de meras decisões estaduais, quer do jogo automático dos direitos nacionais resulte a criação de situações de apatridia. Mas recusa-se a ir ao ponto de recusar ao indivíduo o poder de, livre e autonomamente, assumir este estatuto, cuja vulnerabilidade, embora reconhecendo, relativiza. Fazê-lo implicaria, no seu entender, confundir o direito fundamental à nacionalidade com a obrigação de ostentar uma nacionalidade, pelo que o enfraquecimento da posição jurídica do indivíduo através da renúncia a uma dada nacionalidade, mesmo quando tal o coloque numa situação de apatridia, há-de ser considerado uma expressão de um direito geral de liberdade e da autonomia que a ordem jurídica deve reconhecer ao indivíduo, respeitando as escolhas que este entenda fazer na gestão da vida que pretende viver.

2. A simples rememoração dos pontos que se nos afiguram essenciais desta obra e da tese que nela se defende dizem bem do interesse do presente trabalho, quer para o leitor interessado pela condição nacional brasileira, quer para todo aquele para quem o direito da nacionalidade constitua objecto de reflexão. Mas cumpre dizer que não são apenas os cultores desta disciplina que nestas páginas encontrarão razões de enriquecimento. Na verdade, ela interessa afinal a todos os juristas, atenta a perspectiva, adoptada pelo Autor, de tratar a renúncia à nacionalidade como um problema de exercício de direitos fundamentais. Para além de, desta forma, assegurar que o interesse da presente investigação ultrapassa as fronteiras do ordenamento brasileiro, o Autor retira assim todas as consequências da concepção, hoje corrente, que vê no direito da nacionalidade um direito fundamental, situando o instituto a que devota a sua atenção no ponto de intersecção de distintos saberes jurídicos.

Mas não é apenas a correcção da colocação do problema que torna exemplar o estudo que ora se edita. A forma como o Autor se move, para além da regulação jurídica da nacionalidade propriamente dita, tanto no domínio do direito internacional como no do direito constitucional, assim como a compreensão alargada que demonstra, quer da natureza e função do vínculo de nacionalidade, quer dos elementos de direito comparado pertinentes à sua análise, transformam o ensaio cuja leitura ora nos é propiciada na enunciação de um argumento a que não parece faltar nenhum dos passos necessários para levar a cabo a respectiva demonstração. *Last but not the least*, a coerência a que obedece o raciocínio e a (ao menos aparente) singularidade da conclusão a que ele conduz, ao confortar uma construção liberal do vínculo de nacionalidade, surgem afinal como uma manifestação do carácter jurisgénico da vontade dos indivíduos, cujo reconhecimento tem vindo a ser cada vez mais generalizado nesta como noutras áreas do direito.

Enfim, a colocação do problema numa sede interdisciplinar, em que a abordagem puramente jurídica da nacionalidade é confortada pelas dimensões sociológicas do conceito e pelo seu lugar na história das ideias e da dinâmica social, dizem da amplitude do quadro de referências do Autor e da sua preocupação com o sentido e o lugar das instituições na vida colectiva. Traço cuja relevância deve ser sublinhada, sobretudo em relação a uma categoria jurídica que constitui ainda hoje, a um tempo, e mau grado o já assinalado declínio da sua importância, uma trave-mestra da compreensão do Estado e um elemento-chave da estruturação da sociedade internacional. O tema possui assim uma natureza bivalente, não podendo o seu tratamento deixar de implicar a mobilização da ordenação interna como da internacional. Ao que acresce a mutabilidade revelada nos tempos mais recentes pela realidade que o instituto conforma, com a crescente influência do direito internacional na sua modelação e o aparecimento e afirmação de figuras (como a cidadania dos espaços integrados) que de algum modo concorrem com a função a que àquele numa visão clássica era atribuída.

Torna-se assim claro que a reflexão que se espera de quem afronta a temática da presente obra se afigura exigente, implicando a consideração de distintos saberes e uma clara percepção da interacção de diversos planos da realidade jurídica como, mais genericamente, da esfera cultural. Qualidades que não faltaram a Paulo Cesar Villela Souto Lopes Rodrigues e sem as quais o delineamento e a execução do presente trabalho não seriam os que nele podemos reconhecer. E que permitem esperar que, após a percuciente reflexão com que o Autor enriqueceu a compreensão do instituto a que desta vez a votou a sua atenção, possa no futuro continuar a ocupar-se do círculo de matérias de cuja problemática essencial revelou um particular domínio.

3. O que nos leva a saudar vivamente a publicação da presente obra, não só pelo rico contributo que traz para o esclarecimento das questões nela versadas como pela convicção arreigada que deixa sobre o muito que ainda há a esperar do seu Autor.

Coimbra, junho de 2019.

Rui Manuel Gens Moura Ramos
Professor Catedrático da Faculdade de Direito da Universidade de Coimbra. Membro do *Institut de Droit International*. Ex-Juiz do Tribunal Geral da União Europeia (1995-2003). Ex-Presidente (2007-2012) e Presidente Emérito do Tribunal Constitucional Português, onde exerceu funções de Conselheiro desde 2003.

INTRODUÇÃO

O tema

É possível renunciar à nacionalidade brasileira? Para responder a esta pergunta, bem como para saber se é possível que alguém se coloque voluntariamente na condição de apátrida,[1] o presente estudo pretende investigar: (i) o conteúdo do direito de nacionalidade: no direito internacional, no direito comparado e no direito brasileiro; (ii) a proteção que o direito internacional confere àqueles que não ostentam qualquer nacionalidade; e, (iii) sob qual fundamento jurídico seria possível a renúncia, pura e simples, à nacionalidade no ordenamento jurídico brasileiro.

Para tanto, colocará em relevo tanto a natureza jurídica de direito fundamental do direito de nacionalidade, como especulará se a proteção aos apátridas pode também ser entendida como direito fundamental a não ostentar qualquer nacionalidade.

Deste modo, se no direito internacional o direito a uma nacionalidade é considerado um direito humano e, se no Brasil, o direito à

---

[1] No direito comparado, entre os pouquíssimos exemplos conhecidos de renúncia à nacionalidade que admitem como consequência que o indivíduo se coloque, voluntariamente, na condição de apátrida estão: o do direito norte-americano (§6º, do art. 349, do *Immigration and Nationality Act*, Leis nº 82-414, de 1952: o nacional norte-americano deve comparecer perante a autoridade para, formalmente, declarar que renuncia à nacionalidade. A perda decorrente da renúncia será declarada em um documento denominado *Certificate of Loss of Nationality* – CLN); e o do direito polonês (o texto constitucional prevê a renúncia como única forma de perda da nacionalidade polonesa, após a aprovação do Presidente da República). Cf. POLÔNIA. Consulado Geral da República da Polônia em Nova Iorque. *Renunciation of Polish Citizenship*. 2015. Disponível em: http://newyork.mfa.gov.pl/en/consular_information/polish_citizenship/renunciation_polishconsulate/. Acesso em: 08 maio 2019.

nacionalidade brasileira ostenta natureza jurídica de direito fundamental, o debate implica considerar ser ou não possível a renúncia a um direito fundamental e quais as consequências jurídicas desta renúncia. A questão se coloca na medida em que, dogmaticamente, não se pode dispor de direitos fundamentais, que, como regra, são irrenunciáveis, inalienáveis e imprescritíveis. Assim, o propósito do estudo é investigar se seria possível, no direito brasileiro, no direito comparado e no direito internacional, renunciar à nacionalidade já adquirida (por qualquer dos critérios aquisitivos conhecidos em direito), a fim de se manter o indivíduo, por vontade própria, na condição de apátrida. Se o fizer, estuda-se em que medida as normas internacionais o protegeriam, e se os Estados estariam obrigados a proteger seus ex-nacionais, que renunciaram voluntariamente à nacionalidade a que tinham direito, agora já na condição de apátridas, conferindo-lhes a proteção cujo compromisso de oferecer assumiram no plano internacional.

Por outro lado, especula-se sobre a possibilidade de considerar a proteção aos apátridas não somente pelos mecanismos normativos usuais, a saber: normas internacionais que exortam os Estados a conceder-lhes proteção em seu território e, na medida do possível, a nacionalidade dos Estados em que se encontram,[2] mas a possibilidade de proteção entendida como direito a não ostentar qualquer nacionalidade, considerado o fato de que o indivíduo a ser protegido ostentava a nacionalidade do Estado e dela se despojou voluntariamente.

O direito internacional presume – e o faz corretamente –, a vulnerabilidade do apátrida. Neste sentido, trabalha com mecanismos que objetivam retirá-lo de tal condição. Assim, parece também ser necessária a proteção daqueles que decidam adquirir voluntariamente a condição de apátridas – ou daqueles que desejam nela permanecer –, como consequência de escolhas existenciais, ou seja, por razões ideológicas, filosóficas, políticas ou religiosas: a apatridia voluntária.

Para responder a estas indagações, se fará o estudo do direito de nacionalidade, da cidadania na Antiguidade Clássica à cidadania global da atualidade, passando pela aligeância do direito medieval e pelos nacionalismos do século XIX. Pretende o estudo, ainda, com o mesmo objetivo de responder às questões propostas, investigar o futuro

---

[2] Os mecanismos normativos usuais de proteção dos apátridas consistem nas seguintes orientações: (i) facilitação de aquisição da nacionalidade do Estado em que se encontram; (ii) tratamento igual ao dispensado aos demais estrangeiros, que ostentem alguma nacionalidade; (iii) acesso a serviços essenciais, como, por exemplo, educação e saúde; e, (iv) obtenção de documentos, inclusive de viagem, nos termos da Convenção das Nações Unidas de 1954 sobre o Estatuto dos Apátridas.

do direito de nacionalidade e sua função no mundo contemporâneo, especialmente consideradas as ideias de cidadania regional e global.

O estudo dogmático do direito da nacionalidade abarcará suas formas de aquisição, perda, reaquisição e, notadamente, a possibilidade de sua renúncia pura e simples, a chamada perda-abdicação ou renúncia voluntária, como espécie do gênero renúncia, que também comporta a renúncia como consequência da aquisição de outra nacionalidade. Alcançará ainda o conceito de apatridia e a proteção conferida aos apátridas pelos direitos internacional, comparado e brasileiro, especialmente quanto à possibilidade de se conferir aos apátridas proteção por outros meios que não a facilitação da aquisição de uma nacionalidade, de que é exemplo a consideração do apátrida como estrangeiro regular, hipótese em que lhes são observados os mesmos direitos de qualquer estrangeiro permanente, e se lhes exige o mesmo que é exigido pelo Estado dos demais estrangeiros com autorização de permanência regular no território.

O objetivo geral da presente pesquisa é sistematizar, a partir do estudo da nacionalidade, o estudo da apatridia, produzindo sobre ele conhecimento, além de estabelecer o fundamento jurídico do direito à apatridia voluntária. Como objetivos específicos, tem-se: (i) apresentar uma teoria da apatridia como direito fundamental a não ostentar qualquer nacionalidade; (ii) fundamentar a proteção aos apátridas que tenham se colocado nesta condição voluntariamente; e, (iii) sistematizar os modos de proteção dos apátridas, nos direitos brasileiro, convencional, comparado e internacional.

O que animou esta pesquisa foi perceber que, embora o direito da nacionalidade conte com obras de relevo na doutrina jurídica brasileira,[3] o estudo da apatridia – à exceção da tese pioneira[4] e de alguns artigos

---

[3] Entre as quais: o *Tratado sobre a Nacionalidade*, de Ilmar Penna Marinho; o v. V, sobre a *Nacionalidade*, do *Tratado de Direito Civil*, de Eduardo Espínola; *Nacionalidade e Cidadania*, de Alcírio Dardeau de Carvalho; *Da Nacionalidade no Direito Internacional Privado e na Legislação Comparada*, de Henrique Kalthoff; Os *Comentários* de Pontes de Miranda às Constituições de 1946 e 1967 e, do mesmo autor, a obra *Nacionalidade de Origem e Naturalização no Direito Brasileiro*; *Nacionalidade: Aquisição, Perda e Reaquisição*, de Francisco José da Silva Guimarães, além das referências ao tema na obra de grandes internacionalistas brasileiros, como Clovis Beviláqua, Rodrigo Octávio, Oscar Tenório, Haroldo Valladão, Amilcar de Castro, Hidelbrando Accioly, Francisco Rezek, Jacob Dolinger e Yussef Said Cahali.

[4] GUERIOS, José Farani Mansur. *A condição jurídica do apátrida*. Tese (Concurso à cadeira de Direito Internacional Privado) – Faculdade de Direito do Paraná, Universidade Federal do Paraná, Curitiba, 1936. Disponível em: https://acervodigital.ufpr.br/bitstream/handle/1884/24785/T%20-%20GUERIOS,%20JOSE%20FARANI%20MANSUR%20(T0930).pdf;jsessionid=5E9C868788BAA958C825FC3B8E5E7792?sequence=1. Acesso em: 08 maio 2019.

específicos[5] –, é muito pouco referenciado na literatura internacionalista nacional. E quando referenciado, não o é em profundidade. Suas questões e temas correlatos[6] são pouco explorados, e a prática administrativa brasileira, no trato destas questões, é atécnica e improvisada.[7]

Sendo este o quadro, justifica-se um estudo mais profundo sobre a apatridia – o que se mostra necessário no momento histórico vivido, considerado o fato de que o Brasil, atualmente um polo atrativo de estrangeiros migrantes em busca de melhores condições de vida, tem de lidar com um sem-número de questões que envolvem o conhecimento técnico tanto da apatridia, quanto dos instrumentos de proteção de indivíduos nesta condição, previstos em normas internacionais.[8]

A corroborar esta conclusão, basta observar o ocorrido em 05 de julho de 2012, quando a Justiça Federal brasileira concedeu, com fundamento no direito internacional, a nacionalidade brasileira derivada a uma criança haitiana, irregularmente introduzida no território.

> A Justiça Federal de São Paulo determinou a naturalização provisória de um menor abandonado no país vítima de traficantes de pessoas que atuam no Haiti. A decisão, desta quinta-feira (5/7), é do juiz federal Ali Mazloum, da 7ª Vara Federal Criminal em São Paulo. O Ministério da Justiça tem dez dias para emitir o documento.
>
> A sentença determina ainda a prisão de cinco pessoas acusadas de agir como "coiotes" (traficantes de pessoas). O juiz decretou o sigilo dos autos.

---

[5] ANDRADE, Willian Cesar; FANTAZZINI, Orlando. Dossiê "A Apatridia" – O direito de se ter um lugar a que chamamos de pátria. *Caderno de Debates Refúgio, Migrações e Cidadania*, v. 6, n. 6, p. 33-60, 2011. Disponível em: https://www.acnur.org/portugues/wp-content/uploads/2018/02/Caderno-de-Debates-06_Ref%C3%BAgio-Migra%C3%A7%C3%B5es-e-Cidadania.pdf. Acesso em: 08 maio 2019. GODOY, Gabriel Gualano de. Considerações sobre recentes avanços na proteção dos apátridas no Brasil. *Caderno de Debates Refúgio, Migrações e Cidadania*, v. 6, n. 6, p. 61-92, 2011. Disponível em: https://www.acnur.org/portugues/wp-content/uploads/2018/02/Caderno-de-Debates-06_Ref%C3%BAgio-Migra%C3%A7%C3%B5es-e-Cidadania.pdf. Acesso em: 08 maio 2019.

[6] Refúgio, migrações e o exercício de direitos.

[7] Em diligência de campo, realizada em 08 de agosto de 2011, junto à Delegacia de Imigração do Departamento de Polícia Federal (DELEMIG/DPF), no Aeroporto Internacional do Rio de Janeiro, obteve-se junto a seu Delegado Titular, doutor Antônio Ordacgy e demais agentes de PF presentes, a informação de que a condição jurídica de apátrida não é, na prática, considerada para fins de cumprimento de expedientes administrativos no trato com questões relacionadas a estrangeiros, de atribuição da PF brasileira, nos termos do art. 144, §1º, inc. III, da Constituição da República Federativa do Brasil (CRFB) de 1988. Para tanto, os agentes encarregados, em regra, investigam o local de nascimento do estrangeiro, e atribuem a ele, equivocadamente, a nacionalidade do país de origem, a confundir os conceitos de naturalidade e nacionalidade. Cf. TIBURCIO, Carmen. *Human Rights of Aliens in International and Comparative Law*. Haia: Martinus Nijhoff Publishers, 2001. p. 1.

[8] Convenção das Nações Unidas de 1954, sobre o Estatuto dos Apátridas. E Convenção das Nações Unidas de 1961, sobre Redução dos Casos de Apatridia.

INTRODUÇÃO | 29

Mazloum entendeu que a Lei 6.815/1980 – a Lei dos Estrangeiros –, em seu artigo 115, permite a naturalização provisória de menor introduzido clandestinamente no país. Ele considerou o Estado brasileiro corresponsável pela situação do menor. As autoridades não têm certeza de sua nacionalidade, mas suspeita-se que ele seja haitiano.

"Há três anos, o menor foi introduzido clandestinamente em território nacional, circunstância que coloca o Brasil na condição de corresponsável pela situação dramática por ele vivida", afirmou Mazloum na decisão. Segundo a denúncia, o menor chegou ao Brasil em 2009, quando tinha 11 anos, depois que sua mãe, que vive na Guiana Francesa, pagou US$ 1,9 mil pelo serviço dos "coiotes". De acordo com o processo, no percurso entre a Guiana Francesa e o Haiti, os denunciados decidiram utilizar São Paulo como rota de passagem de tráfico de pessoas. Eles traziam 12 crianças, segundo a denúncia.

Ainda de acordo com os autos, um dos "coiotes" ligou para a mãe do menor em dezembro daquele ano para exigir mais mil euros pela entrega do filho dela. A mãe disse que não tinha o dinheiro e dias depois o menor foi deixado no metrô Itaquera, em São Paulo. Desde então, ele vive em abrigos.

"[O menor] vem sendo duplamente punido: vítima dos graves delitos em tela e vítima da burocracia estatal, que impede seu traslado para junto de familiares por falta de documentos hábeis", afirmou Mazloum na decisão.

O juiz citou jurisprudência favorável no STF (RE 415.957-1/RS). Além disso, afirmou que o menor se encontra em situação de "apátrida" e defendeu que ele tem direito à nacionalidade brasileira, conforme artigo 15 da Declaração Universal dos Direitos do Homem, da qual o Brasil é signatário.

Ele determinou que a nacionalidade seja concedida em condição suspensiva e que o menor, ao atingir a maioridade, tenha a opção de mantê-la ou não.

"O menor, espécie de apátrida forçado, teve três anos de sua vida 'roubados', vivendo uma situação de inércia nos planos pessoal, familiar e social", disse Mazloum.

Além da burocracia brasileira, o juiz também criticou a Guiana Francesa, em especial a França, por "omissão" no caso.

"Para a Guiana Francesa, onde vive sua genitora, em situação irregular, não foi também possível encaminhá-lo por omissão das autoridades locais, especialmente a França. O menor está em uma espécie de limbo que o remete à situação de apátrida", afirmou Mazloum. Ele determinou a inclusão do menor no Programa de Proteção a Vítimas e Testemunhas.

Segundo a Polícia, desde 2009, pelo menos 50 menores haitianos passaram pelo Brasil em rotas de tráfico de pessoas, com suspeita inclusive de direcionamento à prostituição infantil.[9]

Para o presente estudo, que pretende contribuir para a produção do conhecimento sobre o tema da apatridia no País, propõe-se o recorte específico do direito de renúncia à nacionalidade brasileira, e da apatridia como direito de não ostentar qualquer nacionalidade, como forma de explorar, em um mesmo trabalho, todos os aspectos relevantes do tema: os fundamentos do direito de nacionalidade; suas origens históricas no conceito de cidadania; a relação da comunidade de pessoas com o Estado moderno, tanto na construção da Teoria Geral do Estado, como na perspectiva do conceito de nação; o direito de nacionalidade como direito fundamental – sua irrenunciabilidade, imprescritibilidade e inalienabilidade; a identificação da ausência de nacionalidade como condição de vulnerabilidade; a restrição arbitrária de nacionalidade historicamente vivenciada na Revolução Russa, em 1917, e no holocausto nazista, nas décadas de 1930 e 1940; as formas de aquisição da condição jurídica de apátrida, a apatridia involuntária, por extinção do Estado – sua supressão ou anexação por outro, ou restrição arbitrária por questões religiosas, étnicas, filosóficas, políticas e ideológicas; e, a ausência de nacionalidade como uma escolha existencial.

Para tanto, a linha de investigação aqui adotada cuida daquilo que influi na vontade de pertencer a uma nação, bem como do que poderia levar ao desejo eventual de não mais se vincular a um Estado, como exercício da autonomia privada, por discordar eventualmente da orientação política, ideológica ou religiosa assumida pelo Estado em determinado momento.

No direito comparado, a possibilidade de renúncia à nacionalidade se apresenta, em geral, como mecanismo legal para evitar a dupla nacionalidade ou a polipatria, colocando à disposição do indivíduo a opção de rejeitar determinada nacionalidade quando ostente outra(s) nacionalidade(s), e só nestes casos.[10] Os exemplos de renúncia

---

[9] BEZERRA, Elton. Menor vítima de "coiotes" deve ser naturalizado. *Revista Consultor Jurídico*, 07 jul. 2012. Disponível em: http://www.conjur.com.br/2012-jul-07/menor-vitima-trafico-pessoas-naturalizado-brasileiro. Acesso em: 08 maio 2019.

[10] Como se verá no estudo de direito comparado, os Estados europeus desaprovam a ideia de vinculação a mais de um Estado, e preferem os mecanismos de escolha entre nacionalidades possíveis. Em Portugal, o art. 8º da Lei nº 37/1981 prevê, expressamente, a renúncia à nacionalidade portuguesa quando o indivíduo possuir outra nacionalidade. No direito convencional, os arts. 6º e 7º da Convenção da Haia, de 1930, sobre Conflitos de

INTRODUÇÃO | 31

pura e simples mais conhecidos são aqueles previstos nos direitos norte-americano e polonês. No direito norte-americano, o §5º do art. 349 do *Immigration and Nationality Act*[11] (INA) diz ser possível a renúncia: "por meio da apresentação formal e escrita do pedido de renúncia, a ser apresentada a um agente consular ou diplomático, fora do país, nos termos estabelecidos pelo Departamento de Estado". Neste caso, aqueles que formulam requerimento de renúncia à nacionalidade são alertados para o fato de que, com isso, podem se colocar na condição de apátrida, e de que perdem todos os direitos decorrentes da nacionalidade norte-americana.[12] O direito polonês, como previsto na Constituição, somente admite a perda da nacionalidade por renúncia, que só é válida após confirmação presidencial,[13] sendo desimportante possuir ou não outra nacionalidade.

No direito brasileiro, a doutrina majoritária considera que a renúncia pura e simples à nacionalidade não é em princípio possível, considerado seu *status* jurídico de direito fundamental. Na jurisprudência, a questão também não é tranquila, como se vê dos casos submetidos à jurisdição, para que, pelos mais variados motivos pessoais, os indivíduos possam se desvincular do elo jurídico-político que os liga ao Estado brasileiro.

Outra não foi a situação enfrentada pela 8ª Turma do Tribunal Regional Federal da 2ª Região (TRF2), no julgamento do caso de dois rapazes que, ostentando a nacionalidade originária norte-americana, por polipatria, desejavam romper o vínculo jurídico-político com o Brasil, como forma de preencher o requisito de não ostentar qualquer outra nacionalidade, exigido para ingressar nas forças armadas dos Estados Unidos da América (EUA).[14]

Nacionalidade, admitem tanto a renúncia à nacionalidade como a denominada expatriação, em ambos os casos prevê mecanismos de salvaguarda para evitar a apatridia.

[11] UNITED STATES OF AMERICA. U.S. Citizenship and Immigration Services. *Immigration and Nationality Act*, 1952. Disponível em: https://www.uscis.gov/legal-resources/immigration-and-nationality-act. Acesso em: 08 maio 2019.

[12] UNITED STATES OF AMERICA. U. S. Department of State. *Renunciation of U.S. Nationality Abroad*. 2015. Disponível em: https://travel.state.gov/content/travel/en/legal-considerations/us-citizenship-laws-policies/renunciation-of-citizenship.html. Acesso em: 08 maio 2019.

[13] MIGRANT INFO. *Loss of Polish Citizenship*. 2015. Disponível em: http://www.migrant.info.pl/loss-of-polish-citizenship.html. Acesso em: 08 maio 2019.

[14] Esse seria um exemplo clássico de licença para expatriação, prevista no art. 7º da Convenção da Haia, de 1930. No caso apreciado, o dispositivo não foi invocado como fundamento e talvez não pudesse ser observado, considerada a reserva oposta pelo Brasil a esse específico artigo. Cf. ESPÍNOLA, Eduardo; ESPÍNOLA FILHO, Eduardo. *Tratado de Direito Civil brasileiro*. Rio de Janeiro: Freitas Bastos, 1940. v. V – Da Nacionalidade Brasileira. p. 322.

No processo original, de nº 2005.50.020004119,[15] ajuizado perante o Juízo da 1a Vara Federal da Subseção Judiciária de Cachoeiro do Itapemirim, Espírito Santo, os autores, filhos de pai norte-americano e mãe brasileira, sustentaram ter nascido na cidade de Miami, nos anos de 1983 e 1986, respectivamente, de modo que ostentavam tanto a nacionalidade brasileira como a norte-americana, ambas originárias, em conflito positivo conhecido como polipatria.

O juiz federal de primeiro grau julgou procedente o pedido. Entendeu o magistrado, de forma criativa, que embora não fosse possível a renúncia à nacionalidade brasileira, ao menos para os fins a que se destinava (comprovar perante Estado estrangeiro ter sido efetivada a renúncia), era possível emitir provimento judicial de natureza declaratória que demonstrasse ter sido a renúncia efetivamente requerida, ainda que no Brasil esta renúncia não produzisse qualquer efeito concreto.

Já em recurso de Apelação, o Tribunal considerou que a forma de aquisição originária, ainda que posteriormente alterada por nova ordem constitucional, não tinha o condão de retirar dos indivíduos a nacionalidade brasileira validamente adquirida sob a ordem constitucional anterior e com a atual compatível no aspecto em questão. Assim, a nacionalidade originária adquirida pelos rapazes, nos termos do art. 140, alínea c, do texto constitucional de 1967, fazia deles brasileiros natos, o que, como regra, impedia a renúncia pura e simples por ausência de previsão constitucional autorizativa expressa. No entanto, o Parecer em segundo grau do Ministério Público Federal (MPF), adotado pelo TRF2 como razões de decidir, destacou que embora, como regra, o direito brasileiro não reconheça a possibilidade de renúncia ao direito de nacionalidade, era necessário considerar que o art. 12, incs. I e II, do texto constitucional elenca, entre os critérios para aquisição e perda da nacionalidade, a vontade do indivíduo, de modo que o Estado não poderia se impor a ponto de forçar a manutenção de um direito que, em última análise, traria prejuízos aos seus titulares, não podendo a proteção do Estado tornar-se um verdadeiro fardo, voltando-se, assim, a garantia contra o garantido.

Neste sentido, o julgado restou, assim, ementado:

---

[15] RIO DE JANEIRO (Estado). ESPÍRITO SANTO (Estado). Justiça Federal. Tribunal Regional Federal da 2ª Região. *Apelação Cível 200550020004119*. Oitava Turma. Relator Desembargador Federal Raldênio Bonifacio Costa. Rio de Janeiro, 16 de junho de 2009. Disponível em: https://trf-2.jusbrasil.com.br/jurisprudencia/5702122/apelacao-civel-ac-200550020004119-rj-20055002000411-9. Acesso em: 08 maio 2019.

Constitucional – Nacionalidade – Renúncia à Nacionalidade Brasileira Originária –Pedido Expresso – Art. 12, I e II, CF/1988 – Art. 140, CF/1967 1. Apelação em face de sentença que, em ação declaratória de renúncia à nacionalidade brasileira, julgou procedente o pedido autoral. 2. As previsões da Constituição da República de perda da nacionalidade foram criadas para impedir que o Estado arbitrariamente retirasse do indivíduo sua nacionalidade, sendo um instrumento de proteção do cidadão diante do aparato estatal, e não o inverso, e se os próprios autores pretendem abdicar de sua nacionalidade, nada pode o Estado fazer contra este anseio. 3. Infere-se do artigo 12, I e II, da Constituição Federal de 1988, que as hipóteses tanto de perda, quanto de aquisição de nacionalidade, não levam em conta só a vontade exclusiva do Estado, mas, também, a individual, ambas concorrendo harmonicamente para a decretação da perda. 4. O que os autores querem é menos que a perda, mas uma abdicação, uma renúncia de sua nacionalidade brasileira, para que possam viver nos Estados Unidos de forma plena, com todos os direitos, prerrogativas e garantias que um cidadão com nacionalidade apenas norte-americana possa ter. 5. Tendo os autores manifestado validamente a vontade de serem apenas norte-americanos, e sendo estes capazes civilmente, já com residência fixa nos Estados Unidos, seria inócuo forçar a ser brasileiro quem deu contundentes provas de querer possuir nacionalidade diversa. 6. Apelação a que se nega provimento.[16]

Em situação bastante semelhante, o nacional J. W. M. P. apresentou formalmente ao Ministério da Justiça (MJ), em 1949, sua renúncia à nacionalidade brasileira. Filho de pai brasileiro e mãe norte-americana, serviu ao exército estadunidense, razão por que não poderia se desligar daquela nacionalidade. Desejava, portanto, não mais ser brasileiro. Na época, o Departamento do Interior e Justiça se manifestou contra o pedido, entendendo que o interessado seria brasileiro até 25 anos de idade, nos exatos termos do art. 129, inc. II, da Constituição de 1946. Ali se concluiu que não era possível a renúncia à nacionalidade brasileira por quem residisse no Brasil.[17]

Deste modo, é possível perceber que o que importa saber em matéria de renúncia ao direito de nacionalidade é se é possível a um nacional, em termos constitucionais, renunciar à nacionalidade brasileira.

---

[16] RIO DE JANEIRO (Estado). ESPÍRITO SANTO (Estado). Justiça Federal. Tribunal Regional Federal da 2ª Região. *Apelação Cível 200550020004119*. Oitava Turma. Relator Desembargador Federal Raldênio Bonifacio Costa. Rio de Janeiro, 16 de junho de 2009. Disponível em: https://trf-2.jusbrasil.com.br/jurisprudencia/5702122/apelacao-civel-ac-200550020004119-rj-20055002000411-9. Acesso em: 08 maio 2019.

[17] MARINHO, Ilmar Pena. *Tratado sobre a nacionalidade*. Rio de Janeiro: Departamento de Imprensa Nacional, 1957. v. III, p. 783.

Para Eduardo Espínola,[18] Haroldo Valladão,[19] Pontes de Miranda[20] e Ilmar Pena Marinho,[21] a perda da nacionalidade somente pode ser exercida nos casos expressamente previstos na Constituição, entre os quais, não se encontra incluída a renúncia à nacionalidade originária, mas, tão somente, a perda desta nacionalidade em consequência da aquisição de outra nacionalidade de forma voluntária, à exceção do que previsto nas alíneas *a* e *b*, do §4º, do art. 12, do texto atual.

André Ramos Tavares, por sua vez, sustenta que nada impede a renúncia pura e simples à nacionalidade brasileira, nem mesmo a ausência de previsão constitucional, na medida em que a nacionalidade deve ser entendida como direito do indivíduo em face do Estado, e nunca o contrário.[22]

Por outro lado, o monopólio normativo constitucional em matéria de perda da nacionalidade evidencia que a proteção do direito de nacionalidade consubstancia, no Brasil, uma garantia constitucional. Assim entendida, não deve se voltar a garantia contra o próprio garantido, ou seja, impedir que o indivíduo dela abra mão pelas razões que entender suficientes. A finalidade desta garantia é evitar a apatridia involuntária – e a vulnerabilidade que presumidamente decorre desta condição –, e não obrigar o nacional a se manter vinculado ao Estado, mesmo quando isto não encontre lugar no seu projeto de vida, e, portanto, signifique um fardo.

Aqui não se pode descuidar de que a nacionalidade consiste em direitos, mas, por igual, impõe obrigações.[23] Para refutar a eventual alegação de que o indivíduo não poderia se demitir das obrigações em questão, basta recordar que a perda da nacionalidade para a aquisição

---

[18] "A renúncia à nacionalidade, sem aquisição de outra, não é reconhecida por nossa lei (...)". Cf. ESPÍNOLA, Eduardo; ESPÍNOLA FILHO, Eduardo. *Tratado de Direito Civil brasileiro.* Rio de Janeiro: Freitas Bastos, 1940. v. V – Da Nacionalidade Brasileira. p. 462.

[19] "O Brasil com a absoluta maioria dos países admite e reconhece a perda da nacionalidade, fazendo exceção relevante no assunto apenas a Argentina. Mas a perda da nacionalidade brasileira só se pode dar pelos casos previstos na Constituição, e a perda da naturalização expressa também pelas hipóteses determinadas em Leis e Tratados. O direito pátrio jamais admitiu a renúncia, pura e simples, por mera declaração, da nacionalidade brasileira, segundo se vê dos Avisos do Ministério da Justiça n. 291 de 10-10-1832, e de 14-1-1893". Cf. VALLADÃO, Haroldo. *Estudos de Direito Internacional privado.* Rio de Janeiro: José Olympio, 1947. p. 93.

[20] MIRANDA, Pontes de. *Nacionalidade de origem e naturalização no Direito brasileiro.* Rio de Janeiro: A. Coelho Branco, 1936. p. 176.

[21] MARINHO, *op. cit.*, p. 717.

[22] TAVARES, André Ramos. *Curso de Direito Constitucional.* 14. ed. São Paulo: Saraiva, 2016. p. 665.

[23] Votar, prestar serviço militar, servir ao Tribunal do Júri quando convocado.

INTRODUÇÃO | 35

voluntária de outra nacionalidade também desonera o indivíduo de suas obrigações para com o Estado da nacionalidade anterior, de modo que nenhuma diferença faria se se livrasse destas obrigações para assumir a condição de apátrida. Portanto, deve-se considerar que a ideia de renúncia à nacionalidade não é estranha ao nosso sistema jurídico e tampouco destoa da tradição brasileira.[24] Constituições passadas previam a perda da nacionalidade com a prática de determinadas condutas que importavam renúncia, como, por exemplo, aceitação de emprego, de favor, de condecorações, de pensão ou de títulos nobiliárquicos de governo estrangeiro, prestação de serviço militar ou aquisição voluntária de outra nacionalidade. Nestes casos, o indivíduo se desonerava das obrigações decorrentes do vínculo de nacionalidade. É o que afirma Ilmar Penna Marinho:[25]

> Como se depreende, o problema da perda-abdicação no atual direito brasileiro é claríssimo, transparente. A perda-renúncia não existe como norma geral legislativa, existe, porém, como norma especial de Direito convencional, tornada norma de Direito interno. Sendo assim, não se pode afirmar, como têm feito certos autores, que esse modo de perda é desconhecido no recinto jurídico brasileiro.

O próprio projeto constitucional elaborado nos debates havidos na Assembleia Nacional Constituinte, de 1987, previa a renúncia expressamente, como se vê do texto do substitutivo 1, do Projeto A (1º turno de votação em Plenário) do relator da comissão de sistematização. Dizia o §3º do art. 11,[26] *in verbis*:

> A aquisição voluntária de nacionalidade estrangeira não implicará perda de nacionalidade brasileira a não ser quando houver expressa manifestação de renúncia do interessado, ou quando a renúncia à nacionalidade de origem for requisito para a obtenção de nacionalidade estrangeira.

---

[24] "Não obstante, porém, se haverem sempre, a legislação e a jurisprudência, – a administrativa e a dos Tribunais – manifestado contrárias à perda-abdicação ou renúncia, não se pode dizer seja ela completamente alheia ao nosso Direito ou não se compagine com nossa tradição jurídica". Cf. MARINHO, Ilmar Pena. *Tratado sobre a nacionalidade*. Rio de Janeiro: Departamento de Imprensa Nacional, 1957. v. III, p. 783.

[25] *Ibidem*, p. 798.

[26] LIMA, João Alberto de Oliveira; PASSOS, Edilenice; NICOLA, João Rafael. *A gênese do texto da Constituição*. Brasília: Senado Federal, 2013. v. II – Textos. p. 8.

Neste sentido, o que se pretende construir na presente pesquisa é a ideia de que se o direito internacional garante o direito de perda da nacionalidade, e se o próprio conceito de soberania absoluta, que se refere ao poder de legislar sobre nacionalidade, não pode ser exercido contrariamente ao direito internacional, a revelar abuso deste mesmo direito, é possível também considerar, dentro do conceito de proteção internacional da dignidade humana, o direito de não ostentar qualquer nacionalidade como uma escolha existencial legítima a ser protegida, o que revelaria uma faceta do direito de liberdade – vertente essencial da proteção à dignidade humana.

Não se desconhece que o direito de perder a nacionalidade, no direito internacional, tem como objetivo assegurar que o indivíduo ostente apenas a nacionalidade que deseje, não se referindo à hipótese de não ostentar qualquer nacionalidade. Neste sentido, é manifestação do direito de perder o direito de adquirir outra nacionalidade, independentemente do motivo.[27]

No Brasil, se a escolha por uma nacionalidade estrangeira for expressa, voluntária e formal, e não implicar apatridia, é perfeitamente possível a renúncia (art. 12, §4º, inc. II, da CRFB de 1988). Sendo este o quadro, por que não considerar a possibilidade de renúncia para aquisição da condição jurídica de apátrida? Ou seja, se a condição jurídica de apátrida merece proteção internacional, e se é possível renunciar à nacionalidade brasileira para a aquisição de outra estrangeira, por que não admitir que alguém possa se tornar apátrida no Brasil, por livre vontade? É que a teleologia da norma constitucional brasileira, no que concerne às hipóteses taxativas de perda da nacionalidade, objetiva impedir que o Estado brasileiro arbitrariamente prive o indivíduo de sua nacionalidade.

Por outro lado, é preciso destacar que grande parte da jurisprudência brasileira, reconhecendo o direito à nacionalidade originária como um direito fundamental, sempre admitiu a possibilidade de sua

---

[27] É o que recentemente tem se observado nos Estados Unidos da América (EUA). Há em curso naquele país um curioso fenômeno de aumento do número de nacionais, que residem fora dos EUA, e que renunciam à nacionalidade (lá denominada cidadania) para se furtarem ao preenchimento de inúmeros formulários de imposto de renda, cujas regras, para os nacionais que vivem no exterior, se afiguram excessivamente complexas, segundo a avaliação destes que desejam não mais ostentar a nacionalidade norte-americana. Cf. FERREIRA, Leonardo. Impostos: Dispara o número de americanos que renunciam a cidadania dos EUA. *Brazilian Voice*, 17 abr. 2012. Disponível em: https://issuu.com/bvoice/docs/edi_1379_36_online. Acesso em: 08 maio 2019. Cf. KNOWLTON, Brian. More american expatriates give up citizenship. *The New York Times*, 25 abr. 2010. Disponível em: http://www.nytimes.com/2010/04/26/us/26expat.html. Acesso em: 08 maio 2019.

reaquisição, e na mesma condição de nacionalidade originária, de modo que seria possível concluir que a renúncia à nacionalidade originária brasileira levaria, em tese e para quem concorda com essa corrente jurisprudencial, a uma mera suspensão de seus efeitos, na medida em que a nacionalidade originária perdida pode ser readquirida, a qualquer tempo, nessa mesmíssima condição.

Neste ponto, necessário se destacar que, como se verá mais adiante, a maioria da doutrina nacional só admite a reaquisição da nacionalidade brasileira por naturalização.

EXTRADIÇÃO. HAVENDO O EXTRADITANDO COMPROVADO A REAQUISIÇÃO DA NACIONALIDADE BRASILEIRA, INDEFERE-SE O PEDIDO DE EXTRADIÇÃO. CONSTITUIÇÃO FEDERAL, ART. 153, PARÁGRAFO 19, PARTE FINAL. NÃO CABE INVOCAR, NA ESPÉCIE, O ART. 77, I, DA LEI Nº 6.815/80. ESSA REGRA DIRIGE-SE, IMEDIATAMENTE, A FORMA DE AQUISIÇÃO DA NACIONALIDADE BRASILEIRA, POR VIA DE NATURALIZAÇÃO. NA ESPÉCIE, O EXTRADITANDO É BRASILEIRO NATO (CONSTITUIÇÃO FEDERAL, ART. 145, I, LETRA 'A'). A REAQUISIÇÃO DA NACIONALIDADE, POR BRASILEIRO NATO, IMPLICA MANTER ESTE STATUS E NÃO O DE NATURALIZADO. INDEFERIDO PEDIDO DE EXTRADIÇÃO, DESDE LOGO, DIANTE DA PROVA DA NACIONALIDADE BRASILEIRA, DETERMINA-SE SEJA O EXTRADITANDO POSTO EM LIBERDADE, SE AL NÃO HOUVER PERMANECER PRESO.[28]

CONSTITUCIONAL E PROCESSUAL CIVIL. PRÉVIO REQUERIMENTO ADMINISTRATIVO. CONTESTAÇÃO DE MÉRITO. PRETENSÃO RESISTIDA. INTERESSE DE AGIR. EXISTÊNCIA. PEDIDO DE RESTITUIÇÃO DE NACIONALIDADE BRASILEIRA. OPÇÃO POR NACIONALIDADE AMERICANA PARA CURSAR UNIVERSIDADE PÚBLICA. EXCEÇÃO À PERDA DA NACIONALIDADE. ART. 12, §4º, II, "b", CF/88. DIREITO FUNDAMENTAL. RETROAÇÃO. 1. O interesse processual não desaparece, na ausência de prévio requerimento administrativo, especialmente quando a Ré, em contestação, demonstra claramente oposição ao pretenso direito do autor (pretensão resistida). 2. Quando a opção pela nacionalidade americana se dá para o exercício do direito (civil) de cursar uma instituição de ensino superior nos Estados Unidos, configura-se a hipótese prevista no art. 12, §4º, II, "b", da Constituição Federal. 3. Tratando-se de direito fundamental previsto

---

[28] BRASIL. Supremo Tribunal Federal. *Extradição 441*. Tribunal Pleno. Relator Ministro Néri da Silveira. Brasília, 18 de junho de 1986. Disponível em: http://stf.jusbrasil.com.br/jurisprudencia/725668/extradicao-ext-441-eu. Acesso em: 08 maio 2019.

na Constituição da República, deve abranger a todos os que nele se enquadrem, mesmo que o fato tenha ocorrido no passado, já que todas as leis devem se adequar à nova ordem constitucional. 4. Remessa Oficial e Apelação a que se nega provimento.[29]

CONSTITUCIONAL: BRASILEIRO NATO QUE, PARA TRABALHAR NOS EUA, PERDEU SUA NACIONALIDADE. DESEJA OBTÊ-LA NOVAMENTE. APLICÁVEL, AO CASO, A LETRA B, §4º, ART. 12 DA CF. NÃO FAZ SENTIDO, NA ESPÉCIE, SUBTRAIR-LHE A OPOR-TUNIDADE DE READQUIRIR A NACIONALIDADE BRASILEIRA, QUANDO PARA CÁ RETORNOU, DESDE 1990, CONTRAINDO NÚPCIAS COM UMA BRASILEIRA E, SOBRETUDO, TENDO EM VISTA O PERMISSIVO CONSTITUCIONAL EM APREÇO. REMESSA OFICIAL CONHECIDA, MAS IMPROVIDA, NOS TERMOS DO VOTO CONDUTOR.[30]

A nacionalidade derivada perdida, como é intuitivo, somente poderá ser readquirida por nova naturalização.

Questão relevante que se coloca no direito internacional em relação ao desejo de não ostentar determinada nacionalidade se refere ao direito de não mudar, que compreende os direitos de não perder e não adquirir. Em algumas situações em que a nacionalidade de um determinado Estado seria conferida por lei própria a determinado indivíduo, o direito internacional garante a este mesmo indivíduo o direito de não adquirir nacionalidade que não deseja. Trata-se da proteção de sua dignidade, no sentido de não se ver como membro de comunidade nacional a qual não queira pertencer. É o que ocorre, por exemplo, com a mulher casada que não deseja obter a nacionalidade do marido; com os filhos de diplomatas que não querem ser nacionais dos Estados onde nasceram; e, com o nacional de território anexado que não pretende perder sua nacionalidade original com a aquisição da nacionalidade do novo Estado.[31]

---

[29] DISTRITO FEDERAL. Justiça Federal. Tribunal Regional Federal da 1ª Região. *Apelação Cível 200001000639728.* Quinta Turma. Relator Juiz Federal Vallisney de Souza Oliveira. Brasília, 16 de novembro de 2005.

[30] DISTRITO FEDERAL. Justiça Federal. Tribunal Regional Federal da 1ª Região. *Remessa ex officio 9602434783.* Terceira Turma. Relator Desembargador Arnaldo Esteves Lima. Brasília, 12 de maio de 1998.

[31] DOLINGER, Jacob. *Direito internacional privado*: parte geral. 9. ed. Rio de Janeiro: Renovar, 2007. p. 163.

INTRODUÇÃO | 39

Conceitos operacionais

Os conceitos de nacional, estrangeiro, apátrida e direito fundamental, necessários ao manejo do tema aqui proposto, serão encontrados na doutrina convencional sobre o assunto e nos trabalhos específicos que deles cuidam.

O presente estudo trabalha com a perspectiva de que o Direito, como ramo do conhecimento humano, atua com seus próprios instrumentos e categorias, de modo que, embora haja conceitos comuns a todas as ciências sociais, e conceitos comuns às ciências e ao senso comum, existem conceitos que são próprios e específicos da ciência jurídica, ainda que mantenham alguma relação com o modo com que os fenômenos por ele estudados se relacionem com as outras ciências humanas (Filosofia, Sociologia, Antropologia, História etc.) ou com o senso comum. É o caso, por exemplo, do conceito de cidadania, cujas percepções jurídica e sociológica, embora muito se aproximem, não se igualam.[32]

Deste modo, sendo o objetivo do trabalho estudar como o direito internacional e, especificamente, o brasileiro: o positivo e os construídos pela doutrina e jurisprudência, trabalham com as questões referentes ao direito de nacionalidade e com a apatridia, sobretudo, quanto aos mecanismos de proteção dos apátridas, impõe-se descolar o pensamento multidisciplinar que o tema envolve da percepção jurídica dos fenômenos estudados. É dizer: por mais que outros ramos do conhecimento humano (História, Economia, Sociologia, Antropologia etc.) se ocupem dos temas que são aqui tratados, é sob o filtro do Direito, com seus conceitos, categorias e fórmulas próprios, que se tem a abordagem do tema, o que, a toda evidência, não exclui a menção de outras perspectivas que não aquelas somente jurídicas.

Como consequência, o instrumental aqui utilizado é aquele regulado pelo Direito, a fim da obtenção de conclusões exclusivamente jurídicas. Em matéria de direito da nacionalidade e apatridia, há sempre o risco de que o estudioso se valha, preponderantemente, de uma dogmática de direito internacional, em especial, da de direitos humanos que, por sua nota de universalidade, afasta, muitas vezes, a

---

[32] Juridicamente, entende-se por cidadania o exercício de direitos políticos, ao passo que, sociologicamente, cidadania é a aptidão genérica para o exercício de direitos fundamentais. O termo "cidadania" encontra sua origem na civilização greco-romana, de que se ocupa, com profundidade, Fustel de Coulanges. Anteriormente à existência do Estado, ser cidadão era ser apto a tomar parte nos assuntos da cidade. Em regra, pela comunhão religiosa. Em Roma, cidadania era um estado, uma condição pessoal: o *status civitatis*.

necessária construção de raciocínios de direito nacional, constitucional, administrativo, civil ou processual, por vezes, os melhores habilitados, no plano interno e, conjugadamente, para responder especificamente às questões práticas e imediatas que se agitam nos Tribunais.

Por estas razões, conceitos como o de nacional, estrangeiro, apátrida, direito fundamental, renúncia voluntária à nacionalidade, soberania, jurisdição e, ainda, cidadania, devem ser previamente definidos antes da elaboração dos raciocínios jurídicos que podem responder às questões aqui propostas.

O conceito de nacionalidade é fundamental para o desenvolvimento do presente estudo, na medida em que: (i) é considerado um direito fundamental; e, (ii) determina, por exclusão, quem venha a ser considerado estrangeiro, e a condição de apátrida se identifica com a condição de estrangeiro. Assim, o apátrida seria alguém privado de um direito fundamental e, por outro lado, considerado espécie do gênero estrangeiro.

> A nacionalidade é geralmente definida como o vínculo jurídico-político que liga o indivíduo ao Estado, ou, em outras palavras, o elo entre a pessoa física e um determinado Estado.[33]
>
> O nacional, o pátride, o que é proximamente ligado ao Estado, não significa outra coisa que o indivíduo que constitui um dos elementos da dimensão pessoal do Estado, como o território é um dos elementos das suas dimensões apessoais, geográficas. (...) Convém notar, de antemão, que o têrmo "nacionalidade" é, em parte, da afirmativa de uma necessária (mas ilusória) coextensão entre o Estado e a qualidade de nacional. A própria expressão Heimatlose, de que se servem os Alemães, para designar os sem-pátria, os sem-Estado (Staatenlose), revela aquela procedência teórica, ligada a uma época da Teoria do Estado. Hoje, "nacionalidade" corresponde ao que melhor se denominaria "estatalidade".[34]
>
> A noção fundamental, no pensamento contemporâneo, é a da nacionalidade, significando-se, de modo geral, com esse vocábulo, certos traços característicos dos indivíduos, que os distinguem dos indivíduos estrangeiros.[35]

---

[33] DOLINGER, Jacob. *Direito internacional privado*: parte geral. 9. ed. Rio de Janeiro: Renovar, 2007. p. 155.

[34] MIRANDA, Pontes de. *Nacionalidade de origem e naturalização no Direito brasileiro*. Rio de Janeiro: A. Coelho Branco, 1936. p. 13.

[35] ESPÍNOLA, Eduardo; ESPÍNOLA FILHO, Eduardo. *Tratado de Direito Civil brasileiro*. Rio de Janeiro: Freitas Bastos, 1940. v. V – Da Nacionalidade Brasileira. p. 43.

(...) Importante lembrar que a dimensão pessoal do Estado soberano (seu elemento constitutivo, ao lado do território e do governo não é a respectiva população, mas a comunidade nacional, ou seja, o conjunto de seus nacionais, incluindo aqueles, minoritários, que se tenham estabelecido no exterior. Sobre os estrangeiros residentes o Estado exerce inúmeras competências inerentes à sua jurisdição territorial. Sobre seus nacionais distantes o Estado exerce jurisdição pessoal, fundada no vínculo de nacionalidade, e independente do território em que se encontrem. 102. Conceito de nacionalidade. Nacionalidade é um vínculo político entre o Estado soberano e o indivíduo, que faz deste um membro da comunidade constitutiva da dimensão pessoal do Estado (...).[36]

A palavra nacionalidade apresenta-se com dois sentidos distintos: sociológico e jurídico.

O conceito sociológico vincula-se à nação, ou seja, ao grupo de indivíduos que possuem as mesmas características – língua, raça, religião, hábitos e meios de vida.

O sentido jurídico do termo nacionalidade, todavia, é o que interessa ao nosso estudo, e nele predomina não o que é nação, mas a qualidade de um indivíduo como membro de um Estado.

Assim, o vínculo que une, permanentemente, os indivíduos, numa sociedade juridicamente organizada, denomina-se nacionalidade, que tem como fundamento básico razões de ordem política, traduzidas na necessidade de cada Estado indicar seus próprios nacionais. É, pois, o elo de subordinação permanente de uma pessoa a um determinado Estado. O vínculo de natureza política, que constitui a nacionalidade, tem inegáveis reflexos jurídicos, embora em si, e substancialmente, a nacionalidade não constitua mero vínculo jurídico.[37]

Outro conceito relevante é o de estrangeiro. Ao se definir estrangeiro, encontra-se o gênero de que a apatridia é espécie. O estudo da condição jurídica do apátrida é o estudo da condição jurídica de um específico tipo de estrangeiro que, quando se lhe reconhece uma posição vulnerável em relação aos demais estrangeiros, recebe, do direito internacional, uma especial proteção, à semelhança do que ocorre, por exemplo, com os refugiados.

---

[36] REZEK, Francisco. *Direito Internacional público*: curso elementar. 13. ed. São Paulo: Saraiva, 2011. p. 213.
[37] GUIMARÃES, Francisco Xavier da Silva. *Nacionalidade*: aquisição, perda e reaquisição. Rio de Janeiro: Forense, 1995. p. 1.

A condição do estrangeiro, no plano da nacionalidade, determina-se por exclusão: estrangeiro é o não nacional.[38]
O que é estrangeiro.
25. – Dêsse enunciado se depreende que, no estudo do Direito Internacional Privado, a primeira noção a ser definida é a do estrangeiro em oposição ao nacional.
(...) Nacionais são aqueles indivíduos que as leis respectivas de um certo Estado reconhecem como tais.
São estrangeiros todos os demais indivíduos habitantes dêsse Estado, não compreendidos na noção de nacional, dada por aquelas leis (...).[39]

Diante do exposto, o conceito de apatridia é mais instrumentalmente relevante para o presente estudo, que explorará os contornos deste, inclusive, no que concerne às denominadas apatridia *de jure* e apatridia de *facto*, além de examinar a condição jurídica de apátrida no direito internacional e no direito interno.

(...) toda pessoa que não seja considerada por qualquer Estado, segundo sua legislação, como seu nacional.[40]
Ser apátrida significa não possuir nacionalidade ou cidadania. É quando o elo legal entre o Estado e um indivíduo deixa de existir.[41]
Os indivíduos sem pátria são chamados *heimatlos* ou *apátridas*. O *heimatlosado* ou *apátrida* é, em direito internacional, uma situação anormal, que apresenta inconvenientes para o próprio indivíduo a que se aplica e para o Estado que o acolhe.
Por isto mesmo, tem-se procurado eliminá-la o quanto possível. A 1ª Conferência para codificação do direito internacional (Haia, 1930), num de seus *votos*, declarou-se ser altamente desejável "que os Estados se esforcem, no exercício de sua liberdade de regulamentação em matéria de nacionalidade, para reduzir o quanto possível os casos de apatridia".[42]

---

[38] CAHALI, Yussef Said. *Estatuto do estrangeiro*. 2. ed. rev., atual. e ampl. São Paulo: Revista dos Tribunais, 2010. p. 26.

[39] OCTAVIO, Rodrigo. *Direito Internacional privado*: parte geral. Rio de Janeiro: Freitas Bastos, 1942. p. 42.

[40] Art. 1º da Convenção das Nações Unidas de 1954, sobre o Estatuto dos Apátridas. Cf. BRASIL. *Decreto nº 4.246*, de 22 de maio de 2002. Promulga a Convenção sobre o Estatuto dos Apátridas. Brasília, 2002. Disponível em: https://www.planalto.gov.br/ccivil_03/decreto/2002/d4246.htm. Acesso em: 08 maio 2019.

[41] ONU. Alto Comissariado das Nações Unidas para Refugiados. *Apátridas*. 2015. Disponível em: http://www.acnur.org/portugues/quem-ajudamos/apatridas/. Acesso em: 08 maio 2019.

[42] ACCIOLY, Hidelbrando. *Tratado de Direito Internacional público*. 3. ed. histórica. São Paulo: Quartier Latin, 2009. v. 1. p. 444.

(...) homens e mulheres que não possuem ou lhes foi tirado o direito a uma nacionalidade.[43]

A apatridia pode ter várias causas, incluindo sucessão estatal, transferência de território, conflitos de lei sobre aquisição de nacionalidade, privação de nacionalidade, legislação matrimonial, falta de registro de nascimento, práticas administrativas discriminatórias, entre outras.[44]

A renúncia voluntária à nacionalidade é conceituada no *Manual de Proteção dos Apátridas*, do Alto Comissariado das Nações Unidas para Refugiados (ACNUR), como:

(...).
(xiii) A renúncia voluntária diz respeito a um ato de espontânea vontade, por onde um indivíduo renuncia à sua nacionalidade. Geralmente acontece na forma de uma declaração verbal ou escrita. A retirada posterior da nacionalidade pode ser automática ou a critério das autoridades. Em alguns Estados, a renúncia voluntária da nacionalidade é tratada como base para excluir um indivíduo do escopo do Artigo 1 (1). Contudo, isso não é permitido pela Convenção de 1954. O objeto e o propósito do tratado é que os apátridas possam gozar de seus direitos humanos e são igualmente relevantes nos casos de perda voluntária da nacionalidade. Na realidade, em muitos casos a renúncia pode ter sido motivada por um objetivo legítimo como, por exemplo, o cumprimento das condições para adquirir outra nacionalidade, caso em que a pessoa esperava passar apenas um curto período de tempo como apátrida. A questão do livre arbítrio do indivíduo não é relevante para determinar o enquadramento na condição de apátrida nos termos do Artigo 1 (1); contudo, pode ser relevante para a questão do tratamento a ser aplicado posteriormente. É possível que aqueles que renunciaram sua nacionalidade voluntariamente possam vir a readquirir a nacionalidade, diferentemente de outras que são apátridas. A disponibilidade de proteção em outro Estado pode ter

---

[43] ANDRADE, Willian Cesar; FANTAZZINI, Orlando. Dossiê "A Apatridia" – O direito de se ter um lugar a que chamamos de pátria. *Caderno de Debates Refúgio, Migrações e Cidadania*, v. 6, n. 6, p. 33-60, 2011. Disponível em: https://www.acnur.org/portugues/wp-content/uploads/2018/02/Caderno-de-Debates-06_Ref%C3%BAgio-Migra%C3%A7%C3%B5es-e-Cidadania.pdf. Acesso em: 08 maio 2019.

[44] GODOY, Gabriel Gualano de. Considerações sobre recentes avanços na proteção dos apátridas no Brasil. *Caderno de Debates Refúgio, Migrações e Cidadania*, v. 6, n. 6, p. 61-92, 2011. Disponível em: https://www.acnur.org/portugues/wp-content/uploads/2018/02/Caderno-de-Debates-06_Ref%C3%BAgio-Migra%C3%A7%C3%B5es-e-Cidadania.pdf. Acesso em: 08 maio 2019.

um impacto sobre a condição a ser reconhecida e, assim, esta questão é explorada na Parte Três.[45]

Conceituar o que são direitos fundamentais é relevante na medida em que se debaterá sobre a possibilidade de um indivíduo se colocar voluntariamente na condição de apátrida, como consequência de renúncia à nacionalidade, o que implica, necessariamente, em renúncia a direitos fundamentais. Daí porque importa sua configuração, limites e possibilidades.

O estudo trabalhará com o conceito corrente de direitos fundamentais: valores universalmente reconhecidos como protetivos da dignidade da pessoa humana, que são eleitos pelo legislador constitucional, quando da configuração do Estado em uma Carta Política, para expressar quais valores são especialmente caros ao Estado que por ela é fundado. Utiliza-se aqui a seguinte sistematização que classifica os direitos protetivos da dignidade da pessoa humana em: (i) direitos do homem – valores ligados à dignidade humana, mas não positivados; (ii) direitos humanos – valores ligados à dignidade humana e positivados em documentos internacionais; e, (iii) direitos fundamentais – valores ligados à dignidade humana, positivados no direito interno, em geral na Carta Constitucional.[46]

> (...) direitos do homem são direitos válidos para todos os povos e em todos os tempos (dimensão jusnaturalista-universalista); direitos fundamentais são os direitos do homem, jurídico-institucionalmente garantidos e limitados espacio-temporalmente. Os direitos do homem arrancariam da própria natureza humana e daí seu carácter inviolável, intemporal e universal; os direitos fundamentais seriam os direitos objectivamente vigentes numa ordem jurídica concreta.[47]
> O direito é direito conformado pela história e não se pode compreender sem a sua história. As regulações jurídicas podem ter um fôlego mais prolongado que as ordens políticas em que surgem, quando assentem em circunstâncias sociais e econômicas constantes ou quando dão respostas a questões humanas invariáveis. Mas estas mesmas regulações também podem extinguir-se com as ordens políticas. Os direitos fundamentais

---

[45] ONU. Alto Comissariado das Nações Unidas para Refugiados. *Manual de Proteção aos Apátridas*: de acordo com a Convenção de 1954 sobre o Estatuto dos Apátridas. Genebra: ACNUR, 2014. p. 21. Disponível em: http://www.acnur.org/t3/fileadmin/Documentos/Publicaciones/2014/Manual_de_protecao_aos_apatridas.pdf. Acesso em: 08 maio 2019.

[46] MARLMELSTEIN, George. *Curso de direitos fundamentais*. São Paulo: Atlas, 2008. p. 25-26.

[47] CANOTILHO, Joaquim José Gomes. *Direito Constitucional e Teoria da Constituição*. 7. ed., 4 reimp. Lisboa: Almedina, 2003. p. 393.

são, enquanto parte do direito público e do direito constitucional, direito político e estão sujeitos à mudança das ordens políticas. Mas os direitos fundamentais são também, simultaneamente, uma resposta a questão fundamental invariável da relação entre a liberdade individual e a ordem política. A formação gradual dos direitos fundamentais está relacionada com o estado constitucional civil dos tempos modernos, que encontrou suas primeiras configurações por ação da Revolução Americana e da Revolução Francesa. Mas esses desenvolvimentos do direito não tiveram qualquer influência imediata no pensamento de direito público na Alemanha. Também no ano de 1848, os tempos não estavam maduros para a instituição duradoura de um Estado constitucional fundado nos direitos fundamentais. Um tal Estado só foi instituído pela Revolução alemã de 1918, tendo, depois do retrocesso ocorrido entre 1933 e 1945, conseguido estabilidade com a Lei Fundamental da República Federal da Alemanha.[48]

O termo "cidadania" é aqui entendido em sua acepção estritamente jurídica,[49] ou seja, a detenção e exercício de direitos políticos, consistentes, no direito brasileiro, em votar, ser votado e ter legitimidade para o ajuizamento de ação popular; contrapondo-se ao conceito de cidadania em sentido sociológico e para o senso comum: a aptidão genérica para o exercício de direitos fundamentais.

Sobre as distintas e possíveis acepções do termo "cidadania" no direito brasileiro, tem-se as que se seguem:

> Não há dúvida de que houve evolução quanto aos termos "cidadania" e "cidadão" nos sistemas político e jurídico em nosso país. Mesmo quando observamos nos dicionários o sentido de cidadania, verificamos que já

---

[48] PIEROTH, Bodo; BERNHARD, Schlink. *Direitos fundamentais*. São Paulo: Saraiva, 2012. p. 37.

[49] Ainda que esta acepção seja objeto de crítica na doutrina. "O tema da cidadania tem sido tratado na bibliografia da teoria do estado e do direito constitucional, no Brasil, de forma reducionista, na medida em que se encara esse conjunto de direitos e obrigações sob o ângulo exclusivamente jurídico". Cf. BARRETTO, Vicente de Paulo. *O fetiche dos direitos humanos e outros temas*. 2. ed. Porto Alegre: Livraria do Advogado. 2013. p. 179. "*La première mutation tient ou, plus exactement, tiendrait à l'idée que 'la citoyenneté ne s'arrêt pas aux frontières du politique'. La fonction citoyenne purrait être vécue au-delá des droits politiques, au-delá du vote, de l'élection et de la décision pollitique. En s'exprimant dans l'espace civil et social, la citoyenneté connaîtrait, en effet, de nouvelles formes. Il est ainsi question du citoyen dans l'enterprise, du citoyen dans les relations sociales, associatives et culturelles. Il est question aussi, autre exemple, du citoyen administratif*". Cf. LECUCQ, Olivier. Propos introductives. Nationalité et citoyenneté. *In*: LANFRANCHI, Marie-Pierre; LECUCQ, Olivier; NAZET-ALLOUCHE, Dominique. *Nationalité et citoyenneté*: perpectives de droit comparé, droit eurppéen et droit international. Bruxelas: Bruylant, 2012. p. 18. (Coleção À la croisée des droits).

ultrapassamos o sentido antigo daquele que vive na urbe ou mesmo a formulação clássica desse conceito que nos remete à antiguidade grega, onde os cidadãos, os poucos que detinham direitos políticos, debatiam sobre seus destinos e os dos demais indivíduos da *Bulé*.[50]

A Constituição Federal, em seus artigos 5º, LXXIII e 61, ao tratar do "cidadão", está a tratar do eleitor e, portanto, à toda evidência está a tratar da "cidadania ativa", que consiste na qualidade do titular de direitos políticos ativo (capacidade eleitoral ativa).

Por outro lado, a nossa Carta Magna, ao tratar em seus artigos 58, §2º, inciso V, 64 e 74, da figura do cidadão, está a se referir ao ser humano, indivíduo titular de direitos fundamentais; e nos artigos 1º, inciso II; 5º, incisos LXXI e LXXVII, e 205, por sua vez, ao se referir a "cidadania" está a tratar do que se pode denominar de "cidadania nacional", que em nosso país se confunde com a "cidadania universal", na medida em que não só se refere aos cidadãos nacionais, mas também aos estrangeiros, ainda que não domiciliados em nosso país.

A Constituição Federal, somente em seus artigos 22, inciso XIII e 62, §1º, inciso I, letra 'a', ao utilizar o termo "cidadania", ou seja, a cuidar da questão da elegibilidade e inelegibilidade, além dos limites (ou restrições) aos direitos políticos desses indivíduos, pois reserva a competência legislativa para tratar sobre esses temas e impõe vedações à edição de medidas provisórias. Entendemos que, neste caso, a Constituição está apenas a tratar da "cidadania política".[51]

O termo "soberania" aqui é conceituado, no plano externo, como insubmissão do Estado a Estado estrangeiro; e, no plano interno, como monopólio do uso da força. Ou seja, o poder que o Estado tem sobre suas próprias instituições.

La souveraineté est la puissance absolue et perpétuelle d'une République, que les Latins appellent majestatem, les Grecs [en grec], et [en grec], et [en grec], les Italiens segnoria, duquel mot ils usent aussi envers les particuliers, et envers ceux-là qui manient toutes les affaires d'état d'une République: les Hébreux l'appellent [en hébreu], c'est-à-dire la plus grande puissance de commander. Il est ici besoin de former la définition de souveraineté, parce qu'il n'y a ni jurisconsulte, ni philosophe politique,

---

[50] KIM, Richard Pae. O conteúdo jurídico de cidadania na Constituição Federal do Brasil. *In*: MORAES, Alexandre de; KIM, Richard Pae. *Cidadania*: o novo conceito jurídico e a sua relação com os direitos fundamentais individuais e coletivos. São Paulo: Atlas, 2013. p. 17.

[51] *Ibidem*, p. 36-37.

qui l'ait définie, [bien] que c'est le point principal, et le plus nécessaire d'être entendu au traité de la République.[52]

O termo "jurisdição" encontra uma definição já estabelecida por mim em outra oportunidade:

> Jurisdição, também em linhas gerais, pode ser definida como a reunião de competências para autuar com autoridade. Partindo desta premissa e refinando o conceito, pode-se ainda encontrar que jurisdição é o poder, a atividade e a função de dizer o direito, no caso concreto, com força definitiva. A característica essencial da jurisdição, portanto, não está só em encontrar a solução de direito do conflito, mas em declará-la com força definitiva, em torná-la efetiva. São duas visões do mesmo fenômeno: (i) genericamente, jurisdição é o poder para atuar com autoridade, dentro dos limites legalmente estabelecidos para o exercício de competências legislativas, executivas (ou administrativas) e judiciais; e, (ii) especificamente, o poder de solucionar conflitos, no exercício da competência jurisdicional, dizendo o direito, com força definitiva. Nesta última hipótese, jurisdição equivale à substituição da vontade das partes contendoras pela vontade soberana do Estado.[53]

Plano de trabalho

No primeiro capítulo, intitulado "Nacionalidade, nação e nacionalismo", estuda-se a função do direito de nacionalidade na atualidade, com recurso à percepção dogmática e histórica do direito de nacionalidade, passando pelo fenômeno sociológico do nacionalismo.

Para encontrar as raízes profundas do direito de nacionalidade no direito internacional e seus fundamentos doutrinários, recorre-se à obra de três grandes internacionalistas. Emerich de Vattel, jurista e filósofo do século das luzes, apresenta em seu *Direito das Gentes*, construído para analisar o direito internacional "como lei natural aplicada às condutas das nações",[54] sua definição de nação e de quem

---

[52] BODIN, Jean. *Six livres sur la Republique*. Paris: Librairie Generale Française, 1993. p. 74. (Le Livre de Poche 17).

[53] RODRIGUES, Paulo Cesar Villela Souto. Apresentação da Corte Internacional de Justiça: fundamentos da jurisdição internacional e o conceito de soberania. *In*: BERNER, Vanessa; BOITEAUX, Luciana (Orgs.). *A ONU e as questões internacionais contemporâneas*. Rio de Janeiro: Freitas Bastos, 2014. p. 109.

[54] DAL RI JÚNIOR, Arno. Apresentação. *In*: VATTEL, Emerich de. *O direito das gentes ou princípios da lei natural aplicados à condução e aos negócios das nações e dos governantes*. Trad. de Ciro Moranza. Ijuí, RS: Ed. Ijuí, 2008. p. 11.

sejam os nacionais; de como se adquire e se perde a nacionalidade; e, quais os direitos e obrigações que vinculam um indivíduo à sua pátria.

O autor, que construiu sua obra pretendendo compor um manual para diplomatas,[55] chega ao pormenor de identificar o que pode ou não ser considerado nascimento no solo, e como a nacionalidade, que qualifica como a condição de cidadão, pode ser transmitida dos pais aos filhos, trabalhando com os conceitos de *jus soli* e *jus sanguinis*, mesmo que a eles não refira expressamente.

Vattel[56] indica em que situações um indivíduo pode legitimamente deixar a pátria e não ser impedido pela soberania de fazê-lo, e quais as consequências jurídicas desta decisão no direito internacional, ou seja, como deve o direito internacional tratar os sem pátria, sejam eles exilados, banidos ou suplicantes.

Pasquale Mancini[57] – para quem a nacionalidade significava a mais relevante condição jurídica de um indivíduo, que sequer poderia ser voluntariamente alterada –, enuncia como o princípio das nacionalidades pode ser empregado para o desenvolvimento do Direito Internacional, não como ideário de exclusão do diferente, mas como a valorização das afinidades culturais e espirituais de um povo em prol do desenvolvimento das nações.

Friedrich Carl von Savigny[58] revela, no profundo estudo que faz do direito romano, os fundamentos do direito de cidadania, sua aquisição e as consequências jurídicas do reconhecimento deste *status*.

O segundo capítulo cuida de uma teoria geral do direito de nacionalidade: aquisição, perda; das consequências da verificação de mais de uma nacionalidade em um mesmo indivíduo, e da ausência de qualquer nacionalidade; e, das normas internacionais que regulamentam o direito de nacionalidade.

O terceiro capítulo apresenta o direito brasileiro da nacionalidade: as regras constitucionais de aquisição e perda, o regramento infraconstitucional dos procedimentos administrativos referentes a cada

---

[55] DAL RI JÚNIOR, Arno. Apresentação. *In*: VATTEL, Emerich de. *O direito das gentes ou princípios da lei natural aplicados à condução e aos negócios das nações e dos governantes*. Trad. de Ciro Moranza. Ijuí, RS: Ed. Ijuí, 2008. p. 12.

[56] VATTEL, Emerich de. *O direito das gentes ou princípios da lei natural aplicados à condução e aos negócios das nações e dos governantes*. Trad. de Ciro Moranza. Ijuí, RS: Ed. Ijuí, 2008. p. 12.

[57] MANCINI, Paquale Stanislao. *Direito Internacional*. Trad. de Tito Ballarino. Ijuí, RS: Ed. Ijuí, 2003. p. 25.

[58] SAVIGNY, Friedrich Carl von. *Sistema do Direito Romano atual*. Ijuí, RS: Ed. Unijuí, 2004. v. VIII, p. 25.

INTRODUÇÃO | 49

um destes temas, além do tratamento dado pelo ordenamento jurídico nacional à questão da renúncia à nacionalidade brasileira.

O quarto capítulo se ocupa da fundamentação jurídica da renúncia à nacionalidade brasileira como renúncia a direito fundamental, concluindo pelas possibilidades jurídicas de renúncia à nacionalidade brasileira, com fundamento no direito de liberdade como proteção da autonomia privada, entendida como o direito de fazer escolhas existenciais que não prejudiquem terceiros, consideradas: (i) a ausência expressa de vedação à renúncia pura e simples no texto constitucional; e, (ii) a insuficiência da ausência de previsão autorizativa como fundamento para vedar a renúncia.

O quinto capítulo trabalha exclusivamente com a questão da apatridia, e demonstra as formas de proteção dos indivíduos que não ostentem qualquer nacionalidade, tanto no direito internacional quanto no ordenamento brasileiro.

CAPÍTULO 1

NACIONALIDADE, NAÇÃO E NACIONALISMO

1.1 O que é ser nacional nos dias de hoje?

Nos jogos olímpicos ocorridos na cidade de Atlanta, Estados Unidos da América (EUA), em 1996, o ginasta Donghua Li venceu a competição de ginástica artística, na modalidade cavalo com alças. Nascido em Pequim, China, Donghua Li subiu ao pódio no momento máximo de sua carreira, talvez o momento máximo de uma vida dedicada ao esporte. Ao lado dos competidores russo e romeno, viu subir, em sua homenagem, a bandeira suíça, enquanto se ouvia o hino nacional da Comunidade Helvética. Emocionado, pensou: "De onde sou eu?".[59]

Anos antes, Li conhecera em Pequim uma moça de nome Esperanza, de nacionalidade suíça, e, apaixonado, casou-se com ela em junho de 1988. Seu treinador chinês lhe dera um ultimato: poderia se casar com a estrangeira, mas teria de deixar a equipe chinesa de ginástica artística. Poderia, contudo, ficar e treinar na China, mas desde que esquecesse o casamento. Venceu Esperanza. Donghua deixou Pequim, naturalizou-se suíço e passou a treinar em Lucerna – porta de entrada para a Suíça central. Em 1996, ele subia ao pódio olímpico representando o país de sua nacionalidade, não necessariamente sua nação.

Eduardo Saverin, nascido em 19 de março de 1982, na cidade de São Paulo, Brasil, tornou-se, segundo a revista *Forbes*, um dos homens mais ricos do mundo, ao criar com o norte-americano Mark

---

[59] THE INCREDIBLE Stories of Inger Miller & Donghua Li. 01 out. 2014. 1 vídeo (29 min., 44 seg.). Publicado pelo canal Olympic Channel. Disponível em: https://www.youtube.com/watch?v=sL1zfBprgDE. Acesso em: 08 maio 2019.

Zuckerberg, a rede social de relacionamentos *Facebook*. Aluno de Harvard, naturalizou-se norte-americano. Em 2011, renunciou à nacionalidade norte-americana para se tornar nacional de Singapura, e, com isso, especula-se, evitar a alíquota de 15% sobre ganhos de capital, obtidos por nacionais norte-americanos no exterior.[60]

Filho de metalúrgicos, Gerard Xavier Marcel Depardieu nasceu em Chateauroux, capital de Indre, França. Em 2012, para escapar à alta tributação francesa, mudou seu domicílio para Néchin, na Bélgica, e requereu a nacionalidade daquele País. Um dos maiores ícones do cinema francês, a decisão de adquirir outra nacionalidade causou comoção no seu país de origem, especialmente consideradas as razões que o levaram a esta decisão. Tantas foram as críticas que o ator deu conhecimento da mudança de nacionalidade em carta aberta ao primeiro-ministro Jean-Marc Ayrault, publicada no *Journal du Dimanche*. Um ano mais tarde, surpreendeu novamente a França e o mundo ao requerer a nacionalidade russa,[61] pelas mesmíssimas razões. Confrontado pelas críticas, afirmou: "tenho um passaporte russo, continuo francês e tenho dupla nacionalidade belga".[62]

Em 2008, o norte-americano Mike Gogulski, ativista, *hacker*, anarquista, entrou na embaixada americana em Bratslava, capital da Eslováquia, e apresentou sua renúncia à nacionalidade norte-americana. Antes de se dirigir à embaixada, ele queimou seu passaporte norte-a-mericano. Sem qualquer outra nacionalidade, Mike tem vivenciado a apatridia voluntária desde então. E afirma que tal condição não lhe coloca qualquer obstáculo para viver bem. Para ele, a nacionalidade é uma forma de hierarquizar os indivíduos a partir do poder que os Estados a que estão vinculados exercem no mundo. Sua intenção ao renunciar à nacionalidade era demonstrar sua discordância com a política externa norte-americana. Mike Gogulski não é uma exceção. Entre renúncias para a aquisição de outra nacionalidade e renúncias

---

[60] EDUARDO SAVERIN, o brasileiro do Facebook, conta sua história. *Veja*, 26 maio 2012. Disponível em: http://veja.abril.com.br/tecnologia/eduardo-saverin-o-brasileiro-do-facebook-conta-sua-historia/. Acesso em: 08 maio 2019.

[61] GÉRARD DEPARDIEU obtient la citoyenneté russe. *Le Figaro*, 03 jan. 2013. Disponível em: http://www.lefigaro.fr/actualite-france/2013/01/03/01016-20130103ARTFIG00311-gerard-depardieu-obtient-la-citoyennete-russe.php. Acesso em: 08 maio 2019.

[62] DEPARDIEU: "Je reste Français et j'aurai la double nationalité belge". *Belga News*, 07 jan. de 2013. Disponível em: http://www.rtbf.be/info/medias/detail_depardieu-je-reste-francais-et-j-aurai-la-double-nationalite-belge?id=7903252. Acesso em: 08 maio 2019.

CAPÍTULO 1
NACIONALIDADE, NAÇÃO E NACIONALISMO | 53

que colocam o indivíduo na condição de apátrida, três mil nacionais norte-americanos abriram mão de sua nacionalidade em 2013.[63] Elke Georgievna Grunnupp nasceu no rigoroso inverno de 1945, em São Petesburgo, Russia, filha de mãe alemã, Liezelotte von Sonden, e pai russo, George Grunnupp. Aos seis anos de idade, fugiu com os pais para o Brasil. Seu pai havia sido acusado de traição e perdera a nacionalidade russa. No Brasil, Elke chegou como apátrida, e a família foi morar em Itabira do Mato Dentro, Minas Gerais. Naturalizou-se brasileira. Adulta, ficou conhecida como modelo usando o nome artístico Elke Maravilha. Nos anos 1970, em pleno regime militar, teve sua naturalização cancelada por protestar contra a morte do filho da estilista Zuzu Angel. Passou mais uma vez à condição de apátrida. Restaurado o regime democrático no Brasil, recusou-se, enquanto viveu até 2016, a readquirir a nacionalidade brasileira como forma de protesto, mantendo viva a memória de arbitrariedades do regime militar.[64]

Elke Maravilha não perdeu a nacionalidade brasileira por renúncia – esta lhe fora arbitrariamente retirada –, mas não exerceu o direito de readquiri-la, fazendo da condição de apátrida no Brasil uma escolha existencial; e, enquanto viveu, contou com a proteção do Estado brasileiro, autorizada a viver e trabalhar no território, submetida às mesmas obrigações impostas a todos os estrangeiros regulares no Brasil.

O sítio eletrônico Yahoo[65] no Brasil mantém um serviço chamado *Yahoo Respostas* – espaço virtual de debates que pode ser utilizado por quem queira satisfazer as mais diversas curiosidades, sobre os mais variados assuntos. As respostas são dadas por outros usuários. Em 2013, um rapaz de apenas 16 anos, de forma anônima, fez a seguinte indagação:

> Olá pessoal, queria saber se posso renunciar a minha cidadania brasileira sem ter outra cidadania, quero ir morar nos *United States of America*, e quero renunciar minha cidadania brasileira, motivos? (…) Simplesmente tenho vergonha de ser brasileiro odeio esses pais e mu[i]tas pessoas que nele habitam então quero renunciar minha cidadania brasileira e quero entrar [em] nê alguma *emergency* americana (FBI, SWAT, Police, Exercito,

---

[63] ABRAHAMIAN, Atossa Araxia. Mike Gogulski Might Be the First Case of Successful Voluntary Statelessness. *Vice*, 27 maio 2014. Disponível em: https://www.vice.com/en_us/article/a-bum-without-a-country-0000326-v21n5?utm_source=vicetwitterus. Acesso em: 08 maio 2019.

[64] APÁTRIDA e oito maridos: os bastidores da vida de Elke Maravilha. *Veja*, 16 ago. 2016. Disponível em: http://veja.abril.com.br/entretenimento/apatrida-e-oito-maridos-os-bastidores-da-vida-de-elke-maravilha/. Acesso em: 08 maio 2019.

[65] Disponível em: https://br.yahoo.com/. Acesso em: 09 maio 2019.

Bombeiros) e simplesmente não quer[o] mais ter a cidadania brasileira e não tenho outra cidadania posso renunciar e se posso como eu tenho que fazer? (Antes que responder fique ciente que pensei e repensei varias vezes e estou decidido que isso é o melhor para min[m] me sinto perdido nesse pais, tenho 16 anos e quero renunciar com 18 anos por favor me ajudem). Obrigado desde de já.[66]

A ideia quase romântica da nacionalidade como parte da identidade do indivíduo, como elemento espiritual que o conecta a uma comunidade de pessoas, da qual não pode se desligar, não parece ostentar hoje a mesma força que se lhe quiseram emprestar os movimentos nacionalistas do século XIX. Por razões muitas vezes meramente pragmáticas, são muitos os indivíduos que abandonam livremente os vínculos jurídico-políticos que os ligam aos seus Estados de origem e se ligam a Estados onde a vida parece melhor e mais fácil.

Abandonar a nacionalidade de origem e adquirir uma nova nacionalidade para viver e trabalhar onde pareça mais conveniente é uma escolha existencial que, na atualidade, não suscita qualquer questionamento de ordem moral, e é plenamente aceita pela grande maioria dos Estados.[67] Tal movimento demonstra o descolamento do conceito de nacionalidade do conceito de nação, entendido o primeiro como mero vínculo jurídico-político que liga um indivíduo a um Estado soberano – e que, nesta medida, se confunde com o conceito de estatalidade –, e o segundo como vinculação de um indivíduo a uma comunidade de pessoas com a qual partilha valores culturais e espirituais.

Existem bons argumentos para enaltecer e criticar este descolamento. Se por um lado, ele revela a ausência de compromisso do indivíduo com seu povo, sua nação, da qual se desliga, por razões, muitas

---

[66] EU POSSO RENUNCIAR minha cidadania brasileira sem ter outra cidadania? *Yahoo! Respostas*, [s.d.]. Disponível em: https://br.answers.yahoo.com/question/index?qid=20140122230820AAH5wej. Acesso em: 09 maio 2019.

[67] Embora, em tese, seja possível a reaquisição da nacionalidade norte-americana por naturalização, por quem tenha a ela renunciado, na prática, seria muito difícil preencher os requisitos de elegibilidade para a naturalização por quem se encontrasse nesta situação, especialmente o requisito subjetivo de ser "conectado com os princípios da Constituição dos Estados Unidos e estar disposto a promover a felicidade dos Estados Unidos". Ou seja: perdida a nacionalidade por manifestação de vontade, seria depois muito improvável que o Estado relevasse tal descompromisso com a comunidade nacional para ter o indivíduo novamente conectado com o país e disposto a promover-lhe a felicidade. Cf. UNITED STATES OF AMERICA. U. S. Citizenship and Immigration Services. *Path to U. S. Citizenship*. 22 jan. 2013. Disponível em: https://www.uscis.gov/us-citizenship/citizenship-through-naturalization/path-us-citizenship. Acesso em: 09 maio 2019.

vezes, pragmáticas; por outro, demonstra que os Estados se abrem para receber qualquer pessoa, de qualquer origem, que voluntariamente manifeste o desejo de a eles se conectar, por qualquer razão pessoal, desimportante os vínculos culturais pretéritos, a história ancestral comum e, portanto, ausentes motivos que excluam o diferente, o de fora, o estrangeiro.

É nesse contexto, em que indefinida a função da nacionalidade para além da proteção que o indivíduo possa receber de um Estado, é que se pensa a possibilidade de se abdicar de ligação com qualquer Estado.

1.2 Conceitos: alcance

Nacionalidade, nação e nacionalismo são conceitos próximos, mas que não se confundem. O termo "nacionalidade" pode ser tomado em duas distintas acepções: uma ampla, sociológica, que se identifica com os conceitos de nação e nacionalismo; e outra restrita, jurídica, identificada com a instituição do Estado.[68]

Em sentido sociológico, a questão da nacionalidade se identifica com a ideia de nação; é fenômeno percebido de forma objetiva, como conjunto de indivíduos que tenham a mesma língua, etnia, religião, cultura e história comum. E sob o aspecto subjetivo, como grupo de indivíduos que se perceba e se declare como uma nação.[69] Em sentido jurídico, possui alcance restrito, entendido como vínculo que liga um indivíduo a um Estado, uma "qualidade política do homem socializado".[70]

A diferenciação entre as duas noções é necessária porque, por meio dela, se estabelece o alcance dos termos "nacionalidade", "nação"

---

[68] MIRANDA, Pontes de. *Nacionalidade de origem e naturalização no Direito brasileiro.* Rio de Janeiro: A. Coelho Branco, 1936, p. 11: "Se o que concorre para a atribuição da qualidade de nacional é a identidade de raça, ou a língua, ou a religião, ou tôdas em conjunto, ou a comunidade de interesses econômicos, políticos e morais, ou de tradição histórica, não vem ao caso para a definição, porque não é isso – a fonte – que se quer definir. No terreno jurídico, o que importa é mostrar em que é que o laço da nacionalidade, a relação jurídica específica, se distingue dos outros laços de direito público ou privado, das outras relações, qual a sua natureza, a sua situação de classificação dos ramos do direito, os seus efeitos comuns ou raros, a sua aparição ou desaparição, os acidentes da sua existência de relação jurídica e as alterações de seus efeitos".

[69] HOBSBAWM, Eric J. *Nações e nacionalismo desde 1780.* 5. ed. São Paulo: Paz e Terra, 2008. p.14-20.

[70] MARINHO, Ilmar Pena. *Tratado sobre a nacionalidade.* Rio de Janeiro: Departamento de Imprensa Nacional, 1957. v. III, p. 13-15.

e "nacionalismo": identificação com um grupo étnico e vinculação com um grupo político.

Por outro lado, a ideia de nação não necessariamente se identifica com o conceito de Estado, embora ambas as instituições sempre tenham permanecido intimamente ligadas: "Estado é a nação politicamente organizada".[71] É o que se percebe do fato de que há Estados compostos por múltiplas nações[72] e nações espalhadas por distintos Estados.[73] O nacionalismo, como catalizador, é o projeto político de reunir, sob uma mesma soberania, uma única nação: "Uma nacionalidade é formada pela decisão de formar uma nação".[74]

Ainda em sentido sociológico, nacional é quem pertence a uma nação.[75] Neste mesmo sentido, tem-se o que a doutrina denomina nacionalidade de fato (*Volkstum*).[76] O pertencimento ao Estado se liga à ideia de estatalidade. Foi a organização das nações em Estados que aproximou o conceito de nacional ao de pertencente ao Estado.[77] Tais conceitos se diferem do conceito de aligeância: a ligação do indivíduo com o soberano, construída no direito feudal e que informa, ainda hoje, o direito de nacionalidade em algumas monarquias.[78]

---

[71] O Estado é a expressão jurídico-política das nações. Há Estados formados por muitas nações e uma mesma nação dividida em vários Estados. Cf. CARVALHO, Dardeau. *Nacionalidade e cidadania*. Rio de Janeiro: Freitas Bastos, 1950. p. 6.

[72] MIRANDA, Pontes de. *Nacionalidade de origem e naturalização no Direito brasileiro*. Rio de Janeiro: A. Coelho Branco, 1936, p. 17: "(...) raríssimos são os Estados que podem, sem muito rigor, dizer que suas fronteiras correspondem a fronteiras étnicas"

[73] Sobre o tema, HABERMAS, Jürgen. *Identidades nacionales y postnacionales*. 2. ed. Madrid: Tecnos, 1998, p. 115: "*Para nosotros no es nada nuevo el que la unidad de nuestra vida cultural, lingüística e histórica no coicida con la forma de organización que representa el Estado. Nunca fuimos uno de los Estados nacionales clásicos. Sobre el trasfondo de una historia de casi un milenio, los setenta y cinco años del Reich de Bismark son un período bien corto. E incluso después, y aun prescindiendo de los alemanes suizos y de minorías alemanas en otros Estados, hasta 1938 el Reich alemán hubo de coexistir con Austria. En esta situación considero que para nosotros, los ciudadanos de la República Federal, un patriotismo de la Constitución es la unica forma posible de patriotismo. Pero esto no significa en absoluto la renuncia a una identidad que nunca puede consistir solo en orientaciones y caracteristicas universales, morales, por así decirlo, compartidas con todos*".

[74] CRICK, Bernard. *Em defesa da política*. Brasília: Ed. Unb, 1975. p. 49.

[75] CARVALHO, *op. cit.*, p. 7.

[76] VERWILGHEN, Michel. *Conflits de nationalités*: plurinatioinalité et apatridie. Academie de Droit International de La Haye. The Hague: Martinus Nijhoff Publishers, 2000. Tire à part du Recueil des Cours, t. 277, 1999. Hors de Commerce. p. 68.

[77] CARVALHO, *op. cit.*, p. 7.

[78] MIRANDA, *op. cit.*, p. 18: "O 'nacional' britânico ainda se ressente do feudalismo da simetria de 'centro', não fala 'pátria' como o Francês, o Italiano, o Português e o Brasileiro, nem de '*Vaterland*', como o Alemão, e sim *King and Country*; falta-lhe a noção de um *Populus Britannicus*, como existiu um *Populus Romanus*, e há um *American People*, um Povo Brasileiro. São observações correntes. Mas êsses resquícios feudais da *liagence* (*allégeance*, aligeância, sujeição) são sem consequências no plano do Direito das gentes".

O princípio da aligeância encontra sua origem remota na fidelidade que o soldado romano devia ao comandante. No regime feudal,[79] o termo não se confundia com o juramento de fidelidade que os vassalos prestavam aos soberanos: significava, ao mesmo tempo, a fidelidade perpétua que devia ao soberano superior, que concentrava o poder militar – também entendida como aligeância absoluta – e a fidelidade devida ao soberano imediato, denominada aligeância condicional ou qualificada. Assim, admitia-se que um mesmo indivíduo tivesse dois soberanos, mas somente um absoluto: o soberano lígeo.[80]

A doutrina francesa ainda identifica duas categorias jurídicas que revelam a ligação de um indivíduo com determinada soberania: os *indigénats* e os *ressortisants*. Ambos os termos, de difícil conceituação, revelam aproximações do mesmo fenômeno: o ligado ao Estado, mas não necessariamente um nacional. O nativo, originário, o oriundo de determinado lugar que, por esta específica razão ostenta vínculo com o Estado, e que pode ou não ser nacional. O primeiro, vinculado às minorias étnicas sob a proteção de determinado Estado – termo especialmente relacionado ao fenômeno histórico da descolonização; o segundo, referente a alguém que não é estrangeiro, possuindo alguns direitos decorrentes de sua vinculação jurídica com o Estado, e que, ainda assim, não pode ser considerado nacional em toda a extensão jurídica do conceito. No caso francês, são exemplos os oriundos do Marrocos e da Tunísia.[81]

O termo "*indigénat*" caiu em desuso. O *ressortissant* não é necessariamente um nacional, embora intimamente ligado ao Estado, e à nação que o Estado conforma, por razões culturais, étnicas ou linguísticas. No Brasil, o termo é traduzido como "adstrito". A nacionalidade é uma relação jurídica: a ligação do indivíduo com o Estado regulada por normas de direito público.[82]

---

[79] VERWILGHEN, Michel. *Conflits de nationalités*: plurinatioinalité et apatridie. Academie de Droit International de La Haye. The Hague: Martinus Nijhoff Publishers, 2000. Tire à part du Recueil des Cours, t. 277, 1999. Hors de Commerce. p. 50: "*L'allégeance était l'obligation de fidelité et d'obéissance qu'un vassal devait à son suzerain, à charge pour celui-ci d'apporter sa protetion en contrepartie. Au fil du temps, le roi devint le seigneur suprême de l'ensemble de la population*".

[80] ESPÍNOLA, Eduardo; ESPÍNOLA FILHO, Eduardo. *Tratado de Direito Civil brasileiro*. Rio de Janeiro: Freitas Bastos, 1940. v. V – Da Nacionalidade Brasileira. p. 44-45.

[81] VERWILGHEN, *op. cit.*, p. 86.

[82] Se voltará a esse conceito quando da distinção entre nacional, natural e cidadão. Cf. MIRANDA, Pontes de. *Nacionalidade de origem e naturalização no Direito brasileiro*. Rio de Janeiro: A. Coelho Branco, 1936. p. 14.

1.3 O que é uma nação?

Uma definição simples, que faz coincidir o conceito de nação com o de Estado, portanto, o conceito de Estado-nação, é a que afirma ser uma entidade política soberana, cuja jurisdição alcance um grupo de pessoas reunidas por afinidades culturais, linguísticas, étnicas e religiosas, que fazem deste grupo uma nacionalidade.[83] Tal definição, como qualquer outra que se tente, não é satisfatória, até mesmo porque o conceito de nação talvez somente se preste ao seu estudo teórico,[84] e não tenha – nem deva ter – efeitos práticos. O que se pretende ao conceituar nação e trabalhar com este conceito é mobilizar corações e mentes para algum projeto[85] que pode ir desde o esforço comum dos nacionais para atingir alguma finalidade legítima do Estado até, no extremo oposto, a incitação do ódio àqueles que não pertençam ao grupo que se considera uma nação.

Nos anos 1920, o programa de vinte e cinco pontos do Partido Socialista dos Trabalhadores Alemães, o NASDAP, popularmente conhecido pelo som da pronúncia de suas duas primeiras iniciais, *nazi*, pregava que ninguém que não fosse membro da nação poderia pertencer ao Estado.[86] Este nacionalismo de ódio significava exclusão do que não era considerado membro de um povo comum. Levou à morte de seis milhões de pessoas. Anos mais tarde, o mundo tentava dar às vítimas preferenciais deste nacionalismo de horror um Estado: o Estado de Israel. Um Estado que reunisse a nação, um nacionalismo de acolhimento de quem comungava da mesma história ancestral e dos mesmos valores culturais. Como Estado novo, recebeu e acolheu um sem-número de imigrantes refugiados que não partilhavam afinidades culturais. Muitas

---

[83] LA PALOMBARA, Joseph. *A política no interior das nações*. Brasília: Ed. Unb, 1974. p. 47.

[84] As aproximações teóricas sobre a origem da nação podem ser agrupadas em cinco escolas: (i) a primordialista entende a nação como algo orgânico, que remonta aos primórdios da civilização; (ii) a perenialista, preconiza que as nações se originam de grupos étnicos-culturais que remontam ao passado remoto; (iii) o paradigma modernista concebe a nação como um produto da modernidade, ideia surgida nos séculos XVII e XVIII; (iv) os etno-simbolistas reconhecem a modernidade dos conceitos de nação e nacionalismo, mas entendem que estes se fundamentam em estruturas pré-modernas; e, por fim, (v) os pós-modernistas observam a superação dos conceitos de nação e nacionalismo, promovida pelo fenômeno da globalização. Cf. CARVALHO, Luis Fernando de. *O recrudescimento do nacionalismo catalão*: estudo de caso sobre o lugar da nação no séc. XXI. Brasília: Fundação Alexandre Gusmão, 2016. p. 23-25.

[85] CRICK, Bernard. *Em defesa da política*. Brasília: Ed. Unb, 1975. p. 49.

[86] GILBERT, Martin. *Holocausto*: histórias dos judeus da Europa na Segunda Guerra Mundial. 2. ed. São Paulo: Hucitec, 2010. p. 25.

destas pessoas não pertenciam à nação, e por este especifico motivo, irônica e paradoxalmente, não puderam se ligar ao Estado.[87]

Nações como, por exemplo, Reino Unido, França, EUA e Brasil nasceram no momento da fundação do Estado, o que fez coincidir os conceitos de nação e de Estado. É na Revolução Francesa e na definição de nação do Abade Sièyes, em seu *Terceiro Estado*, que se identifica a coincidência entre nação e Estado. Trata-se de uma construção racional.[88] Nações como Itália e Alemanha precedem ao Estado. A origem comum dos povos da península itálica e o alinhamento de mentalidades dos povos alemães, somados à história de unificação destes países, tornam possível a percepção de que estas nações já existiam quando formados os Estados que as acolheram, ainda que a ideia do passado comum daqueles povos tenha sido fomentada como ferramenta necessária para a construção dos Estados em questão.

Marcel Mauss entende necessário para compreender o conceito de nação se diferenciar os termos nação e sociedade.[89] O segundo representaria um grupo de pessoas, vivendo junto em um território independente, em que o poder central é extrínseco, imposto pela força, quando monárquico ou ditatorial; e instável, quando democrático. O primeiro, reflete um grupo coeso, vivendo sob um poder central estável, permanente, com consciência dos deveres de cada um para com o grupo. A esses último grupos, e só a eles, se deve reservar o nome de nação.

Ernst Renan, ainda sob o impacto da perda para Alemanha das províncias da Alsácia e da Lorena, defendeu a tese orgulhosa de que a França era uma nação que se formara pela decisão racional de seus

---

[87] A burocracia israelense dos primeiros anos teve grande dificuldade de reconhecer a nacionalidade israelense, como vínculo com o Estado, a quem não fosse judeu. Isso levou um grande número de pessoas a ter inscrito em seus documentos nacionalidades que não possuíam, que sequer existiam, somente em razão do local onde nasceram, como é exemplo qualificar-se pessoas como "catalãs" ou "árabes". Essa dificuldade foi sintetizada como "uma nação confusa que quer aparecer como um 'povo-raça' errante". Para Sand, tem-se uma ironia histórica relevante em relação à identificação dos judeus como povo, e com raça. Cf. SAND, Shlomo. *A invenção do povo judeu*. São Paulo: Benvirá, 2011, p. 47: "(...) houve um tempo na Europa em que aquele que afirmava que os judeus, por sua origem, constituíam um povo estrangeiro era designado antissemita. Hoje, *a contrariu sensu*, quem ousa declarar que aqueles que são considerados judeus no mundo não formam um povo distinto ou uma nação enquanto tal se vê imediatamente estigmatizado como 'inimigo de Israel'".

[88] RICUPERO, Bernando. Nação/Nacionalismo. *In*: DI GIOVANNI, Geraldo; NOGUEIRA, Marco Aurélio (Orgs.). *Dicionário de políticas públicas*. 2. ed. São Paulo: EdUnesp, 2015. p. 604.

[89] MAUSS, Marcel. *A Nação*. São Paulo: Três Estrelas, 2017. p. 290.

membros, na famosa conferência apresentada em 11 de março de 1882, na Sorbonne: "*O que é uma nação?*".[90]

Georges Burdeau, ao escrever sobre o Estado, sintetizou com felicidade o conceito de nação, no sentido de ligação entre as pessoas que compõe a comunidade como um projeto de futuro comum:

Foi dito tudo, em termos magníficos, sobre o que constitui uma nação. Mancini, Michelet, Renan preencheram esse conceito de uma substância poética que as mais rigorosas análises científicas nunca conseguirão substituir. É que ela nasce de um sentimento ligado mais às mais íntimas fibras de nosso ser. Decerto podemos inventariar os fatores desse sentimento: a raça, a língua, a religião, as recordações comuns, o habitat, mas, seja qual for sua influência, teriam pouco efeito se não encontrassem na consciência dos membros do grupo a cor que os torna atuantes. A nação depende mais do espírito do que da carne. E a que o espírito adere através dela é à perenidade do ser coletivo. Certamente a tradição, a lembrança das provações em comum, o que se ama e mais ainda a maneira pela qual se ama são importantes na formação da nação. Mas se os nacionais são apegados a esse patrimônio espiritual é menos pelo que ele representa do passado, do que pelas promessas que traz quanto ao futuro. (...) A nação significa continuar a ser o que se foi e, em consequência, assegurar, através da independência material, a coesão social pela fé numa recordação comum; é uma possibilidade de sobrevivência pela qual o homem corrige a fugacidade de seu destino pessoal.[91]

---

[90] RENAN, Ernst. *Qu'est-ce qu'une nation*. Paris: Pierre Bordas et fils, 1991, p. 12: "*Je me propose d'analyser avec vous une idée, claire en apparence, mais qui prête aux plus dangereux malentendus. Les formes de la société humaine sont des plus variées. Les grandes agglomérations d'hommes à la façon de la Chine, de l'Égypte, de la plus ancienne Babylonie; − la tribu à la façon des Hébreux, des Arabes; − la cité à la façon d'Athènes et de Sparte; − les réunions de pays divers à la manière de l'Empire carlovingien; − les communautés sans patrie, maintenues par le lien religieux, comme sont celles des israélites, des parsis; − les nations comme la France, l'Angleterre et la plupart des modernes autonomies européennes; − les confédérations à la façon de la Suisse, de l'Amérique; − des parentés comme celles que la race, ou plutôt la langue, établit entre les différentes branches de Germains, les différentes branches de Slaves; − voilà des modes de groupements qui tous existent, ou bien ont existé, et qu'on ne saurait confondre les uns avec les autres sans les plus sérieux inconvénients. À l'époque de la Révolution française, on croyait que les institutions de petites villes indépendantes, telles que Sparte et Rome, pouvaient s'appliquer à nos grandes nations de trente à quarante millions d'âmes. De nos jours, on commet une erreur plus grave: on confond la race avec la nation, et l'on attribue à des groupes ethnographiques ou plutôt linguistiques une souveraineté analogue à celle des peuples réellement existants. Tâchons d'arriver à quelque précision en ces questions difficiles, où la moindre confusion sur le sens des mots, à l'origine du raisonnement, peut produire à la fin les plus funestes erreurs. Ce que nous allons faire est délicat; c'est presque de la vivisection; nous allons traiter les vivants comme d'ordinaire on traite les morts. Nous y mettrons la froideur, l'impartialité la plus absolue*".

[91] BURDEAU, Georges. *O Estado*. São Paulo: Martins Fontes, 2005. p. 16-17.

O estudo da nação como entidade é e foi objeto de preocupação de inúmeros filósofos e juristas em suas especulações sobre o Estado e o poder. Vários deles se ocuparam em delimitar seus limites e alcance. E a história registra sucessos e fracassos que decorrem do sentimento de nação, ou da sua falta.

O final do século XIX viu o quanto este elemento levava à ascensão e queda dos Estados. A partir de 1867, o Império Austro-Húngaro adotou o regime das duas nacionalidades, austríaca e húngara, unidas pela ligação à dinastia.[92] Tal construção não funcionou. Tratava-se de uma nação composta por povos diferentes, com línguas e visões de mundo diferentes. O projeto imperial também enfrentava dificuldades ao tentar germanizar os tchecos da Bohemia, os romenos da Transilvânia e os italianos do Trentino e de Trieste. Havia ainda a preocupação com os servo-croatas do sul do Império, os "eslavos do sul" ou iugoslavos. Estes viam no principado independente da Sérvia a possibilidade de os liderar para emancipação, mais ou menos como ocorrera com o Reino do Piemonte na unificação italiana.[93]

1.4 Nacionalismo

O termo "nacionalismo" apareceu formalmente pela primeira vez no final do século XIX, para descrever grupos de direita, franceses e italianos, que sob a ideologia da unidade nacional, se opunham a estrangeiros, liberais e socialistas. Na mesma época, a canção *Deutschland über Alles* se tornava, praticamente, o hino nacional alemão.[94]

O nacionalismo é o sentimento, o conjunto de ideias, o projeto, que inspira uma determinada comunidade de pessoas que tenham afinidades étnicas, linguísticas, religiosas e culturais a se considerar uma unidade política; uma nação, portanto – embora haja outros modos pelos quais é possível entender e conceituar nacionalismo.

Como doutrina, trata-se de pensamento construído na Europa a partir de fins do século XVIII, especialmente com a Revolução Francesa, cujos músculos adquiriu somente no século XIX, que objetivava criar e sistematizar critérios definidores de unidade da população nacional com a intenção de propagar a ideia de que tal unidade deve possuir

---

[92] MOUGEL, François-Charles; PACTEAU, Séverine. *Histoire des Relations Internationales*. 10. ed. Paris: PUF, 1998. p. 15.

[93] MOUGEL, François-Charles; PACTEAU, Séverine. *Histoire des Relations Internationales*. 10. ed. Paris: PUF, 1998. p. 15.

[94] HOBSBAWM, Eric. *A era dos impérios*. São Paulo: Paz e Terra, 2011. p. 228.

um governo próprio. O nacionalismo substituiu o princípio da nacionalidade – locução corrente no vocabulário da política europeia do século XIX – porque se mostrou mais conveniente ao projeto denominado "causa nacional", que consistia no direito à autodeterminação, a formar um Estado independente, destinado a um grupo nacionalmente definido.[95] Este projeto ajustava-se a todos os povos: tchecos, italianos, alemães etc. E a mobilização para o objetivo comum de surgimento e fortalecimento de Estados nacionais promovia o "patriotismo".[96]

A unificação da Itália e da Alemanha são exemplos de projetos nacionalistas bem sucedidos.

A configuração territorial da península itálica no início do século XIX comportava oito Estados independentes, alguns deles sob domínio do Império Austro-Húngaro, e por toda a região surgiam movimentos, muitos republicanos, alguns monarquistas, que pregavam a unificação da região sob um Estado único, consideradas, justamente, as afinidades étnicas, linguísticas, religiosas e culturais que uniam os povos da região.[97] Em 1859, liderados por Giuseppe Garibaldi, os piamonteses entraram em guerra contra o Império Austro-Húngaro. Vencedor, o Reino do Piemonte anexou o Reino da Lombardia. No ano seguinte, foram anexados os Reinos papais de Parma, Modena, Romagna e Toscana. Ainda no mesmo ano, foi anexado o Reino das Duas Sicílias. Em 1861, com a anexação dos Estados Pontifícios, formou-se o Reino da Itália sob a coroa de Vitório Emanuele. Anos mais tarde, a Itália anexou o Reino de Veneza. Em 1870, a unificação se completou com a conquista de Roma. A igreja católica somente reconheceu o Estado italiano anos mais tarde, em 1929, por meio do Tratado de Latrão, em que a Itália concedeu à Igreja o Estado do Vaticano.

O Palácio do *Reichstag*, construído em 1884, no atual distrito de Mitte, no Centro de Berlim, traz, no seu frontispício, a seguinte inscrição: "*Dem deutschen Volke*", a indicar a afinidade que une os povos da região sob uma só língua, uma única origem: uma única nação.

Depois da queda de Napoleão, a reorganização das monarquias europeias deu origem à Confederação Alemã, formada por 39 Estados independentes. Chefe de governo do mais poderoso Estado alemão, a Prússia, Otto von Bismark empreendeu todos os seus esforços para o

---

[95] HOBSBAWM, Eric. *A era dos impérios*. São Paulo: Paz e Terra, 2011. p. 228..

[96] *Ibidem.*

[97] MOUGEL, François-Charles; PACTEAU, Séverine. *Histoire des Relations Internationales*. 10. ed. Paris: PUF, 1998. p. 27.

NACIONALIDADE, NAÇÃO E NACIONALISMO

projeto de unificação do Estado que reuniria os povos alemães.[98] Assim, em 18 de janeiro de 1871, logrou convencer os príncipes alemães a concederem a coroa imperial ao Rei da Prússia, Guilherme I, na sala de espelhos do Palácio de Versalhes, fazendo dele o Kaiser (imperador).[99] Faltava consolidar a unificação e a supremacia alemã. Após vencer a guerra franco-prussiana – guerra em que a França perdeu as regiões da Alsácia e da Lorena –, Bismark consolidou a supremacia europeia do segundo império: o *II Reich*.[100]

O processo de unificação alemã teve como etapa necessária a criação de uma língua única: o *hochdeustch*, que significasse um denominador comum entre as inúmeras línguas faladas pelos povos de origem germânica. Hoje, é tão corrente a ideia de que as nações são identificadas por sua origem linguística comum que quase nunca é lembrado o fato de que o alemão e o italiano cultos são línguas criadas no século XIX.[101]

A doutrina do nacionalismo prega, em linhas gerais, que a humanidade está dividida em nações, reconhecidas por afinidades culturais, étnicas, linguísticas e religiosas.[102] Assim, para o nacionalismo, importa investigar as origens da formação de determinado povo e, por meio de suas características particulares, promover-lhe a unidade que o leva a um Estado "ideal", repleto de valores compartilhados e perpetuador dos valores que sustenta.[103] Neste pensamento, o Estado é formado a partir da nação. Contra esta fórmula, se insurge Hobsbawm[104] ao afirmar: "o nacionalismo vem antes das nações. As nações não formam os Estados, mas sim o oposto".

Ocorre que o desejo de pertencimento não é novo e nem surgido no século XIX. Ele pode ser observado desde os gregos, que, comparando-se aos de fora, estrangeiros, metecos, denominavam-se autóctones, ou

---

[98] MILZA, Pierre. *As Relações Internacionais de 1871 a 1914*. 2. ed. Lisboa: Edições 70, 2007. p. 11.

[99] *Ibidem*.

[100] O *I Reich* era o Sacro Império Romano Germânico formado sob a coroa de Carlos Magno. O *III Reich* consistia no projeto imperialista de Adolf Hitler.

[101] HOBSBAWM, Eric. *A era dos impérios*. São Paulo: Paz e Terra, 2011. p. 233.

[102] CRICK, Bernard. *Em defesa da política*. Brasília: Ed. Unb, 1975. p. 48.

[103] MACHADO, Reis; MIRANDA, Thiago Alves. Estados nacionais e as minorias. *In*: JUBILUT, Liliana Lyra; BAHIA, Alexandre Gustavo Melo Franco; MAGALHÃES, José Luiz Quadros (Coords.). *Direito à diferença*. São Paulo: Saraiva, 2013. v. 1, p. 147.

[104] HOBSBAWM, Eric J. *Nações e nacionalismo desde 1780*. 5. ed. São Paulo: Paz e Terra, 2008. p. 19.

os nascidos da própria terra de onde falavam.[105] E mais recentemente surgiu um novo interesse no tema "nacionalismo". Uma das razões foi mobilizar apoio político para movimentos de liberação nacional pelo mundo, notadamente após a II Guerra Mundial – processo que atravessa os anos 1960 e segue até os dias de hoje.[106] Assim, é possível verificar o renascimento do nacionalismo nos países da Europa do Leste e naqueles que compunham a antiga União das Repúblicas Socialistas Soviéticas (URSS), desintegrada no período compreendido entre o final dos anos 1980 e o início dos anos 1990.

Politicamente, o nacionalismo atual é inspirado pela regra, acolhida expressamente nos 14 pontos do Presidente Wilson na I Guerra Mundial, segundo a qual toda nação teria o direito de constituir um Estado independente, e um Estado cujo território abrangesse toda a nação. Tal ideia leva grupos nacionais ao projeto de construção de Estados, especialmente por meio de conflitos armados. Desde 1969, mais de 70% dos conflitos internacionais se referem a questões nacionais.[107]

Paralelamente, o fenômeno da globalização não parece ter arrefecido o nacionalismo. E mesmo em países politicamente estáveis, onde não parecia haver qualquer razão para o fortalecimento de movimentos nacionalistas, se percebe seu crescimento exponencial, sobretudo, após os eventos de 11 de setembro de 2001.[108]

O sentimento antigo, mesmo romântico, de ligação entre os indivíduos de uma mesma nação, que era expresso pela ideia de morrer pela pátria ou dar a vida por um compatriota no campo de batalha, atualmente é compreendido como suportar tributação em nome do bem estar coletivo, alterada, assim, a natureza dos sacrifícios que os concidadãos fazem pelos demais no Estado moderno.[109] Neste sentido, o nacionalismo atual surge da tensão entre os distintos habitantes dos Estados contemporâneos que não necessariamente formariam uma nação, a saber: nacionais, estrangeiros regulares e imigrantes em

---

[105] DETIENNE, Marcel. *A identidade nacional, um enigma*. Belo Horizonte: Autêntica, 2013. p. 19.

[106] SPENCER, Philip; WOLLMAN, Howard. *Introduction. Nations and Nationalism. A reader.* New Jersey: Rutgers University Press, 2005. p. 1.

[107] MOREIRA, Adriano. *Teoria das Relações Internacionais*. 6. ed. Coimbra: Almedina, 2010. p. 270.

[108] SPENCER, Philip; WOLLMAN, Howard. *Introduction. Nations and Nationalism. A reader.* New Jersey: Rutgers University Press, 2005. p. 2.

[109] *Ibidem*, p. 3.

situação irregular[110] – todos cada vez menos dispostos aos sacrifícios que unem os membros de uma comunidade nacional: os nacionais que se recusam a sustentar os estrangeiros; e, os estrangeiros que não pretendem sustentar um Estado que não os considera com dignidade. Esta realidade contemporânea enfraquece o sentido de patriotismo e a ligação emocional com o lugar de onde se é originário. Como se viu, o pragmatismo leva a mudança da nacionalidade conforme a conveniência. Assim, se se pertencer a uma comunidade nacional pode não ter mais a relevância que tinha no século XIX – o que leva os indivíduos a alterar sua nacionalidade por mera conveniência, é possível se imaginar que não pertencer a qualquer comunidade nacional pode, por igual, ser uma escolha legítima na sociedade contemporânea, especialmente quando a escolha for informada por razões de ordem filosófica, religiosa ou política; portanto, mais profundas e graves que a mera conveniência prática (oportunidade de trabalho ou redução da carga tributária suportada, por exemplo).

1.5 A nação, o nacionalismo e a nacionalidade para os internacionalistas

1.5.1 A nação e os nacionais para Vattel

Emerich de Vattel, filósofo, diplomata, jurista do século XVIII, se ocupou, como internacionalista de primeira linha, do estudo do Estado e da nação (este último tratado de modo especial) como instrumentos de compreensão do direito internacional.[111] No seu *Direito das Gentes*, aborda, no livro primeiro, a nação considerada em si mesma; no livro segundo, a nação e sua relação com outras nações; da guerra, no livro terceiro; e, do reestabelecimento da paz e das embaixadas, no livro quarto.

Para Vattel, o objetivo de um bom governo é procurar a verdadeira felicidade da nação. Os governantes têm o dever de se qualificarem e se aperfeiçoarem para governar da melhor maneira possível, visando sempre o bem público e a segurança do Estado,[112] o que inclui saber

---

[110] SPENCER, Philip; WOLLMAN, Howard. *Introduction. Nations and Nationalism. A reader.* New Jersey: Rutgers University Press, 2005. p. 4.

[111] MALLARMÉ, André. *Les fondateurs du droit international.* Paris: Panthéon-Assas, 2014. p. 338.

[112] VATTEL, Emerich de. *O direito das gentes ou princípios da lei natural aplicados à condução e aos negócios das nações e dos governantes.* Trad. de Ciro Moranza. Ijuí, RS: Ed. Ijuí, 2008. p. 248-249.

direcionar as qualidades de seus súditos para garantir o bem comum. Um modo eficiente para a realização de tal desejo é inspirar o amor à pátria.[113]

> O amor e a afeição de um homem pelo Estado do qual é membro é uma consequência natural do amor esclarecido e racional que se deve a si mesmo, porque sua própria felicidade está ligada àquela de sua pátria.[114]

O soberano deve amar a nação que representa, e ela deve ser a razão de todos os seus atos. Sobre a questão, Vattel salienta que Luís XII teria sido um exemplo de soberano que amou seus súditos.[115]

Para aquele jurista, o termo "pátria" possui vários sentidos. Em sentido estrito, quer dizer o local do domicílio dos pais no momento do nascimento de um indivíduo. Pátria é, portanto, a terra do pai. Neste sentido, a pátria de alguém será sempre a mesma, não podendo ser alterada.[116] Em sentido amplo, significa "(...) o Estado do qual alguém é membro" – conceito que, modernamente, se identifica com o de estatalidade, e o que, no seu entender, deve ser adotado pelo Direito Internacional.[117]

Sobre a percepção do Estado como nação, Vattel entende que tal é a ligação que se deve ter com a pátria, que os cidadãos que a prejudicam serão sempre lembrados de forma negativa, ao passo que merecem glória aqueles que por ela se sacrificam.[118]

> Se qualquer um é obrigado a amar sinceramente sua pátria e empenhar-se por sua felicidade em tudo que depender dele, é um crime vergonhoso e detestável prejudicar essa mesma pátria.[119]

Por outro lado, a glória de uma nação está intimamente ligada ao seu poder, o que reclama respeito e evita ofensa por parte das outras nações[120] – glória que é adquirida pelo que se faz como nação, pelos atos de seus governantes ou pelo mérito dos próprios cidadãos que a

---

[113] VATTEL, Emerich de. *O direito das gentes ou princípios da lei natural aplicados à condução e aos negócios das nações e dos governantes*. Trad. de Ciro Moranza. Ijuí, RS: Ed. Ijuí, 2008. p. 249.

[114] *Ibidem.*

[115] *Ibidem.*

[116] *Ibidem.*

[117] *Ibidem*, p. 250.

[118] *Ibidem*, p. 252.

[119] *Ibidem*, p. 251.

[120] *Ibidem*, p. 309.

compõem.[121] A glória de uma nação é um bem real. Logo, é dever do cidadão defendê-la.[122] Mas pode ser que uma nação não consiga se defender sozinha. Neste caso, tem-se a autorização, pelo direito internacional, para procurar a ajuda de outra nação mais poderosa. Tratar-se-ia, então, de um tratado de proteção que não derroga a soberania.[123] Pode ser também que uma nação, por procurar o apoio que lhe dê maior poder, submeta-se, voluntariamente, a outra nação.[124] No caso de esta submissão ser total, deve ser dado o poder de escolha aos seus cidadãos – o que, atualmente, significaria a perda da nacionalidade, seja pela mudança, seja pela renúncia, uma vez que estes se submetiam a uma sociedade política que se dissolveu e talvez não desejem obedecer às leis de outra sociedade.[125]

Sobre como um povo pode se separar do Estado do qual é membro ou se recusar à obediência a seu soberano quando não se sinta protegido, faz-se necessário que os cidadãos de um determinado Estado permaneçam a ele unidos e fiéis, sob pena do desmantelamento dos Estados toda vez que algum cidadão se sinta atacado ou ameaçado.[126] Assim, uma cidade ou província, ainda que em situação de perigo, não deve se separar do Estado ao qual está vinculada, mesmo que este não tenha efetivas condições de protegê-la. Deve, pelo contrário, esforçar-se para preservar seu estado atual, mas, se perecer, pode ter o direito de procurar melhores condições com aquele que venceu a disputa. O mesmo ocorre com quem é abandonado por seu Estado.[127]

Sobre o estabelecimento de uma nação em uma região, Vattel sustenta que o lugar físico que uma nação ocupa é seu domínio, podendo ela, e somente ela, fazer uso de tal região para suas necessidades, ordenando e dispondo sua vontade sobre o espaço.[128] Na região, denominada território, a nação exerce jurisdição e tem soberania.[129]

Ainda sobre a formação da nação e sua íntima vinculação com um território físico, observa que se diversas famílias, espalhadas

---

[121] VATTEL, Emerich de. *O direito das gentes ou princípios da lei natural aplicados à condução e aos negócios das nações e dos governantes.* Trad. de Ciro Moranza. Ijuí, RS: Ed. Ijuí, 2008. p. 310.

[122] *Ibidem*, p. 312.

[123] *Ibidem*, p. 313.

[124] *Ibidem*, p. 314.

[125] *Ibidem*, p. 315.

[126] *Ibidem*, p. 320.

[127] *Ibidem*. p. 321.

[128] *Ibidem*, p. 324.

[129] *Ibidem*.

em uma região independente, decidem formar uma nação, estas exercerão, em conjunto, império sobre a região, sendo que o que antes exerciam era apenas o domínio de suas próprias terras.[130] Neste sentido, tradicionalmente é possível a apropriação de uma região desabitada, mas seria algo contrário ao direito natural se apropriar de uma região que não se consiga povoar ou cultivar.[131]

Vattel aponta como questão relevante se uma nação poderia ocupar uma região ou parte da região ocupada por povos errantes e incapazes de ocupá-la efetivamente, dominando-a. Tais povos não poderiam ocupar mais terras do que tivessem necessidade e condições de ocupar e cultivar. Esta discussão já havia sido travada dois séculos antes quando se refletiu sobre o que legitimaria os europeus a tomarem posse das terras do Novo Mundo.[132]

Sobre a pátria e diversos temas que se relacionam a ela, trata da condição de nacional, a quem chama cidadão, e de como se adquire a cidadania. Para ele, cidadãos são membros da sociedade civil, ligados a ela por direitos, deveres e por respeito a sua autoridade. Já os nativos são aqueles que nasceram na região – cidadãos autóctones.[133]

A sociedade se perpetua através dos filhos dos cidadãos, que seguem a condição de cidadãos de seus pais, adquirindo seus direitos e deveres. Considera-se, assim, que, ao pertencer à comunidade nacional, o cidadão reserva a seus filhos o direito de serem membros desta comunidade. Os filhos, por sua vez, tornam-se cidadãos pelo simples consentimento tácito. Logo, para pertencer a um País, é necessário ter nascido de um pai cidadão. O nascido de um estrangeiro será somente um natural do lugar, mas não este lugar não será sua pátria. É o caso dos habitantes que são estrangeiros e aos quais se permite residir no País, sendo-lhes exigido submissão às leis do Estado e lhes conferindo alguma proteção. Estes habitantes – os estrangeiros –, embora protegidos pelo Estado, não gozam de todos os direitos dos cidadãos. Nesta categoria, há os habitantes perpétuos, que são aqueles que detêm o direito de residência de forma perpétua, e o transmitem aos seus filhos: uma espécie de cidadãos de classe inferior.[134]

---

[130] VATTEL, Emerich de. *O direito das gentes ou princípios da lei natural aplicados à condução e aos negócios das nações e dos governantes*. Trad. de Ciro Moranza. Ijuí, RS: Ed. Ijuí, 2008. p. 324.

[131] *Ibidem*, p. 325.

[132] *Ibidem*, p. 326-327.

[133] A nacionalidade é uma especial forma de vinculação de um indivíduo com o Estado. Existem, em teoria, inúmeras outras, como, por exemplo, os naturais, oriundos, nativos, adstritos, autóctones, *ressortisants*, *indgénats* etc.

[134] VATTEL, *op. cit.*, p. 329-330.

É possível que se conceda a qualidade de cidadão a um estrangeiro – ação conhecida por naturalização –, mas existem casos em que a naturalização não confere todos os direitos de cidadão ao estrangeiro, como, por exemplo, o de exercício de determinados cargos públicos. Trata-se aqui da chamada naturalização imperfeita – hipótese normalmente prevista por uma lei fundamental que limita o poder do príncipe. Há também casos (Inglaterra e Polônia, por exemplo) em que o príncipe não pode naturalizar ninguém sem que haja a intervenção da nação por meio de seus deputados. E, por fim, têm-se ainda aqueles Estados, como, por exemplo, a Inglaterra, onde o simples nascimento no país naturaliza os filhos de um estrangeiro.[135]

Para Vattel, o direito natural orienta no sentido de que os filhos nascidos em País estrangeiro serão cidadãos do País dos pais, uma vez que devem ostentar a condição deles havida, embora as leis de cada País possam dispor de modo diferente. Se não se admitir que os nascidos em País estrangeiro sejam cidadãos do País de seus pais, seria necessário admitir que o pai teria abandonado inteiramente sua pátria quando do nascimento do filho. Por outro lado, se o pai fixar domicílio em um País estrangeiro, se tornando membro de outra sociedade, passará tal condição aos filhos.[136]

Os nascidos no mar, mas ainda em território da nação, são considerados nascidos no País. Os nascidos no mar, mas fora do território da nação, não serão distinguidos dos nascidos no País, pois é a origem que determina seus direitos, e não o local de nascimento. Os nascidos em um navio da nação são considerados nascidos no território, pois, os navios são considerados porções do território do Estado, ao passo que os nascidos em navio estrangeiro são considerados nascidos em País estrangeiro, a menos que o navio esteja no próprio porto da nação, na medida em que o porto é parte do território do Estado. O mesmo se aplica aos filhos nascidos nos exércitos do Estado ou na casa de seu ministro em uma corte estrangeira, sendo estes considerados nascidos no País. Isso porque "um cidadão ausente com sua família, a serviço do Estado e que reside em sua dependência e sob sua jurisdição, não pode ser considerado como se tivesse saído do território".[137]

---

[135] VATTEL, Emerich de. *O direito das gentes ou princípios da lei natural aplicados à condução e aos negócios das nações e dos governantes*. Trad. de Ciro Moranza. Ijuí, RS: Ed. Ijuí, 2008. p. 330.
[136] *Ibidem*.
[137] *Ibidem*, p. 331-332.

Quanto ao domicílio, Vattel afirma ser este "a habitação fixada em algum lugar, na intenção de nele residir sempre".[138] Logo, aquele que reside em algum lugar, mesmo que de forma duradoura, para seus negócios, por exemplo, somente possui uma habitação, sem domicílio. "Domicílio natural ou de origem é aquele que o nascimento nos confere, no local em que nosso pai tem o seu, e o retemos enquanto não o abandonarmos para escolher outro. O domicílio adquirido (*adscititium*) é aquele que estabelecemos por nossa própria vontade".[139]

Ainda sobre a questão do domicílio, esclarece que os errantes:

> (...) são pessoas sem domicílio. Por conseguinte, aqueles que nascem de pais errantes não têm pátria, porque a pátria de alguém é o local em que, na época do nascimento, seus pais tinham seu domicílio (§122), ou o Estado do qual seu pai era então membro, o que é a mesma coisa. De fato, estabelecer-se para sempre numa nação é tornar-se membro dela, ao menos como habitante perpétuo, se não for com todos os direitos dos cidadãos Pode-se, entretanto, considerar a pátria de um errante como aquela de seu filho, desde que esse errante seja considerado como se não tivesse em absoluto renunciado a seu domicílio natural ou de origem.[140]

E para Vattel seria possível deixar a pátria? Para o jurista, o filho de um cidadão, ao atingir determinada idade, tem o direito de avaliar se lhe convém juntar-se à sociedade que seu nascimento lhe destinou. Se decidir que não, deverá indenizar o Estado e conservar, na medida do possível, o amor à pátria. No entanto, atingindo essa mesma idade, se o filho de um cidadão se comporta como se cidadão fosse, adquire tacitamente a qualidade de cidadão.

O direito de deixar seu País é devido a qualquer um, mas até o ponto em que não comprometa o bem de sua pátria, o que se dá em casos de guerra, por exemplo, quando o Estado necessita de todos os seus cidadãos.[141] Atualmente, a renúncia à nacionalidade não é possível quando o País se encontre em guerra.

O cidadão deve respeitar as leis de seu próprio País. E se o País não é capaz de prover a preservação e o desenvolvimento de seu povo, não pode proibir que seus cidadãos o deixem, de forma transitória ou não.[142] O cidadão pode legitimamente deixar a pátria: (i) quando não

---

[138] VATTEL, Emerich de. *O direito das gentes ou princípios da lei natural aplicados à condução e aos negócios das nações e dos governantes*. Trad. de Ciro Moranza. Ijuí, RS: Ed. Ijuí, 2008. p. 331-332.

[139] *Ibidem*.

[140] *Ibidem*, p. 333.

[141] *Ibidem*, p. 333-335.

[142] *Ibidem*.

tiver condições de prover sua subsistência em razão das condições de seu País; (ii) quando a nação faltar com suas obrigações para com o cidadão, quebrando o pacto social (por esse mesmo dever de respeito ao que foi pactuado, é possível expulsar da sociedade um membro que viola suas leis); e, (iii) quando o Estado promulgue leis sobre o que não permitido no pacto social, como, por exemplo, estabelecer o seguimento de uma única religião.[143]

Vattel estabelece, ao tratar da emigração, quais seriam os fundamentos que a autorizam, considerada a vinculação dos súditos ao seu príncipe. São eles: (i) o direito natural; (ii) a lei fundamental do Estado; (iii) a autorização concedida voluntariamente pelo soberano; e, (iv) a previsão desta hipótese em tratado celebrado com outro Estado. Se o soberano decide intervir na emigração, tem-se uma violação de direitos que autoriza os cidadãos a pedir a proteção de um Estado que queira recebê-los. Nesta hipótese, estes cidadãos serão chamados suplicantes.[144]

Quanto ao exílio e ao banimento, que podem ser temporários ou perpétuos, explica que ambos os institutos cuidam de outras formas de deixar a pátria. Enquanto o banimento tem conotação mais ofensiva, o exílio significa apenas a expulsão do local de seu domicílio, de modo que o exílio até pode ser considerado uma sanção, mas o banimento sempre o será. Ambos os termos também são utilizados para fazer referência à "expulsão de um estrangeiro para fora de um País no qual não tinha domicílio, com a proibição de retornar a ele, seja por um tempo, seja para sempre".[145] É possível ainda que, por convenções específicas, um cidadão expulso não possa mais entrar tanto no território do Estado de onde fora expulso, quanto no território de seus aliados.

Vattel observa que o exílio pode ser voluntário ou involuntário. "É voluntário quando alguém deixa seu domicílio para se subtrair a uma pena ou para evitar alguma calamidade; é involuntário quando é o efeito de uma ordem superior".[146] Ele esclarece ser possível que o Estado de acolhimento estabeleça o local onde o exilado deva residir ou mesmo o espaço que não pode ocupar, dependendo do que achar adequado a autoridade.[147] De fato, como regra, os exilados e os banidos não perdem o direito de residir em qualquer lugar.

---

[143] VATTEL, Emerich de. *O direito das gentes ou princípios da lei natural aplicados à condução e aos negócios das nações e dos governantes.* Trad. de Ciro Moranza. Ijuí, RS: Ed. Ijuí, 2008. p. 333-335.

[144] *Ibidem,* p. 338-339.

[145] *Ibidem.*

[146] *Ibidem.*

[147] *Ibidem,* p. 339-340.

Ainda sobre o trato com os estrangeiros, afirma que, para proteger sua segurança, toda nação pode julgar se lhe convém receber ou não determinado estrangeiro[148] (princípio da admissão discricionária). No uso desta prerrogativa, as nações podem recusar fugitivos ou exilados, por exemplo, nos casos em que se tenha a possibilidade de comprometimento da segurança ou da saúde pátria, embora, como regra, não devam as nações recusar entrada aos estrangeiros necessitados:

> (...) nenhuma nação pode recusar, sem boas razões, a residência, mesmo perpétua, a um homem expulso de sua moradia. Se, contudo, razões particulares e sólidas a impedem de lhe conceder um asilo, esse homem não tem mais direito algum de exigi-lo (...).[149]

Por fim, quanto a este tema, Vattel estabelece o princípio da territorialidade da lei penal, e sua mais conhecida exceção em direito internacional: a punição de crimes contra a humanidade. Deste modo, a nação que abriga um refugiado não pode puni-lo por falta cometida em País estrangeiro, uma vez que as nações somente devem punir em razão de sua própria defesa e segurança. Como exceção à regra, tem-se o caso daqueles que "violam toda a segurança pública e se declaram inimigos do gênero humano".[150] Assim:

> (...) se o soberano do país em que crimes dessa natureza são cometidos reclama os autores para puni-los, deve-se entregá-los como àquele que está principalmente interessado em puni-los de modo exemplar. Como é conveniente convencer os culpados e mover-lhes processo sob todas as formas, essa é uma segunda razão para usualmente entregar os malfeitores dessa espécie aos Estados que foram teatro de seus crimes.[151]

1.5.2 A nação e o nacionalismo para Mancini

Para Mancini,[152] o direito internacional de seu tempo estava demasiadamente centrado no papel dos Estados, o que excluía o reconhecimento dos indivíduos como componentes das nações, e das nações como entidades que, muitas vezes, não correspondiam a Estados

---

[148] VATTEL, Emerich de. *O direito das gentes ou princípios da lei natural aplicados à condução e aos negócios das nações e dos governantes*. Trad. de Ciro Moranza. Ijuí, RS: Ed. Ijuí, 2008. p. 340-341.

[149] *Ibidem*, p. 341-342.

[150] *Ibidem*.

[151] *Ibidem*.

[152] MANCINI, Paquale Stanislao. *Direito Internacional*. Trad. de Tito Ballarino. Ijuí, RS: Ed. Ijuí, 2003. p. 36-44.

formalmente estruturados. Sua proposta é centrar o estudo do direito internacional nas nações, mais que nos Estados, por serem estas as entidades que verdadeiramente relevam para o direito internacional. Ao expor sobre o emprego do princípio das nacionalidades no direito internacional privado, na preleção ao curso de Direito Internacional e Marítimo proferida na Real Universidade de Turim, no dia 22 de janeiro de 1851, promovida após a obtenção de cátedra na Universidade de Turim, Mancini[153] pregou sua visão de nacionalismo como ideal – nacionalismo não como ideia de exclusão do diferente, considerado o contexto histórico, mas, sobretudo, o enaltecimento da comunhão de almas em prol da vida comum, tão próprio daquele período.

Tratando da nacionalidade como fundamento do direito internacional, Mancini descreve o despertar do sentido de nacionalidade na Itália, mesmo que a própria ideia de nacionalidade ainda fosse vaga e alvo de alguma acusação de utopia, e propõe aos estudiosos do direito internacional que elevem a nacionalidade à condição de verdade científica, o que, no seu entender, promove mudanças virtuosas na civilização.[154]

Para ele, havia certo imobilismo no direito internacional dos últimos cem anos. Esta ciência ainda estava, àquela altura, na fase do empirismo como serva da diplomacia dominante.[155] Sua proposta era reconhecer o direito internacional como espécie do gênero direito universal, cujo princípio gerador, regulado pela moral e pela utilidade, deveria se concentrar em uma verdade própria que seria a coexistência das nacionalidades.[156] Inicialmente, Mancini toma a nação, juntamente com a família, como manifestação de uma forma perpétua de associação humana, verdadeira lei natural do homem social. Então, verifica que a nacionalidade passou por diversos níveis de formulação em virtude das distintas influências que sofreu. Nada obstante, o estudo da nacionalidade, bem como do direito internacional fundado no princípio das nacionalidades, deveria se concentrar apenas no estudo de propriedades e fatos constantes das nações humanas: região, raça, língua, costumes, história, leis e religiões – elementos que comporiam a

---

[153] MANCINI, Paquale Stanislao. *Direito Internacional*. Trad. de Tito Ballarino. Ijuí, RS: Ed. Ijuí, 2003. p. 36-44.

[154] *Ibidem*.

[155] *Ibidem*, p. 45-46.

[156] *Ibidem*, p. 51-53.

natureza de cada povo e criariam uma relação íntima entre os nacionais impossível de ser afastada.[157]

Discorrendo sobre os elementos que comporiam o estudo da nacionalidade, afirma que o fator geográfico seria o responsável por influenciar as tendências e a direção do desenvolvimento nacional de cada povo, como, por exemplo, o povo litorâneo que se torna navegador.[158] As fronteiras naturais do território conferiríam aos habitantes conformidade no desenvolvimento físico e moral, aumentando a capacidade de vínculos jurídicos recíprocos.[159] A raça seria o elemento que mais correlaciona a nação à família, razão por que, para ele, onde diversas raças convivem, não é possível criar nem reconhecer uma nacionalidade. As características transmitidas pela raça seriam duradouras e constituiriam o vínculo entre os indivíduos, formando o espírito nacional.[160] No entanto, como vínculo, mais forte que a raça seria a língua comum, que revela a condição intelectual de uma nação. Desses elementos, surgiriam os demais, a saber: religião, costumes, leis e instituições, que tornam cada povo único.

Para além da verificação destes elementos, somente seria possível reconhecer uma nacionalidade se verificada a consciência coletiva de que o grupo que reúne tais características forma uma nacionalidade. Esse sentimento seria o responsável pela servidão ou não de uma nação a outra nação estrangeira.[161]

Mancini reconhece a nacionalidade como uma "sociedade natural de homens com unidade de território, configurados numa vida em comum e numa consciência social",[162] implicando a conservação da nacionalidade ao mesmo tempo direito e dever jurídico. Como direito, a nacionalidade é a explicação coletiva da liberdade, e encontra limite apenas na liberdade de outra nacionalidade. Como dever, é a própria vida da humanidade e a sua finalidade.[163]

Estas relações jurídicas se manifestam na livre constituição interna da nação e na autonomia em relação às nações estrangeiras, constituindo o estado perfeito de uma nação: a etnicarquia. Enquanto

---

[157] MANCINI, Paquale Stanislao. *Direito Internacional*. Trad. de Tito Ballarino. Ijuí, RS: Ed. Ijuí, 2003. p. 54.
[158] *Ibidem*, p. 55.
[159] *Ibidem*, p. 57.
[160] *Ibidem*, p. 57-58.
[161] *Ibidem*, p. 59-62.
[162] *Ibidem*.
[163] *Ibidem*, p. 63-64.

isso, a constituição interna da nação se manifesta na constituição física (posse do território nacional) e na constituição moral (governo próprio que afirme o domínio nacional).[164]

O elemento central definidor de uma nação é sua unidade orgânica, resultante da constituição de um poder central ao qual está confiada a defesa do território.[165] Nesta medida, submeter-se a dominação estrangeira equivale à servidão, razão pela qual não é aceitável a fórmula de várias nacionalidades sob uma união forçada.[166] Aqui se tem a proposta nacionalista de que cada nação deve formar um Estado que a abrigue.

Assim, é a nação, e não o Estado (associação política de homens sob um governo comum), a unidade elementar do direito internacional. De outro modo, caso o Estado seja considerado elemento principal do direito internacional, não se considerariam os direitos naturais do homem, mas os direitos dos governos a que os homens estariam associados.

Para Mancini,[167] a história confirma a ideia-mãe da nacionalidade como forma natural sobre a qual aparecem as famílias humanas, e tentar lutar contra isso, por meio de conquistas, muitas vezes sangrentas, é algo infrutífero e gera os horrores que a história revela. Forças que lutaram em prejuízo do princípio da nacionalidade não foram bem sucedidas: sucessão, indústria, monarquia universal, sistema de equilíbrio e ideias onipotentes de religião e civilização.

Neste sentido, o vínculo da nacionalidade seria tão forte que Mancini chega a pregar que a natureza ofereceu a cada nação condições diversas para que se auxiliassem e se reconhecessem como partes do gênero humano. No entanto, para a harmonia das nações, é necessário que intervenha o poder moral do direito, constituído pelos elementos do bem moral e da utilidade dos homens e das nações (nacionalidade), que estreita os povos com a reciprocidade de relações.[168] Assim, o insucesso da aplicação prática do princípio da nacionalidade não implica na sua imprestabilidade.

---

[164] MANCINI, Paquale Stanislao. *Direito Internacional*. Trad. de Tito Ballarino. Ijuí, RS: Ed. Ijuí, 2003. p. 64.

[165] *Ibidem*. p. 65.

[166] *Ibidem*, p. 66.

[167] *Ibidem*, p. 70-76.

[168] *Ibidem*, p. 81-83.

Por último, o jurista exorta a juventude italiana à instauração da ciência do direito internacional.[169]

1.5.3 A origo romana e a nacionalidade para Savigny

Estudando o direito romano com o objetivo de aproveitá-lo na compreensão e aplicação do direito de sua época, Friedrich Carl von Savigny se debruçou, entre outros institutos, sobre o estudo da *origo*, ou origem, no direito romano.

No o direito romano, a cidadania se adquire pelo nascimento, adoção, alforria e admissão.[170] Não se trata do conceito contemporâneo de nacionalidade, mas de um complexo feixe de direitos que provém do reconhecimento do lugar de onde as pessoas são originárias.[171] O

---

[169] MANCINI, Paquale Stanislao. *Direito Internacional*. Trad. de Tito Ballarino. Ijuí, RS: Ed. Ijuí, 2003. p. 84-86.

[170] SAVIGNY, Friedrich Carl von. *Sistema do Direito Romano atual*. Trad. de Ciro Mioranza. Ijuí, RS: Ed. Unijuí, 2004. v. VIII. p. 63.

[171] Na estratificada organização social romana, a maior ambição do indivíduo era ser um cidadão. Para tanto, a primeira e mais importante condição era ser livre. O *status libertatis* permitia que se alcançasse, eventualmente, o *status civitatis*, o que significava ser regrado pelo *jus civile* e, portanto, usufruir do direito dos cidadãos. Cf. CRETELLA JUNIOR, José. *Curso de Direito Romano*. 31. ed. Rio de Janeiro: Gen/Forense, 2009. p. 73. O povo romano era divido em três estamentos, a saber: (i) a *gens*; (ii) a clientela; e, (iii) a plebe. A *gens* tem origem na família patriarcal, que, agrupando-se, deu origem às *gens*, que, em grupos maiores, formaram a cidade (conjunto de várias *gens*). Eram os patrícios, ou aqueles que descendiam do patriarcado. A clientela era uma espécie de vassalagem, que incluía os estrangeiros vencidos (e submetidos às *gens* por meio da *deditio*) e os estrangeiros emigrados (que se submetiam, por vontade, a uma *gens* em virtude da *applicatio* – ato solene pelo qual um estrangeiro, que emigrava para Roma, se colocava sob a proteção e dependência de um *pater familias patronus*, tornando-se seu cliente). A plebe era composta pelos dedit ícios. Cf. ALVES, José Carlos Moreira. *Direito Romano*. 14. ed. Rio de Janeiro: Forense, 2007. p. 10. Em linhas gerais, a sociedade romana era dividida entre romanos e não romanos, o que equivaleria, hoje, a nacionais e estrangeiros. Entre os não romanos, se identificavam os latinos (velhos, colonários e junianos) e os peregrinos (ordinários e dedit ícios). Os cidadãos romanos o eram por nascimento ou por aquisição posterior deste *status*. Por nascimento, somente se era romano se filho de ventre romano, ou seja, se a mãe ostentasse o *status civitatis*. Tal regra foi alterada, no final da República, pela *Lex Minicia* que estabeleceu que o *status* do indivíduo se aferiria pelo *status* do pai, no momento do nascimento, independentemente do *status* da mãe. Por aquisição do direito, se era romano: (i) por se domiciliar em Roma, como é o caso dos latinos velhos (*latini veteres*); (ii) por concessão legal, a *Lex Julia*, de 90 a.C., que concedeu cidadania romana a todos os latinos da Itália e, posteriormente, o édito de Caracala, de 212 d.C., que concedeu a todos os habitantes do Império, com exceção dos peregrinos dedit ícios; (iii) por prestar serviço militar: os peregrinos que servissem ao exército de Roma recebiam o *status civitatis*; (iv) por denúncia: os peregrinos que denunciassem magistrados concussionários, que viessem a ser condenados em razão desta denúncia, adquiriam a condição jurídica de cidadãos; e, (v) por concessão graciosa, particular ou coletiva. Os estrangeiros eram divididos em latinos e peregrinos. Os latinos não eram propriamente estrangeiros, no sentido de não serem do local, mas não romanos, no sentido de não ostentarem o *status* de cidadãos de Roma. Esta classe – latinos – era subdividida em velhos (*veteres*), colonários (*colonarii*) e junianos (*juniani*). Os primeiros eram os antigos habitantes do Lácio, das antigas colônias

nascimento confere o direito de cidadania da cidade do pai; a adoção não suprime a cidadania transmitida pelo nascimento, mas confere uma segunda cidadania: a do adotante. O escravo liberto não tem direitos de nascença, mas a alforria concede a cidadania da cidade natal do antigo dono. A admissão equivaleria a atual naturalização. Trata-se da cidadania concedida pelos magistrados municipais.[172]

Aos direitos conferidos pelo local de origem, ou seja, os direitos decorrentes da cidadania, correspondiam por igual obrigações (*munera*). Assim, uma mulher que se casasse em cidade estrangeira não perdia sua cidadania natal, mas se exonerava das obrigações dela correspondentes enquanto durasse o casamento.[173]

Outra forma de ligação entre os indivíduos e a cidade, no direito romano, era o *domicilium*,[174] ou o conjunto de obrigações decorrentes do fato de um indivíduo se fixar, de forma permanente, em um lugar que não fosse necessariamente o de sua origem. Em linhas gerais, a distinção entre a *origo* e o *domicilium* é que o direito de cidadania conferia o maior dos direitos conferidos pela origem: o de tomar parte na administração da cidade; ao passo que a fixação de forma permanente em determinado lugar, o *domicilium*, tinha como consequência a submissão às obrigações impostas pelo lugar: o Município.

A jurisdição a qual o indivíduo era submetido era a da cidade a que pertencia o acusado e a dos magistrados a quem devia obediência.[175] Considerada a mobilidade das pessoas, a jurisdição poderia se distinguir

---

a quem os romanos concederam o *status* de latinos. Os segundos eram os colonos que em 486 a.c., foram por Roma assim reconhecidos, habitando ou não as colônias latinas. E os terceiros, os julianos, eram habitantes do Império, regulados por lei especial: a *Lex Junia Norbana*, que declarou que os libertos mantidos por formas não solenes não seriam cidadãos romanos, ainda que livres. Eram considerados escravos pelo direito civil e livres por construção do direito pretoriano, fundada na equidade. Cf. CRETELLA JUNIOR, *op. cit.*, p. 75. Os peregrinos eram os estrangeiros. A eles, em um primeiro momento, não se reconhecia qualquer direito. Posteriormente, foram-lhes concedidos alguns direitos. Dividiam-se em ordinários e deditícios. Os ordinários eram os habitantes das cidades, como gauleses e gregos, que se renderam à Roma; e os deditícios, os que pegaram em armas contra ela. Em 212 d.C., o imperador Marco Aurélio Basanus, conhecido como Caracala, concedeu o *status civitatis* a todo habitante do Império, a exceção do peregrino deditício. Tal concessão ficou conhecida com édito de Caracala, e marcou o fim da distinção entre romanos e não romanos, a exceção do peregrino deditício, que pegou em armas contra Roma. Cf. *Ibidem*, p. 76.

[172] SAVIGNY, Friedrich Carl von. *Sistema do Direito Romano atual*. Trad. de Ciro Mioranza. Ijuí, RS: Ed. Unijuí, 2004. v. VIII. p. 63-65.

[173] *Ibidem*.

[174] *Ibidem*, p. 74.

[175] *Ibidem*, p. 87.

entre o foro de origem (*forum originis*) e o foro do domicílio (*forum domicilii*).[176]

O estudo das obrigações decorrentes do direito de cidadania – de eventuais exonerações destas obrigações quando o cidadão não se encontrasse em sua cidade natal e das obrigações decorrentes do lugar onde se fixasse de forma permanente – é o que levou Savigny[177] a compreender o domicílio como o principal critério definidor do estatuto pessoal. A ideia de domicílio como centro gravitacional das relações jurídicas do indivíduo: a submissão voluntária às regras do lugar.

1.6 Para onde caminha o direito de nacionalidade?

O professor espanhol Frederico de Castro y Bravo, ao iniciar seu curso sobre nacionalidade, em 1961, na Academia de Direito Internacional da Haia, afirmou que hoje, ao se propor uma discussão sobre o tema da nacionalidade, o interlocutor imediatamente se questiona se se trata de um tema obsoleto, que lhe exigirá algum esforço de abstração, ou se existe um verdadeiro interesse prático no assunto.[178] Para ele, a nacionalidade possui uma tal influência política, que decorre diretamente do conceito de soberania, que a relevância de um instituto se confunde com o a do outro.[179]

De fato, o curso da evolução histórica deste instituto o revestiu de contornos quase sagrados, o que provoca as mais variadas paixões, e não impede que alguns o vejam com repugnância ou mesmo com raiva,[180] na medida em que seria, no plano internacional, uma ferramenta jurídica exclusivista e hermética,[181] que se oporia diretamente ao reconhecimento democrático das diferenças e à igualdade de tratamento entre os indivíduos.

O intensíssimo fluxo de pessoas no mundo; os Estados que abrigam em seus territórios centenas de milhares de habitantes; as instituições supranacionais e a substituição da ideia de nação por conceitos mais largos, como a constituição de blocos de países, levam

---

[176] SAVIGNY, Friedrich Carl von. *Sistema do Direito Romano atual*. Trad. de Ciro Mioranza. Ijuí, RS: Ed. Unijuí, 2004. v. VIII. p. 88.

[177] *Ibidem*.

[178] BRAVO, Frederico de Castro y. *La nationalité, la double nationalité et la supra-nationalité*. La Haye: Academie de Droit International de La Haye, 1961. Recueil des Cours, t. 102. p. 9.

[179] *Ibidem*.

[180] *Ibidem*.

[181] *Ibidem*.

hoje, embora ainda não se considere a ideia com seriedade, ao conceito de cidadão do mundo.[182] Como instituição jurídica, bem como elemento social: fundamentos de uma das mais importantes dimensões do Estado – a dimensão pessoal –, a nacionalidade parece, ainda hoje, uma instituição sólida como a soberania. No entanto, também como a soberania, a nacionalidade enfrenta mitigações e releituras que modificam atualmente seu alcance e finalidade.[183] Nesse contexto, releva questionar: qual o significado da nacionalidade nos dias de hoje?[184] Em termos emocionais, a nacionalidade tem distintos significados para pessoas diferentes. Para uns, é elemento da própria identidade. Para outros, uma herança fundamental que dá sentido à própria história individual.[185] Juridicamente, a nacionalidade é fonte de inúmeros direitos.[186] Nos EUA, a nacionalidade é, na prática, a libertação do indivíduo de uma vida regrada pelas leis de imigração.[187] Naquele País, há um debate relevante sobre o crescente desinteresse pela aquisição da nacionalidade secundária. O fenômeno foi percebido estatisticamente pelo decréscimo do número de naturalizações requeridas nos últimos anos, além do aumento de naturalizações pedidas somente muito tempo depois de os candidatos preencherem as condições de elegibilidade, o que revelou um inesperado desinteresse pela aquisição da nacionalidade norte-americana secundária.[188] E quais seriam, na opinião da doutrina, as consequências decorrentes deste desinteresse? Politicamente, uma diminuição da participação política. Culturalmente, a perda da unidade de valores fundamentais que orientam o Estado. E emocionalmente, o desfazimento contínuo dos laços que ligam aqueles que vivem sob o mesmo território.[189]

Em países menos desenvolvidos economicamente, denominados Países do Sul, em Teoria das Relações Internacionais, ou Países em Desenvolvimento ou, mesmo, Países do Terceiro Mundo, na conhecida

---

[182] BRAVO, Frederico de Castro y. *La nationalité, la double nationalité et la supra-nationalité.* La Haye: Academie de Droit International de La Haye, 1961. Recueil des Cours, t. 102. p. 9.

[183] REZEK, Francisco. *Le droit international de la nationalité.* La Haye: Academie de Droit International de La Haye, 1986. Recueil des Cours, t. 198. p. 388.

[184] LEGOMSKY, Stephen H.; RODRIGUEZ, Cristina M. *Immigration and refugee law and policy.* 5. ed. New York: Foundation Press; Thomson Reuters, 2009. p. 1373.

[185] *Ibidem*, p. 1374.

[186] *Ibidem.*

[187] *Ibidem.*

[188] *Ibidem*, p. 1383.

[189] *Ibidem*, p. 1384.

classificação do demógrafo francês Alfred Sauvy, é comum que seus nacionais requeiram, junto a representações diplomáticas de Estados estrangeiros, geralmente desenvolvidos, ou do Norte, especificamente os europeus, o reconhecimento de sua nacionalidade originária daquele outro País, em regra de onde vieram seus pais ou avós emigrados, cuja nacionalidade é concedida pelo critério preponderante do direito do sangue. O objetivo destas pessoas é, como regra, a possibilidade de imigrar na condição de nacional do País para onde pretendam ir, ou mesmo, de forma genérica, de cidadãos europeus, para que possam se valer desta condição para obtenção de trabalho naquele continente.

Menos comum, embora identificável, é o fenômeno deste mesmo tipo de requerimento feito com o único fim de facilitar viagens internacionais para países que exijam visto de entrada para nacionais de países em desenvolvimento, e o dispensem para nacionais de países europeus.

Em ambos os casos, o pedido de reconhecimento de outra nacionalidade tem motivação estritamente pragmática. No primeiro, se deve à falta de oportunidades de vida no País de origem; e no segundo, a um sentimento – confirmado pelo tratamento desigual dispensado em países desenvolvidos àqueles que ostentem distintas nacionalidades –, de que algumas nacionalidades desfrutam de melhor consideração que outras, no plano internacional.

Nesta última hipótese, ainda que se compreenda o motivo pelo qual se pretende ter reconhecida outra nacionalidade originária que não a do País de origem, não seria exagerado afirmar que o comportamento revela alguma falta do sentimento de nação, na medida em que estas pessoas efetivamente desejam se apresentar no exterior com uma nacionalidade que não a sua efetiva. Verifica-se, nestes casos, um desligamento entre a nacionalidade e sua consideração na formação da identidade do indivíduo, especialmente quando se considera que, no mais das vezes, aqueles que requerem o reconhecimento da nacionalidade originária de outro Estado somente para receber tratamento de melhor qualidade no exterior sequer mantêm vínculos culturais com esses países, não dominando sequer a língua nacional – símbolo máximo da unidade nacional quando da construção do pensamento nacionalista.

Estas hipóteses de alteração da nacionalidade revelam providências essencialmente pragmáticas que bem exemplificam o conceito de globalização. Nestes casos, pode ser aferido, na prática, o efetivo enfraquecimento do próprio conceito de nacionalidade, ao menos como entendido historicamente: como pertencimento a uma nação.

É o que se percebe quando muitos indivíduos abdicam de suas nacionalidades para pagar menos impostos. Nessa mesma linha, tem-se a questão referente à exigência da antiga norma procedimental brasileira de renúncia a anterior nacionalidade estrangeira, para fins de naturalização. Para além da discussão sobre se a norma infralegal podia ou não ser observada, o que se fará mais adiante, remanesce o questionamento sobre se a aquisição de uma nova nacionalidade se dá por verdadeiro compromisso com a nação a que se queira pertencer, ou se o vínculo jurídico-político que se pretende voluntariamente estabelecer se destina, exclusivamente, ao afastamento de óbices de ordem prática para viver e trabalhar naquele País.

A questão foi enfrentada pelo Supremo Tribunal Federal (STF) no julgamento do Mandado de Segurança nº 33.864,[190] que discutiu a perda da nacionalidade brasileira por pessoa que se naturalizara norte-americana fora das exceções previstas pelo §4º, alínea *b*, art. 12, da Constituição da República Federativa do Brasil (CRFB) de 1988. Ao mesmo tempo em que a impetrante sustentava jamais ter desejado perder a nacionalidade brasileira, havia prova no processo de que prestou juramento de renunciar total e expressamente a toda e qualquer outra soberania que não os Estados Unidos da América.

O enfraquecimento do conceito de nacionalidade, como até hoje compreendido, também se verifica pelo surgimento de uma rede internacional de proteção dos indivíduos: a cidadania regional. Mais adiante se verá a distinção entre os conceitos de nacionalidade e cidadania, para encontrar que o segundo se refere, exclusivamente, à detenção e exercício de direitos políticos. No entanto, como também se verá, alguns ordenamentos se utilizam dos dois termos indistintamente, significando o vínculo com o Estado e o conjunto de obrigações e direitos dele decorrentes. Nesta última acepção é que surge no mundo a ideia de cidadania regional. O grande exemplo hoje é o verificado na União Europeia (UE), consideradas a livre circulação e a vedação de discriminação de nacionais de outros países do bloco, quando em território de Estado que não o seu de origem, em relação aos nacionais do país onde se encontram.[191] É à obtenção desta cidadania que objetivam os mencionados nacionais de Países em Desenvolvimento que procuram por oportunidades de trabalho e melhores condições de vida no continente europeu.

---

[190] BRASIL. Supremo Tribunal Federal. *Mandado de Segurança 33.864*. Primeira Turma. Relator Ministro Roberto Barroso. Brasília, 30 de novembro de 2016.

[191] MARTINS, Ana Maria Guerra. *A igualdade e a não discriminação dos nacionais de Estados terceiros legalmente residentes na União Europeia*: da origem na integração económica ao fundamento da dignidade do ser humano. Coimbra: Almedina, 2010. p. 201.

Para além desta cidadania regional, cresce hoje no mundo também a ideia de uma cidadania global, nos mesmos moldes. Assim, como decorrência de um intensíssimo fluxo migratório, e da situação de extrema vulnerabilidade a que submetidos os refugiados de países africanos na Europa, a doutrina passou a defender – consideradas tanto a flexibilização do conceito de soberania como as dramáticas situações de caráter humanitário por que passam esses refugiados apátridas –, que a Organização das Nações Unidas (ONU), como órgão internacional, teria legitimidade para conferir uma nacionalidade (cidadania) extraordinária sua, ainda que não se trate de um Estado soberano, atualizando, assim, o próprio conceito de nacionalidade.[192]

Por outro lado, o mesmo fluxo migratório vivenciado nas últimas décadas levou ao debate sobre se a crescente concessão de direitos pelas legislações nacionais a estrangeiros na atual conjuntura[193] – que aproximam, cada vez mais, os direitos dos estrangeiros dos direitos conferidos aos nacionais –, levaria ao seguinte questionamento: se não houver mais diferenças entre o nacional e o estrangeiro, para que servirá a nacionalidade?.[194] E, como consequência, se a nacionalidade não se prestar mais a colocar o indivíduo sob um especialíssimo regime jurídico, qual a razão de se proibir sua colocação voluntária na condição jurídica de apátrida no próprio País de que é originário e ostenta a nacionalidade?

Nesse contexto, nos jogos olímpicos[195] do Rio de Janeiro, em 2016, pela primeira vez na história das Olimpíadas, um grupo de atletas competiu representando a ONU, e não um País. A delegação de refugiados competindo sob a bandeira daquela Organização contou com dez atletas refugiados que tiveram de deixar seus países em razão de guerras e crises humanitárias. Eles vivem no Brasil, Alemanha, Quênia, Luxemburgo e Bélgica. A equipe foi composta por dois nadadores sírios, dois judocas congoleses, um maratonista etíope e cinco corredores sul-sudaneses.[196] Foi a delegação mais aplaudida no desfile da cerimônia de abertura dos jogos.

---

[192] MARCO, Carla. *O direito fundamental à nacionalidade*: a apatridia e a competência atributiva da ONU. Jundiaí, SP: Paco Editorial, 2015. p. 181.

[193] Como exemplos, no Brasil, o Projeto de Lei (PL) nº 5.655, de 2009; na Argentina, a Lei nº 25.871/2004.

[194] ORDZGI, Antônio Elias. A atuação da Polícia Federal. *In*: SEMINÁRIO O DIREITO DOS MIGRANTES NO BRASIL, 2012, Rio de Janeiro. *Anais...* Rio de Janeiro, 2012.

[195] A nacionalidade grega é também concedida a atletas olímpicos que desejem competir representando a Grécia. É o previsto nos arts. 5º a 11, do Código de Nacionalidade Grega, de 10 de novembro de 2004.

[196] PELA PRIMEIRA VEZ, equipe de refugiados disputa Olimpíada. *Portal Brasil*, 05 ago. 2016. Disponível em: http://www.brasil.gov.br/cidadania-e-justica/2016/08/pela-primeira-vez-equipe-de-refugiados-disputa-olimpiada. Acesso em: 09 maio 2019.

CAPÍTULO 2

A NACIONALIDADE

Nacionalidade[197] é o vínculo[198] jurídico-político que liga um indivíduo[199] a um Estado[200] soberano. É vínculo porque dele decorrem

---

[197] MARINHO, Ilmar Pena. *Tratado sobre a nacionalidade*. Rio de Janeiro: Departamento de Imprensa Nacional, 1956. v. I – Direito Internacional da Nacionalidade, p. 13-15: "Nacionalidade é palavra que pode ser tomada em duas acepções distintas: uma ampla, sociológica; outra, restrita, jurídica. No primeiro sentido, o vocábulo nacionalidade se presta a inúmeros diletantismos literários e a exaustivas divagações filosóficas. Por isso, a êle se têm dedicado muitos literatos, filósofos e sociólogos, que, em lucubrações fascinantes, percorrem tôdas as gamas da formação étnica dos povos. No sentido jurídico, aquele que nos vai unicamente interessar no presente trabalho, a nacionalidade possui um caráter preciso, um conceito definido, um campo de ação circunscrito. Aparece como uma qualidade política do homem socializado. Do homem que abandona a tribu, o clã. Do homem que faz parte da organização social mais perfeita – o Estado. Essa diferenciação básica entre as duas noções de nacionalidade é absolutamente imprescindível, pois, através dela, verificar-se-á como e porque os têrmos nacionalidade, nação e nacional são empregados para determinar dois fenômenos completamente distintos: um, o grupo étnico; o outro, o grupo político (...)".

[198] CONSELHO DA EUROPA. *Convenção Europeia sobre a Nacionalidade*. Estrasburgo: Conselho da Europa, 1997. Disponível em: http://gddc.ministeriopublico.pt/sites/default/files/documentos/instrumentos/convencao_europeia_nacionalidade.pdf. Acesso em: 09 maio 2019, p. 2: "Artigo 2. Definições Para os fins da presente Convenção: a) 'Nacionalidade' designa o vínculo jurídico entre um indivíduo e um Estado, não indicando, contudo, a origem étnica desse indivíduo; (...)".

[199] Embora também se possa trabalhar com a ideia de nacionalidade de pessoas jurídicas (ficção com a qual trabalha o Direito para: (i) separar o patrimônio das pessoas físicas do patrimônio das pessoas morais; e, (ii) identificar a vontade coletiva por meio da expressão da vontade da maioria, observadas as regras de constituição das pessoas jurídicas), ele não configura objeto do presente estudo. A Lei de Introdução às Normas do Direito Brasileiro (LINDB), em seu art. 11, dispõe que as sociedades obedecem à Lei do Estado em que se constituírem. A nacionalidade das pessoas jurídicas é reconhecida com base em três critérios, quais sejam: (i) o da incorporação – ostenta a nacionalidade do local onde se constitui; (ii) o da sede social – de onde se encontra seu principal estabelecimento e seus órgãos diretivos; e, (iii) o do controle – em que terá a sociedade a nacionalidade dos detentores de capital da sociedade. O art. 1.126 do Código Civil (CC) estabelece ser brasileira a sociedade organizada de acordo com a lei brasileira e que tenha no país a sede de sua administração.

[200] DALLARI, Dalmo de Abreu. *Elementos de Teoria Geral do Estado*. 33. ed. São Paulo: Saraiva, 2016. p. 59: "(...) todas as sociedades políticas que, com autoridade superior, fixaram as regras de convivência de seus membros".

PAULO CESAR VILLELA SOUTO LOPES RODRIGUES
RENÚNCIA À NACIONALIDADE BRASILEIRA: DIREITO FUNDAMENTAL À APATRIDIA VOLUNTÁRIA

direitos e obrigações. Direitos como o de entrar e permanecer no território,[201] [202] receber proteção diplomática[203] e, em muitos países, o de não ser extraditado. Obrigações como, por exemplo, a de prestar serviço militar, pagar tributos, e, no Brasil, votar.[204] É jurídico porque regulado pelo Direito, embora outros domínios das ciências humanas dele se ocupem.[205] É político porque apontar quem são os nacionais é uma escolha política.[206] Juridicamente, como regra, é o ordenamento constitucional do Estado quem estabelece quem são os seus nacionais.[207] Politicamente, decidir quem serão os nacionais é decisão tomada na própria formação do Estado[208] – decisão tomada tanto na criação do Estado, pelo poder constituinte originário, quanto em sua eventual configuração posterior,[209] por meio do poder constituinte derivado.[210]

---

[201] O art. VIII da Declaração Americana dos Direitos e Deveres do Homem, de 1948, na parte referente aos direitos de residência e trânsito, dispõe: "Toda pessoa tem direito de fixar sua residência no território do Estado de que é nacional, de transitar por ele livremente e de não abandoná-lo senão por sua própria vontade".

[202] Os Estados são obrigados a receber seus nacionais expulsos de outros países. Cf. KALTHOFF, Henrique. *Da nacionalidade do direito internacional privado e na legislação comparada*. São Paulo: [s.n.], 1935. p. 32.

[203] A proteção diplomática decorre do atributo da soberania do Estado, entendida como insubmissão a Estado estrangeiro. Proteger o nacional é proteger um dos elementos constitutivos do próprio Estado: o povo, sua dimensão pessoal, entendido como o conjunto de nacionais. Disso se extrai o princípio, concretizado pelo art. 4 da Convenção da Haia de 1930, segundo o qual, quando alguém ostentar mais de uma nacionalidade, não poderá invocar proteção diplomática de Estado estrangeiro no território do qual também ostenta a nacionalidade.

[204] Art. 14, §1º, inc. I, da Constituição da República Federativa do Brasil (CRFB) de 1988.

[205] THIELLAY, Jean-Philippe. *Le droit de la nationalité française*. 3. ed. Paris: Berger Levraut, 2011. p. 11: "*Le droit français de la nationalité est un droit complexe, à plus d'un titre, notamment parce qu'il fait appel tant à des macanismes juridiques qu'à des considerations politiques et quasi philosofiques*".

[206] Para Celso D. Albuquerque Mello, também é político porque deste vínculo decorrem direitos e deveres políticos. Cf. MELLO, Celso D. Albuquerque. *Direito constitucional internacional*. 2. ed. rev. Rio de Janeiro: Renovar, 2000. p. 209.

[207] No Brasil, o art. 12, incs. I e II, da CRFB de 1988, estabelece quem são os nacionais brasileiros.

[208] FAGUNDES, Miguel de Seabra. *O controle dos atos administrativos pelo Poder Judiciário*. 4. ed. Rio de Janeiro: Forense, 1967. p. 15: "O Poder Constituinte, manifestação mais alta da vontade coletiva, cria o Estado (ou reconstrói), através da Constituição, lei básica em que lhe determina a estrutura geral, institui a autoridade, delimitando a organização dos poderes públicos e define os direitos fundamentais do indivíduo. A Constituição é, assim, a expressão primária e fundamental da vontade coletiva organizando-se juridicamente no Estado, que com ela principia a existir e segundo ela demanda seus fins".

[209] No Brasil, por meio do exercício do poder constituinte derivado, na elaboração de Emendas Constitucionais (ECs), como é o caso da EC nº 54, de 20 de setembro de 2007, que deu nova redação à alínea c, inc. I, art. 12, da CRFB de 1988.

[210] Ainda assim, com força fundante, como é próprio do exercício do poder constituinte, seja originário ou derivado.

CAPÍTULO 2
A NACIONALIDADE | 85

O Estado se compõe de três elementos, a saber: (i) território; (ii) governo (ou soberania); e, (iii) povo. Entende-se por povo o conjunto de nacionais,[211] que além do mencionado vínculo jurídico-político, possui, em geral, uma identidade comum: étnica, cultural, religiosa e idiomática. No entanto, a nacionalidade tem maior relação com o conceito de Estado, como organização política, do que com a ideia de nação, como fenômeno cultural ou sociológico.[212] O território é o espaço físico ocupado pelo Estado.

O conceito de soberania pode ser entendido sob duplo enfoque: (i) no plano interno, como monopólio do uso legítimo da força e da violência; e, (ii), no plano externo, como insubmissão a Estado estrangeiro. O conceito de soberania na perspectiva externa[213] compreende,

---

[211] Em Teoria Geral do Estado, o conceito de povo se diferencia do de população por ser este último considerado como o conjunto de indivíduos, nacionais ou estrangeiros, no território de um Estado. Cf. AQUAVIVA, Marcus Cláudio. *Teoria Geral do Estado*. 3. ed. São Paulo: Manole, 2010. p. 23-38.

[212] Fenômeno que pode ser percebido de forma objetiva, como o conjunto de indivíduos que tenham a mesma língua, etnia, religião, cultura, e história comum; e, sob o aspecto subjetivo, como grupo de indivíduos que se perceba e se declare como uma nação. O que releva, portanto, para o conceito jurídico de nacionalidade, é se encontrarem os indivíduos vinculados jurídico-politicamente a um Estado soberano, de modo que, como se viu, não são as nações que formam os Estados e os nacionalismos, mas, o oposto. Cf. HOBSBAWM, Eric J. *Nações e nacionalismo desde 1780*. 5. ed. São Paulo: Paz e Terra, 2008. p. 14-20.

[213] Os tratados de Westfália (Münster e Osnabrück), de 1648, colocaram fim à Guerra dos Trinta Anos, e promoveram a separação entre Estado e Igreja, o que ensejou, como consequência, a criação de uma sociedade de Estados independentes, não hierarquizados e soberanos. Cf. DAILLIER, Patrick; PELLET, Allain. *Droit International public*. 7. ed. Paris: Librairie Génerale de Droit et de Jurisprudence, 2002. p. 51. BROWNLIE, Ian. *Principles of Public International Law*. 7. ed. Oxford: Oxford University Press, 2008, p. 289: "*The sovereignty and equality of states represent the basic constitutional doctrine of the law of the nations, which governs a community consisting primarily of states having a uniform legal personality (...) sovereignty is in a major aspect a relation to other states (and organization of states) defined by law*". REZEK, Francisco. *Direito Internacional público*: curso elementar. 13. ed. São Paulo: Saraiva. 2011, p. 25: "No plano interno, a autoridade superior e o braço forte do Estado garantem a vigência da ordem jurídica, subordinando compulsoriamente as proposições minoritárias à vontade da maioria, e fazendo valer, para todos, tanto o acervo legislativo quanto as situações e atos jurídicos que, mesmo no âmbito privado, se produzem na sua conformidade". FERRAJOLI, Luigi. *A soberania no mundo contemporâneo*. 2. ed. São Paulo: Martins Fontes, 2007. p. 6-15. Historicamente, sabe-se que a primeira formulação do conceito de soberania, pelo menos no que concerne à sua faceta externa, antes mesmo da formulação do conceito no plano interno, feita por Bodin e Hobbes, foi concebida por Francisco de Vitoria, no século XVI, como necessidade de encontrar-se um fundamento jurídico para sustentar a conquista do novo mundo, sem que se precisasse se recorrer aos até então aventados: *ius inventionis* (direito de descobrimento) e o fato de serem os índios americanos *infideles* (pecadores que deveriam ser resgatados). Para Vitória, o conceito de soberania se funda em três pilares, quais sejam: (i) uma comunidade internacional como sociedade natural de Estados Soberanos; (ii) a teorização de direitos naturais dos povos e dos estados, como, por exemplo, os direitos de comércio, de migrar, de comunicar; e, (iii) a reformulação da doutrina cristã da guerra justa, concebida como possibilidade de se sancionar as ofensas sofridas pelos espanhóis por índios

inclusive, o direito de decidir quem seja o seu nacional, não se admitindo que outro Estado possa determinar quem será o nacional de Estado que não o seu próprio. Nem todos os indivíduos que ocupam o território de um Estado são seus nacionais. O conjunto de pessoas sob o território de um Estado soberano forma o conceito de população. O povo, como elemento do Estado, é formado somente por nacionais. Todos os demais indivíduos são estrangeiros. É por oposição ao nacional que se extrai o conceito de estrangeiro,[214] pouco importando em que condição o indivíduo que não é nacional se encontre no território: se em situação regular ou irregular, se nacional de tal ou qual País, ou mesmo que não ostente qualquer nacionalidade.[215] Nacional de outro Estado, refugiado, asilado, apátrida, regular, temporário ou permanente, meramente irregular ou clandestino, turista, homem de negócios ou missionário religioso: todo aquele que não é nacional é um estrangeiro.[216]

---

americanos. Em relação a este último tópico, os conceitos de *ius ad bellum* (direito a guerra) e *ius in bello* (direito da guerra) são trabalhados quanto aos limites das ofensas a que se possa reagir. Não é qualquer ofensa que autoriza a guerra, mas somente uma grave ofensa que coloque em risco a segurança legítima o príncipe a iniciar uma guerra para neutralizá-la, na medida em que a guerra sempre coloca em risco os próprios súditos do soberano. Quanto à comunidade de Estados, a grande inovação está na ideia de que a comunidade de Estados não se vincula somente pela obrigatoriedade dos pactos firmados, mas também pela força de normas que desejam todo o gênero humano por eles representados. *Habet enin totus orbis, qui aliquo modo est uma respublica, potestate ferendi leges aequas et convenientes omnibus, quales sunt iure gentium... Neque licet uni regno nolle tenere iure gentium: est enim latum totus orbis authoritate.* PAUPÉRIO, A. Machado. *O conceito polêmico de soberania.* 2. ed. Rio de Janeiro: Forense, 1958, p. 15: "Soberania, do latim *super omnia* ou de *superanus* ou *supremitas* (caráter dos domínios que não dependem senão de Deus), significa, vulgarmente, o poder incontrastável do Estado, acima do qual nenhum outro poder se encontra. Gerber definiu-a como poder de dominação – *Herrschergewalt* – de império. Orban, como a plenitude do poder público, a suprema *potestas*". AZAMBUJA, Darcy. *Teoria Geral do Estado.* 2. ed. rev. e ampl. São Paulo: Globo. 2008, p. 23: "A autoridade é intrínseca ao Estado, é o seu modo de ser, e o poder um de seus elementos essenciais. Sem dúvida, em outras formas de sociedade a autoridade e o poder também existem. Mas o poder do Estado é o mais alto dentro de seu território, e o Estado tem o monopólio da força para tornar efetiva sua autoridade".

[214] CAHALI, Yussef Said. *Estatuto do estrangeiro.* 2. ed. rev. atual. e ampliada. São Paulo: Revista dos Tribunais. 2010. p. 26.

[215] Apátrida, apólide, *Heimatlos, Statelessness*.

[216] O estudo da condição jurídica do estrangeiro é tema de direito internacional privado, e se ocupa dos direitos concedidos a um estrangeiro em território que não é o seu de nacionalidade. Estrangeiro, como se disse, é um conceito que se extrai por exclusão e, neste sentido, distingue-se do nacional justamente por não ostentar vínculo com o Estado. É desta distinção, do que se assegura ao não nacional no território, que se ocupa a condição jurídica do estrangeiro. Se não houvesse qualquer distinção no que se concede a nacionais e estrangeiros, concedendo-se a ambos os mesmíssimos direitos e prerrogativas no Estado nacional, nenhuma razão haveria para que se fizesse a distinção, comum a todos os Estados que compõem a sociedade internacional contemporânea, entre nacionais e estrangeiros. A forma como cada Estado soberano trata a questão do estrangeiro é, como regra e em razão

do atributo da soberania, uma questão de direito interno, de forma que pouco importa que tal ou qual direito seja assegurado a um estrangeiro em seu país de nacionalidade, de domicílio, de residência habitual, ou onde estivesse, por qualquer razão, antes de ingressar no território nacional. Para saber de quais direitos desfrutará no Estado em que é estrangeiro, faz-se importante investigar o que a lei local, seja ela constitucional ou infraconstitucional, diz a respeito. É certo que normas internacionais estabelecem padrões gerais de tratamento de estrangeiros pelos Estados nacionais. Estes se referem a um mínimo que se deva observar como reconhecimento de direitos a estrangeiros quando se encontrem no território dos Estados Partes destes tratados. No entanto, é mesmo no ordenamento jurídico nacional que se verificará a que situação, regulada pelo direito, se submete o não nacional, seja ele permanente ou temporário, regular ou irregular. Em verdade, tais categorias: regular, irregular, permanente ou temporário, são criadas pela legislação local, ainda que correspondam a padrões internacionais, na medida em que é o próprio Estado que define quem é estrangeiro, o que faz por oposição à definição de nacional, e, neste grupo (estrangeiros), quem se encontra no território de forma permanente ou temporária, regular ou irregular. Assim, o que se investiga em tema de condição jurídica do estrangeiro é como o Estado o enxerga juridicamente, venha ele ao território para uma curta estada, ou por período de tempo maior, como visitante ou como imigrante: o que se lhe oferece; o que se lhe assegura e o que se lhe proíbe. Trata-se, portanto, do estudo do gozo de direitos por certos indivíduos em razão de sua qualidade de não nacionais. Sobre a questão, Oscar Tenório aponta três correntes do tratamento, regulado pelo direito, de um estrangeiro no território que não o seu, a saber: (i) a da equiparação ao estrangeiro do tratamento dispensado ao nacional; (ii) a do melhor tratamento ao estrangeiro; e, (iii) a do melhor tratamento ao nacional. O rol mínimo de direitos reconhecidos aos estrangeiros deve ser: (i) reconhecer todo estrangeiro como sujeito de direitos; (ii) respeitar os direitos privados adquiridos por estrangeiros; (iii) conceder aos estrangeiros direitos essenciais relativos à liberdade; (iv) permitir aos estrangeiros acesso aos tribunais; e, (v) proteger os estrangeiros de delitos que ameacem sua vida, liberdade, propriedade e honra. O regramento da situação jurídica do estrangeiro pode ser tratado na Carta Política, em leis infraconstitucionais ou em normas convencionais internacionais. No Brasil, é encontrado em todas estas fontes. O estudo da condição jurídica do estrangeiro no Brasil se divide em: (i) direitos de entrada, compreendendo a admissão no território entendida como manifestação de vontade da Administração, no exercício de sua soberania, em permitir, a qualquer título, a entrada regular de um estrangeiro em seu território, de forma absolutamente discricionária, concretizando o princípio de direito internacional público da Admissão Discricionária do Estrangeiro; e, por igual, os regimes especiais de entrada, como, por exemplo, o asilo e o refúgio; (ii) direitos de permanência, ou seja, os direitos do estrangeiro regularmente admitido e os direitos do estrangeiro irregular ou indocumentado, investigando-se ainda, neste ponto, quais direitos, privados ou públicos, se lhe garantem no território; e, (iii) a saída compulsória do estrangeiro, momento em que se estuda o impedimento, a repatriação, a deportação, a expulsão e a extradição. Cf. TENÓRIO, Oscar. *Direito Internacional Privado*. 11. ed. Rio de Janeiro: Freitas Bastos, 1976. v. I. p. 250-251; ESPÍNOLA, Eduardo; ESPÍNOLA FILHO, Eduardo *Tratado de Direito Civil Brasileiro*. Rio de Janeiro: Freitas Bastos, 1941. v. VI. Da Condição Jurídica dos Estrangeiros no Brasil. p. 183; MIRANDA, Pontes de. *Tratado de direito privado*. São Paulo: Revista dos Tribunais, 2012. t. I – Das pessoas físicas e jurídicas. p. 148. MEIRELLES, Hely Lopes. *Direito Administrativo brasileiro*. 35. ed. São Paulo: Malheiros, 2009. p. 682-683. VATTEL, Emerich de. *O direito das gentes ou princípios da lei natural aplicados à condução e aos negócios das nações e dos governantes*. Trad. de Ciro Moranza. Ijuí, RS: Ed. Ijuí, 2008. p. 456. AUST, Anthony. *Handbook of International Law*. 1. ed.; 1. reimp. Cambridge: Cambridge Universtity Press, 2009. p. 186. Sobre o direito convencional em tema de estrangeiros, o art. 5º da Convenção de Havana sobre Direitos dos Estrangeiros, de 1928, estabelece: "*Los Estados deben reconocer a los extranjeros domiciliados o transeuntes en su territorio todas las garantías individuales que reconocen a favor de sus propios nacionales y el goce de los derechos civiles esenciales, sin perjuicio, en cuanto concierne a los extranjeros, de las prescripciones legales relativas a la extención y*

2.1 Direito de nacionalidade: doutrina geral

2.1.1 Natureza jurídica e teorias de fundamentação

O conceito de nacionalidade como hoje conhecido é uma criação da Revolução Francesa no século XVIII. É o que se colhe da fundamentação oferecida pela teoria sociológica. Deste ponto de vista, o nacional é o membro da nação.[217] Trata-se da fundamentação jurídica para um fenômeno social, e é o fundamento que mais se identifica com o nacionalismo do século seguinte: afinidade de cultura, língua, religião, história e aspirações comuns como povo.[218] Embora hoje a teoria sociológica não seja considerada o fundamento jurídico do direito de nacionalidade, ainda guarda alguma relevância.[219]

A teoria do *status* percebe a nacionalidade como um estado civil. É uma teoria de tradição romanista, que recupera o conceito de *status civitatis* do direito romano e é a mais utilizada pelos civilistas, especialmente na virada do século XIX para o século XX.[220]

A teoria do contrato, hoje completamente superada, entendia ostentar a nacionalidade natureza jurídica de acordo de vontades entre o indivíduo e o Estado. Encontra suas raízes no contrato de vassalagem do direito medieval (*duplex et reciprocum ligamen*) e se

---

modalidades del ejercicio de dichos derechos y garantías". O Código Bustamante, em seu art. 1º, enuncia: *"Los extranjeros que pertenezcan a cualquiera de los Estados contratantes gozan, en el territorio de los demás, de los mismos derechos civiles que se concedan a los nacionales. Cada Estado contratante puede, por razones de orden público, rehusar o subordinar a condiciones especiales el ejercicio de ciertos derechos civiles a los nacionales de los demás y cualquiera de esos Estados puede, en tales casos, rehusar o subordinar a condiciones especiales el mismo ejercicio a los nacionales del primero"*. Assim como a Declaração Universal dos Direitos Humanos, que em seu art. 2º, impede distinções entre nacionais e estrangeiros. E a Convenção Americana dos Direitos Humanos (Pacto de São José da Costa Rica, internalizado pelo Decreto nº 678, de 06 de novembro de 1992), em seu art. 1º: "Obrigação de Respeitar Direitos. 1. Os Estados-partes nesta Convenção se comprometem a respeitar os direitos e liberdades nela reconhecidos e a garantir seu livre e pleno exercício a toda pessoa que esteja sujeita à sua jurisdição, sem discriminação alguma, por motivo de raça, cor, sexo, idioma, religião, opiniões políticas ou de qualquer outra natureza, origem nacional ou social, posição econômica, nascimento ou qualquer outra condição social. 2. Para fins desta Convenção, pessoa é todo o ser humano".

[217] *"Si le mot evoque un rattachement, il revoie à la 'nation' et non point à l'Etat. Comme si celle-là était nécessairment le support de celle-ci, ce qui n'est pas (plus?) démontré. Il est vrai qu'il ne peut y avoir 'Etat' sans une population, c'est-à-dire sans un groupement d'humains qui en constitue le socle. Mais porquoi faudrait-il que celui-ci constitue nécessairement une 'nation'".* Cf. VERHOEVEN, Joe. Etat, nation et nationalité. Em guise de conclusion. *In: Colloque de Poitiers. Droit international et nationalité.* Paris: A. Pedone, 2012. p. 519-520.

[218] BRAVO, Frederico de Castro y. *La nationalité, la double nationalité et la supra-nationalité.* La Haye: Academie de Droit International de La Haye, 1961. Recueil des Cours, t. 102. p. 32.

[219] *Ibidem*, p. 33.

[220] *Ibidem.*

CAPÍTULO 2
A NACIONALIDADE | 89

aproxima da ideia de aligeância.[221] Para esses autores, a nacionalidade é um contrato sinalagmático entre o Estado e o nacional. Deste contrato é que decorreriam direitos e obrigações.[222] Há autores que se valem desta teoria para fundamentar a naturalização, na medida em que, tecnicamente, haveria entre o indivíduo que ainda não é nacional e o Estado, que lhe concederá nacionalidade, um acordo de vontades que permite a criação do vínculo.[223]

Há quem entenda, ainda, tratar-se a nacionalidade de uma sociedade em que o nacional é sócio do Estado.[224]

A teoria do Estado é a que faz decorrer a nacionalidade da soberania, entendido o vínculo entre o indivíduo e o Estado como realização da dimensão pessoal deste último. A nacionalidade é uma relação jurídica entre o indivíduo e o Estado de que decorrem consequências jurídicas, como, por exemplo, o direito à proteção diplomática no exterior. Em relação à proteção diplomática, quando o Estado protege o indivíduo, estaria a proteger o próprio Estado, na medida em que os nacionais são o elemento pessoal do Estado.

Modernamente, entende-se ser a nacionalidade um direito fundamental.[225]

2.1.2   Principais espécies históricas de ligação

Os textos medievais fazem referência a uma ligação direta entre o súdito e o soberano. Tal vínculo se dava como vassalo ou natural. A vassalagem era uma relação tipicamente feudal, que compreendia deveres recíprocos consistentes na proteção devida pelo senhor ao vassalo e na força de trabalho deste último, oferecida em contrapartida. Os vassalos eram de duas espécies: (i) *ex contractu*, que compreendia *obligatio reciproca*, mas não sujeição; e, (ii) *jus in re*, que consistia no poder do senhor sobre o vassalo.[226]

---

[221]   BRAVO, Frederico de Castro y. *La nationalité, la double nationalité et la supra-nationalité*. La Haye: Academie de Droit International de La Haye, 1961. Recueil des Cours, t. 102. p. 34.

[222]   KALTHOFF, Henrique. *Da nacionalidade do direito internacional privado e na legislação comparada*. São Paulo: [s.n.], 1935. p. 29.

[223]   BRAVO, *op. cit.*, p. 34.

[224]   ISAY, Ernst. *De la nationalité*. [S.l.]: Recueil des Cours de l'Academie de Droit International, 1924. p. 430.

[225]   Como se extrai do art. XV da Declaração Universal dos Direitos Humanos, de 1948, e da Convenção Americana dos Direitos Humanos, em seu art. 20, itens 1, 2 e 3.

[226]   BRAVO, *op. cit.*, p. 14.

O natural era ligado ao senhor de modo mais próximo do conceito contemporâneo de nacionalidade. Tratava-se uma relação de lealdade que compreendia o dever do natural de pegar em armas e defender o soberano em caso de guerra.[227]

A dependência territorial era a mais degradante forma de ligação do indivíduo com o senhor. Era a ligação observada no Baixo Império Romano, sendo largamente praticada na Idade Média. Tratava-se de dependência corporal do súdito: *sub dominio princeps*.[228]

O povo representa a transição entre as formas de ligação dos indivíduos com os soberanos, como sujeição, para a ideia de indivíduo como sujeito de direitos.[229] Representou uma sofisticação nas relações jurídicas de ligação que promoveu o abandono das ideias de vassalo e natural.[230]

2.1.3 A posição do direito de nacionalidade no quadro geral do Direito

A doutrina não é unânime quanto à posição da nacionalidade no quadro geral do Direito. Grandes obras sobre o tema se dedicam longamente a localizá-la.[231] Há autores que consideram tratar-se de tema próprio do direito internacional privado. Há quem entenda ser tema pertencente ao direito internacional público. Muitos consideram matéria eminentemente constitucional, especialmente no Brasil; e há mesmo quem defenda ser um tema afeto ao estudo do direito civil.

2.1.3.1 Direito de nacionalidade como tema de direito internacional privado: posição adotada

Os distintos ordenamentos jurídicos pertencentes a distintos Estados soberanos, o comércio internacional, a circulação de pessoas e a prática de atos e negócios jurídicos por estas pessoas, em diferentes localidades, submetidos à regulação por estes distintos ordenamentos,

---

[227] BRAVO, Frederico de Castro y. *La nationalité, la double nationalité et la supra-nationalité*. La Haye: Academie de Droit International de La Haye, 1961. Recueil des Cours, t. 102. p. 16.

[228] *Ibidem*, p. 17.

[229] *Ibidem*, p. 19.

[230] *Ibidem*, p. 21.

[231] Ilmar Pena Marinho dedica todo o longo capítulo 2 do volume 1 de seu *Tratado* para demonstrar a sede própria para o estudo do direito da nacionalidade no quadro geral do direito. Cf. MARINHO, Ilmar Pena. *Tratado sobre a Nacionalidade*. Rio de Janeiro: Departamento de Imprensa Nacional, 1956. v. I – Direito Internacional da Nacionalidade. p. 205-469.

impõem que o Direito se valha de instrumental que atenda à solução dos conflitos nascidos de relações jurídicas submetidas a mais de um sistema jurídico nacional.

As pessoas se casam, contratam, se estabelecem comercialmente, nascem e morrem no exterior e, por isso, faz-se necessário um "conjunto de preceitos reguladores das relações de ordem privada internacional".[232]

O direito internacional privado é, portanto, o direito que regula as relações jurídicas estabelecidas entre sujeitos de direito privado, pessoas físicas ou jurídicas, quando se tem nesta relação jurídica um elemento de extraneidade – elemento que pode ser a lei estrangeira, o território estrangeiro, o negócio jurídico avençado no exterior ou mesmo a presença na relação jurídica de um indivíduo não nacional. É o ramo do direito que se ocupa das soluções para os problemas que nascem das relações privadas de caráter internacional. Assim, historicamente, é o direito que se formou tendo por objeto de estudo o que é estrangeiro para que, com ele, possa o direito interno se relacionar. Seu objeto se concentra na regulação de relações jurídicas entre os indivíduos submetidos às distintas ordens jurídicas, e entre aqueles de um determinado local com os que não são do lugar: os estrangeiros. Dispõe sobre quem seja o estrangeiro e as relações jurídicas que com ele se possa estabelecer. Daí porque – da Cidade Antiga, de Fustel de Coulanges,[233] ao Estado moderno – as relações entre os locais e os estrangeiros compõem o objeto principal do estudo das relações jurídicas que se desenvolvem além dos limites territoriais da comunidade ou do Estado (definidos consoante o momento histórico e a organização social respectiva).[234]

Na Antiguidade Clássica, gregos e romanos concebiam o estrangeiro como inferior: o bárbaro. O tratamento que lhe conferiam, contudo, diferenciou-se conforme a época. Embora na Grécia, em um primeiro momento, ao estrangeiro não se observassem direitos, razões econômicas levaram ao seu acolhimento. Denominado *meteco*, os estrangeiros chegaram a ter seus direitos equiparados aos dos cidadãos gregos, quando domiciliados; e dispuseram de uma jurisdição especial para apreciar e julgar as causas em que fossem partes: a *polemarca*. Contavam

---

[232] BEVILÁCQUA, Clovis. *Direito Internacional Privado*. Ed. histórica. Rio de Janeiro: Ed. Rio. 1977. p. 15.

[233] FUSTEL DE COULANGES. *A cidade antiga*: estudo sobre o culto, o Direito e as instituições da Grécia e de Roma. Trad. de José Cretella Júnior e Agnes Cretella. São Paulo: Revista dos Tribunais, 2003. p. 25.

[234] VALLADÃO, Haroldo. *Direito Internacional privado*. 4. ed. Rio de Janeiro: Freitas Bastos, 1974. v. I. p. 40.

com um auxiliar para a prática de atos da vida civil: o *próxeno*.[235] Em Roma, sua condição, de início, era de menor prestígio: o estrangeiro era escravo.[236] No entanto, a própria organização romana do direito privado se dá com base na consideração jurídica do estrangeiro, especialmente no que concerne à clássica divisão entre o direito civil (*ius civile*), que regrava as relações jurídicas referentes aos cidadãos romanos, e o direito das gentes (*ius gentium*), que em um primeiro momento regrava as relações entre estrangeiros e, em momento posterior, as relações entre estrangeiros e cidadãos romanos.[237]

---

[235] TENÓRIO, Oscar. *Direito Internacional privado*. 11. ed. Rio de Janeiro: Freitas Bastos, 1976. v. I, p. 166-167: "Os direitos civis e políticos emanavam da participação no culto da cidade. Os altares eram inacessíveis ao estrangeiro, a quem se vedada ser proprietário, casar-se, contrair obrigação com pessoa da cidade. O Bárbaro era o inimigo, proibida qualquer amizade com êle. As leis invocadas eram as da 'humanidade grega', (…) Modificou-se a situação quando os centros comerciais e industriais, como Atenas, Pireu e Rodes, precisaram do estrangeiros para entreter suas atividades. As cidades gregas acolheram o estrangeiro, impulsionadas por interêsses econômicos e não por interêsses políticos. Mais tarde, a proteção se ampliou ao estrangeiro domiciliado e até ao estrangeiro de passagem. A instituição da hospitalidade tomou vulto em Atenas. O estrangeiro domiciliado chama-se meteco. Não era cidadão e pagava uma taxa especial. Mas estava equiparado ao ateniense quanto aos direitos civis, contando com a boa justiça dos tribunais e a proteção do polemarca sobre sua família e seus bens".

[236] GAIO. *Instituições de Direito Privado Romano*. Tradução do texto latino e notas por J. A. Segurado e Campos. Lisboa: Fundação Calouste Gulbekian, 2010, p. 79-80: "(…) todo o direito de que nos servimos diz respeito às pessoas, ou às coisas, ou às acções. Comecemos por analisar o direito das pessoas. A condição jurídica das pessoas. Uma primeira e fundamental distinção a fazer é a divisão entre os homens em cidadãos livres e escravos. Por sua vez entre cidadãos livres há que se distinguir entre ingénuos e libertos. São ingénuos os que já eram cidadãos ao nascer; são libertos os que foram manumitidos de um estado legal de servidão. Por sua vez, entre os libertos há que se distinguir três categorias: a dos cidadãos romanos, a dos latinos e a dos dedítícios. Dá-se o nome de estrangeiros dedítícios àqueles homens que em tempos pegaram em armas para combater o povo romano, e que, depois de vencidos, se renderam. Os escravos a quem foram impingidas uma das penas humilhantes, seja qual for o modo ou a idade com que tenham sido manumitidos, e ainda que fossem de pleno direito propriedade de seus senhores, nunca os consideraremos cidadãos romanos, nem latinos, mas incluí-los-emos de qualquer modo no número dos dedítícios".

[237] DANTAS, San Tiago. *Programa de Direito Civil*: Teoria Geral. 2. ed. Rio de Janeiro: Ed. Rio, 1979, p. 21: "O direito privado é um só. Todas as relações entre particulares estão regidas por um conjunto de normas que não apresenta, no seu seio, diferenciação ou especialização. A palavra direito civil, esta expressão, ocorre, mas ocorre em um sentido especial, peculiar ao direito antigo. Provavelmente os senhores conhecem muito bem o *jus civile*, é alguma coisa que se contrapõe no direito romano clássico ao *jus gentium*, e no direito romano do tempo de Justiniano ao *jus gentium* e ao *jus naturale*. O *jus civile* é, no direito clássico, aquela parte das normas de direito privado que só se aplica aos cidadãos romanos, enquanto o *jus gentium* aplica-se às relações entre os estrangeiros, isto é, entre os cidadãos romanos e os estrangeiros. O *jus gentium* do *jus civile* diferencia-se, por conseguinte, conforme a nacionalidade das pessoas que tomam parte na relação jurídica. É o *jus civile* só para os romanos, e o *jus gentium* só para estrangeiros ou para as relações entre romanos e estrangeiros. Este sentido, que é o sentido clássico da palavra, mesmo no mundo romano, vai alterando-se. No dia em que a cidadania romana é estendida a todos os que habitam no império, não há mais razão para a distinção, pois se todos são cidadãos romanos, todo o direito que se aplica no império é *jus civile*".

CAPÍTULO 2
A NACIONALIDADE | 93

A queda do Império Romano e sua invasão pelos bárbaros do norte, em 476 d. C., promovem a convivência entre pessoas de distintas origens, línguas e culturas. A necessidade de se estabelecer uma lei aplicável aos conflitos de interesses, somada à inadaptabilidade destes povos à lei romana, leva à construção do entendimento de que cada indivíduo deveria ser julgado por sua lei de origem, a lei de seu grupo, povo ou tribo. É o surgimento do denominado direito do sangue. Hoje, o direito do sangue, do século V, é ainda o critério mais utilizado no mundo para a concessão da nacionalidade.

A morte de Carlos Magno, no século IX, leva à fragmentação do Império Carolíngio, e dá origem aos reinos da França, Reino Central (Lorena, Borgonha e Lombardia) e o reino da Alemanha, além de promover o aparecimento de unidades menores de poder.[238] Nestas se tem o estabelecimento da observância da lei territorial.[239] Assim, no momento histórico conhecido como Feudalismo, construiu-se a ideia de aplicação do direito do solo como regra. Os países de tradição imigratória, como, por exemplo, o Brasil, adotam o direito solo como critério preponderante de concessão da nacionalidade.

No final da Idade Média, em fins do século XI, e ainda, nos séculos XII e XIII:

---

[238] CICCO, Claudio. *História do pensamento jurídico e da Filosofia do Direito*. 6. ed. São Paulo: Saraiva, 2012, p. 97: "Para manter a unidade de seu Império, Carlos Magno confiou o governo das províncias a homens de seu crédito, os condes, a quem investiu de autoridade sobre os condados, tomando como modelo a administração eclesiástica dos bispados, pelos bispos. Com o tempo, os condes foram crescendo em importância, marcando com personalidade própria sua gestão. Sendo o cargo transmissível de pai para filho, assegurava-se a continuidade administrativa, surgindo, então, uma estirpe de governantes com enorme influência social na região em que se radicava. (...) Após a morte de Carlos Magno, seus descendentes partilharam seus vastos domínios (partilha de Verdun-843) para pôr fim às suas dissensões. Isso abalou profundamente a unidade do Império. Durante os séculos IX e X, os bárbaros normandos (dinamarqueses, suecos, noruegueses, chamados vikings ou 'reis do mar') atacaram o norte da Europa. (...) A unidade, comprometida pelo Tratado de Verdun, agora desaparecia por completo. (...) Sob a liderança de seu chefe, o conde – pertencente a uma estirpe que tinha seu fundador no enviado de Carlos Magno, habituado a reger os negócios da região e a resolver questões difíceis –, as vítimas das invasões procuravam os montes mais escarpados, as zonas ocultas dos pântanos ou marecage, para organizarem postos de defesa. (...) Em quase todos os pontos da Europa, surgiram nesse momento núcleos de resistência. Cada um deles gravitava em torno de um chefe (...)".

[239] André Weiss informa que, depois da invasão, os Francos, tribo germânica, tendo se tornado conquistadores, mudaram radicalmente sua forma de vida, passando de nômades a colonizadores, daí que, nesta época, altera-se o próprio conceito de estrangeiro, passando este a ser aquele oriundo de território não conquistado pelos Francos. Cf. ESPÍNOLA, Eduardo; ESPÍNOLA FILHO, Eduardo. *Tratado de Direito Civil brasileiro*. Rio de Janeiro: Freitas Bastos, 1941. v. VI – Da Condição Jurídica dos Estrangeiros no Brasil. p. 220.

(...) o grande florescimento industrial, comercial e político das populosas cidades e comunas do norte da Itália, com os respectivos habitantes em constante intercâmbio, mas cada uma delas regendo-se por leis próprias, *statuta*, ao lado dum direito positivo comum, o direito romano – determinou a eclosão frequente do concurso de leis, dos conflitos dos estatutos entre si e com o direito romano, a exigir solução dos práticos, dos magistrados e dos juristas.[240]

O comércio entre as cidades-Estado da península itálica demonstrou aos estudiosos do Direito de então a importância de se conhecer a lei do outro, a lei do estrangeiro, do que não é do lugar, e de aplicá-la em seu território, para, assim, estabelecer as regras que se poderiam utilizar nas relações comerciais, de modo que o estudo realizado pelos estatutários, recuperando o direito romano, para estabelecer um sistema de aplicação de leis estrangeiras, permitiu a construção de mecanismos jurídicos que permitiram estabelecer, no comércio entre indivíduos submetidos a distintos ordenamentos, a solução de questões práticas, como, por exemplo, as regras de criação e extinção das obrigações, o tempo e o modo de pagamento, e a dissolução do contrato. Nesse contexto, releva questionar: qual a relevância prática disto para a época? A resposta é estabelecer, por exemplo, que o pagamento feito em moeda estrangeira poderia ser realizado por documento que representasse o valor nele designado, e que poderia ser trocado por moeda ou repassado adiante, servindo como indicativo de crédito na moeda local, até que fosse, em algum momento futuro, trocado por dinheiro. Este documento foi chamado de carta de troca: a letra de câmbio.[241]

Doutrinariamente, a disciplina direito internacional privado surgiu como sistema de aplicação da lei estrangeira, com base na consideração de que era necessário estabelecer regras jurídicas de convivência de leis, que solucionassem seus conflitos. Este sistema foi elaborado primeiramente pelos pós-glosadores, em comentários à primeira lei do Código de Justiniano, sendo denominada, desde os

---

[240] VALLADÃO, Haroldo. *Direito Internacional privado*. 4. ed. Rio de Janeiro: Freitas Bastos, 1974. v. I. p. 105.

[241] WHITAKER, José Maria. *Letra de câmbio*. 5. ed. São Paulo: Revista dos Tribunais, 1957, p. 10: "Há quem sustente que era usada pelos romanos e mesmo que dos assírios não era desconhecida; mas o certo é que exemplares autênticos mais antigos da letra de câmbio são italianos e datam, apenas, da Idade Média".

CAPÍTULO 2
A NACIONALIDADE | 95

estatutários holandeses, de conflito, colisão ou concurso de estatutos ou leis.[242] Atualmente, o direito internacional privado observa, na doutrina, variações sobre o seu alcance. O direito alemão o identifica com o conflito de leis, limitando a este tema seu objeto de estudo. A Inglaterra e os Estados Unidos da América (EUA)[243] consideram que a disciplina tem por objeto o estudo dos conflitos de leis e de jurisdição.[244] Para a escola anglo-saxônica, o direito internacional privado se ocupa em responder: (i) em que local acionar (referente às questões processuais); (ii) qual a lei aplicável (utilização dos métodos de solução do conflito de leis); e, (iii) como executar decisões estrangeiras (cooperação entre jurisdições).[245] Na França, o direito internacional privado compreende o estudo de quatro grandes temas, a saber: (i) conflito de leis; (ii) conflito de jurisdição; (iii) nacionalidade; e, (iv) condição jurídica do estrangeiro.[246]

O conflito de leis se refere ao estudo da escolha da lei aplicável às causas multiconectadas[247] ou plurilocalizadas, quando se verifica, no caso concreto, a presença, na relação jurídica sob análise, de um elemento

---

[242] VALLADÃO, Haroldo. *Direito Internacional privado.* 4. ed. Rio de Janeiro: Freitas Bastos, 1974. v. I. p. 45.

[243] Em 1834, o juiz da Suprema Corte Norte-Americana Joseph Story lançou a obra clássica de direito internacional privado: *Conflict of Laws.*

[244] DOLINGER, Jacob. *Direito Internacional privado:* parte geral. 9. ed. Rio de Janeiro: Renovar, 2007. p. 2.

[245] ARAÚJO, Nadia. *Direito Internacional privado:* teoria e prática brasileira. 4. ed. Rio de Janeiro: Renovar, 2008. p. 34.

[246] AUDIT, Bernard; D'AVOUT, Louis. *Droit Internacional privé.* 6. ed. Paris: Economica, 2010, p. 21: *"Le Code Civil ne comportait en matière de conflits de lois et de jurisdictions que des dispositions très generales et incompletes: essentiellement l'art.3 sur le priemer point, les art. 14 et 15 sur la competence des tribunaux français; l'art. 2123 fait une simple mention des jugementes étrangers. Le Code réglementait en qualques règles l'attribuition et la perte de la nationalité française (art. 7, 9, 10 et 12; 17 à 19, 21); en matière de statut des étrangers, il posait un principe général de réciprocité par traité (art. 11), lequel n'a jamais réelement exprimé le droit positif et a été répudie par la Cour de cassation à l'époque moderne (nº 1066). Les conflits de jurisdictions sont partagés entre le droit commun, essentiellement jurisprudentiel, des conventions internationales assez nombreuses et sourtout aujourd'hui deux règlements communautaires, d'application plus fréquente que le droit commun ou conventionel. Le droit de la nationalité, devenu de plus en plus précis et detaillé, fit l'objet d'un Code de la nationalité (Ord. du 19 oct. 1945, mod.) de quelque 130 articles; ses dispotions ont été réintroduites en 1993 dans le Code civil (art.17 à 33-2), aux pris d'une multiplication des numéros indiciaires. Le statut des étrangers fit à la même époque l'objet d'une ordonnance (2 novembre 1945) conçue pour rassembler la matière. Modifiée et completée par d'innombrables textes, elle a été abrogée et remplacée en 2004 par un 'Code des étrangers et du droit d'asile'. En ce qui concerne les conflits de lois et de jurisdictions, les textes sont demeurés inchangés nonobsant l'evolution des relations internationales. C'est donc lá jurispridence qui a pour l'essentiel façonné le droit positif (un grand nombre de décisions y sont pour cette rainson connues du nom des parties)".*

[247] ARAÚJO, *op. cit.,* p. 32: "Cada Estado possui, inserido em seu ordenamento jurídico, um conjunto de regras para resolver as questões atinentes a essas situações multiconectadas".

estrangeiro. O conflito de jurisdição[248] investiga qual jurisdição[249] pode ser provocada para apreciar e julgar uma causa que contenha um elemento estrangeiro e, sendo possível movimentar mais de uma, qual produzirá uma decisão apta a produzir efeitos em território distinto do seu.[250] A nacionalidade é o estudo do vínculo jurídico-político que

---

[248] O estudo do conflito de jurisdição se divide, no Brasil, em linhas gerais, em: jurisdição direta e indireta. (i) A jurisdição direta é o estudo do sistema de jurisdição internacional previsto no Código de Processo Civil (CPC) brasileiro (arts. 21, 22, 23 e 24) ou em normas convencionais. É, portanto, saber quando a jurisdição brasileira, provocada, pode validamente solucionar a demanda em que se verifique a presença do elemento estrangeiro (art. 21), ainda que mesma demanda seja submetida a uma jurisdição estrangeira; ou quando só a jurisdição brasileira proferirá decisão apta a produzir efeitos no Brasil (art. 22 e 23). O sistema de jurisdição internacional da lei processual estabelece, ainda (art. 24), que a ação intentada no estrangeiro não induz litipendência (fenômeno processual que, identificando em uma demanda os mesmos pedido, partes e causa de pedir, impõe a extinção, sem mérito, da demanda posterior, com o objetivo de evitar decisões conflitantes), nem constitui óbice a que a mesma demanda seja proposta no Brasil. O raciocínio é evidente: se se tratar de competência (jurisdição) concorrente (arts. 21, I, II e III; e 22, I, II e III), tanto uma como outra poderão produzir efeitos no Brasil: ou a sentença brasileira que transitar em julgado, ou a sentença estrangeira que for homologada, o que ocorrer primeiro; e, em se tratando de competência (jurisdição exclusiva) só a sentença brasileira produzirá efeitos no território nacional, por força de lei, ou seja, nunca se verificará a convivência de decisões conflitantes. (ii) A jurisdição indireta cuida das espécies do gênero cooperação jurídica internacional, a saber: em matéria cível e criminal, homologação de sentenças estrangeiras, cartas rogatórias, auxílio direto; e, exclusivamente em matéria penal, transferência de presos, transferência de processos e extradição.

[249] Jurisdição pode ser definida, em sentido amplo, como reunião de competências (legislativas, executivas ou administrativas e judiciárias) para o exercício do poder. Em sentido estrito, é poder, atividade e função de dizer o direito, no caso concreto, com força definitiva. Em ambos os casos, é territorial porque atributo da soberania, que, por sua vez, pode ser definida, em linhas gerais, como monopólio do uso da força no plano interno e insubmissão a Estado estrangeiro no plano externo. BROWNLIE, Ian. *Principles of a Public International Law*. 7. ed. Oxford: Oxford University Press, 2008: "*The sovereignty and equality of states represent the basic constitutional doctrine of the law of the nations, which governs a community consisting primarily of states having a uniform legal personality (...) sovereignty is in a major aspect a relation to other states (and organization of states) defined by law*" (p. 289). "Jurisdiction refers to a particular aspect of general legal competence of states often referred to as 'sovereignty'. Jurisdiction is an aspect of sovereignty and refers to judicial, legislative, and administrative competence" (p. 299). SHAW, Malcom N. *Direito Internacional*. São Paulo: Martins Fontes, 2010, p. 513-514: "Até época bem recente, considerava-se que a soberania era atributo de um indivíduo particular dentro de um Estado, e não uma manifestação abstrata da existência e do poder do Estado. O soberano era uma pessoa definida, a quem se devia lealdade. Como parte integrante dessa mística, o soberano não podia ser sujeito aos processos judiciais de seu país. Consequentemente, não era de admirar que não pudesse ser julgado por tribunais estrangeiros. Se os tribunais pudessem exercer jurisdição sobre soberanos estrangeiros, a ideia do soberano pessoal seria, sem dúvida, minada. A personalização foi paulatinamente substituída pelo conceito abstrato de soberania do Estado, mas a mística permaneceu. Além disso, a independência e igualdade dos Estados tornou difícil, tanto do ponto de vista filosófico quanto do prático, admitir que tribunais locais de um país exercessem poder sobre Estados estrangeiros soberanos sem o consentimento destes".

[250] O que se faz, no Brasil, por meio da homologação de sentenças estrangeiras. Trata-se de espécie do gênero cooperação jurídica internacional, considerada a territorialidade da

CAPÍTULO 2
A NACIONALIDADE | 97

liga uma pessoa, física ou jurídica, a um Estado soberano. E a condição jurídica do estrangeiro[251] estuda a situação regulada pelo direito de um estrangeiro (nacional de outro Estado soberano ou sem qualquer nacionalidade), regular ou irregular, em determinado território. Seu estudo se divide em: (i) direitos de entrada; (ii) direitos do estrangeiro admitido ou do irregular que se encontre no território; e, (iii) saída compulsória do estrangeiro.

No Brasil, Eduardo Espínola e Amílcar de Castro[252] entendem que o objeto de estudo do direito internacional privado se circunscreve ao estudo da solução dos conflitos de lei, embora admitam que o estudo da nacionalidade e da condição jurídica do estrangeiro sirvam de pressupostos didáticos para o estudo da disciplina, na medida em que a nacionalidade – cujo conceito define, por oposição, o de estrangeiro – constitui importante elemento de conexão[253] entre sistemas jurídicos e, portanto, se presta à solução dos conflitos de leis.

---

jurisdição. A ideia é a de que, se a jurisdição se presta a pacificar conflitos de interesse, e se alguns desses conflitos já se encontram pacificados pela solução dada por uma jurisdição estrangeira, óbice não haveria a que se aproveitasse esta pacificação do conflito, atribuindo ao ato de força de outra soberania (o poder, atividade e função de dizer o direito, no caso concreto, com força definitiva), aptidão para produzir efeitos em território nacional, desde que esta decisão, o seu conteúdo e o processo observado pela jurisdição estrangeira para proferi-la, não contrastem com o sistema de valores da ordem jurídica brasileira, ou seja, com a ordem pública brasileira. No Brasil, a competência para homologar sentenças estrangeiras é do Superior Tribunal de Justiça (STJ), desde o ano de 2004, quando promulgada a EC n. 45, que transferiu para este Tribunal competência que até então era do Supremo Tribunal Federal (STF). O pedido deve ser encaminhado pela parte interessada ao STJ (art. 3º, da Resolução nº 09/2005, do Tribunal), que, em exame perfunctório dos autos, a que se denomina delibação (do latim, *delibare* = tocar), verifica o preenchimento de requisitos formais e a compatibilidade com a ordem pública (artigo 5º, da mesma Resolução). Deferido o pedido, pode a parte interessada executar a decisão perante juiz federal (art. 515-N, inc. VIII, do CPC). Dispõe, em caráter transitório, sobre competência acrescida ao Superior Tribunal de Justiça pela EC nº 45/2004.

[251] ESPÍNOLA, Eduardo; ESPÍNOLA FILHO, Eduardo. *Tratado de Direito Civil brasileiro*. Rio de Janeiro: Freitas Bastos, 1941. v. VI – Da Condição Jurídica dos Estrangeiros no Brasil, p. 179: "É preferível, para evitar confusões, manter a designação tradicional – condição jurídica do estrangeiro – para exprimir o gôzo dos direitos, reconhecido por um Estado aos indivíduos, que não tenham a sua nacionalidade, quer o fato do domicílio exerça alguma influência, quer não".

[252] DOLINGER, Jacob. *Direito Internacional privado*: parte geral. 9. ed. Rio de Janeiro: Renovar, 2007. p. 2.

[253] A solução do conflito de leis, quando se verifica, no caso concreto, um elemento estrangeiro, por exemplo, a presença de um estrangeiro na relação jurídica; o fato de um determinado bem se encontrar em território estrangeiro; ter a obrigação sido contraída do exterior, ou se contraída em território nacional, tiver de ser executada em outro país; ser a pessoa, nacional ou estrangeira, domiciliada no exterior etc., se dá, no método conflitual ou indireto (ou europeu continental) por meio de presunções legais de qual lei, nacional ou estrangeira, se encontra melhor posicionada para solucionar esse tipo de questão, a que se denomina multiconectada ou plurilocalizada. A utilização deste método consiste em dividir e classificar

Haroldo Valladão[254] e Clovis Beviláqua[255] concordam compor o objeto do direito internacional privado o estudo da nacionalidade e da condição jurídica do estrangeiro ao lado do estudo dos conflitos de lei e de jurisdição. Na mesma linha, tem-se Henrique Kalthoff, para quem a nacionalidade é o grande elemento definidor da lei pessoal na solução do conflito de leis – tema, por excelência, do direito internacional privado.[256] Para ele, o princípio da nacionalidade estende seus efeitos para relevantes fatos internacionais concernentes à família, à pessoa e às sucessões.[257]

A questão que se coloca, no que concerne a alocação da nacionalidade e da condição jurídica do estrangeiro como temas de direito internacional privado, diz respeito ao fato de que seria contraditório que dois temas eminentemente de direito público[258] – porque é a constituição, em regra, quem define quem são os nacionais e os estrangeiros[259] –,

---

[254] as relações jurídicas, em operação denominada qualificação, assim em pessoais (nome e capacidade civil), de família, obrigacionais, contratuais, reais e sucessórias, e, para cada uma delas, escolher a própria lei nacional, denominada de norma indireta, qual a lei substantiva (ou direta) é aplicável, nacional ou estrangeira e; se estrangeira, a de qual Estado, valendo-se, para tanto, de um elemento de relevo nessas relações jurídicas, que conecte a norma indireta à norma estrangeira substantiva, a que se dá o nome de elemento de conexão. Este elemento de conexão, é, tradicionalmente, a nacionalidade ou o domicílio. Em 1848, Friedrich Carl von Savigny, no oitavo volume de seu *Sistema do Direito Romano Atual*, defendeu que o domicílio era o mais importante elemento da vida civil de um indivíduo, na medida em que representava onde queria se fixar, e, como consequência, por qual sistema jurídico gostaria de ter sia vida regrada. Pasquale Mancini, em 1859, no seu *Direito Internacional*, embora se utilize do mesmo método de solução de conflitos de lei, identifica na nacionalidade o mais relevante dado da vida de alguém, o que faz com que o indivíduo carregue consigo, para onde quer que vá, a intenção de ter suas relações jurídicas regradas pela lei de seu País.

[254] VALLADÃO, Haroldo. *Direito Internacional privado*. 4. ed. Rio de Janeiro: Freitas Bastos, 1974. v. I. p. 45.

[255] BEVILÁQUA, Clovis. *Direito Internacional privado*. Ed. histórica. Rio de Janeiro: Ed. Rio, 1977. p. 154-156.

[256] KALTHOFF, Henrique. *Da nacionalidade do Direito Internacional privado e na legislação comparada*. São Paulo: [s.n.], 1935. p. 13

[257] *Ibidem*. p. 27.

[258] No Estado do Rio de Janeiro, por exemplo, a disciplina Direito Internacional Privado está, tanto na Universidade do Estado do Rio de Janeiro (UERJ), quanto na Faculdade Nacional de Direito (FND) da Universidade Federal do Rio de Janeiro (UFRJ), vinculada ao Departamento de Direito Civil. No passado, a FND não incluía a disciplina nem no Departamento de Direito Privado, nem no Departamento de Direito Público, mas em um departamento autônomo. VALLADÃO, *op. cit.*, p. 65: "a Faculdade Nacional de Direito, ao organizar os seus departamentos, não incluiu o DIP nem no Departamento de Direito Público, nem no Departamento de Direito Privado, nem no de Direito Penal, mas num Departamento autônomo, de Estudos Gerais, juntamente com Direito Romano e Introdução à Ciência do Direito, Regimento (publicado no D. Oficial de 14 de março de 1947), art.83, c, (15-B)".

[259] ESPÍNOLA, Eduardo; ESPÍNOLA FILHO, Eduardo. *Tratado de Direito Civil Brasileiro*. Rio de Janeiro: Freitas Bastos, 1940. v. V – Da Nacionalidade Brasileira. p. 134.

compusessem o objeto de um ramo do direito privado.[260] Para esta indagação, a resposta da doutrina francesa é no sentido de que a questão da condição jurídica do estrangeiro acompanha, em geral, uma questão de conflito de leis, ou seja, saber se um estrangeiro pode exercer determinado direito no território. Quanto à nacionalidade, é a sua ligação com a condição jurídica do estrangeiro que a liga, como tema, ao direito internacional privado.[261]

Pontes de Miranda admite que a questão da nacionalidade se insira no estudo do direito internacional privado, mas não sem uma observação crítica:

> A nacionalidade é matéria de direito público, o próprio ser, a substância viva do Estado, como o território é a sua substancia não-viva. A condição do estrangeiro, matéria de direito público ou privado. Mas tôdas as três (nacionalidade, territorialidade, capacidade de direito) são assuntos de direito substancial. O nosso Direito dá conta dos efeitos privados da nacionalidade, da situação territorial, da capacidade dos estrangeiros; todavia, só dos efeitos e com o propósito, que lhe é exclusivo e único, de descobrir, no espaço, qual a lei que preside ao nascimento e à vida e aos efeitos internacionais dos direitos privados.[262]

E prossegue:

> O Direito internacional privado é conjunto de regras sobre as leis de direito privado. É um direito sôbre leis, quando tais leis são de direito

---

[260] ESPÍNOLA, Eduardo; ESPÍNOLA FILHO, Eduardo. *Tratado de Direito Civil Brasileiro*. Rio de Janeiro: Freitas Bastos, 1940. v. V – Da Nacionalidade Brasileira. p. 135-136: "A Côrte de cassação de Paris, provocada a pronunciar-se sôbre a questão, declarou por memorável acórdão das camaras reunidas, a 2 de fevereiro de 1921 que – a nacionalidade é matéria de direito público, porque a questão primordial, que ela tem de resolver, é uma questão de soberania".

[261] BATTIFOL, Henri; LAGARDE, Paul. *Traité du Droit International privé*. 8. ed. Paris: Librairie Générale de Droit et de Jurispridence, 1993, p. 29: "*Il est cependent une matière qui fait traditionnelment l'objet en France de développements propres au droit international privé, c'est celle qui est désignée sous le nom de 'condition des étrangers'. Il s'agit des règles qui refusent aux étrangers la jouissance de certains droits reconnus aux Fraçais, par exemple ceux de la législation sur les baux commerciaux ou ruraux. Ces refus établissent une différenciation fondée sur la seule qualité d'étranger, il s'agit donc une question générale propre au droit international, celle de savoir si l'étranger est apte à la jouissance des droits au même titre que le national. Son étude d'ensemble ne saurait trouver une place convenable dans aucun chapitre du droit civil ou comercial interne. De plus, la question de condition des étrangers accompange solvente celle du conflit de lois, ce qui justifie que leur étude relève de la même discipline. Quand un étranger veut exercer un droit en France, il faut déterminer selon quelle loi il l'exercera, question de conflit de lois, mais egalment s'il est admis à la jouissance de ce droit, question de condition des étrangers (...) Nationalité. Ces't son lien avec la condition des étrangers qui peut enfin expliquer d'un point de vue formel l'inclusion en France de la nationalité dans le droit international privé*".

[262] MIRANDA, Pontes de. *Direito Internacional privado* Rio de Janeiro: José Olympio, 1935. t. I. Fundamentos – Parte Geral. p. 32.

privado. Nem existe, no Direito internacional privado, qualquer norma sobre nacionalidade, nem as leis sôbre nacionalidade são, tão-pouco, de direito privado. Faltar-lhes-ia, portanto, qualquer dos dois caracteres das regras de direito internacional privado: serem regras sôbre regras, leis sôbre leis, direito sôbre direito; serem ainda tais leis, tal direito, direito privado. Não sendo uma coisa nem outra, as leis sobre nacionalidade (aquisição e perda) não pertencem ao direito internacional privado.[263]

2.1.3.2 Direito de nacionalidade como tema de direito internacional público

Embora o presente estudo trabalhe com a nacionalidade como tema de direito internacional privado, não se pode desconsiderar constituir a nacionalidade também objeto do direito internacional público.[264] Autores anglo-americanos e alemães costumam tratar do tema nestas obras.[265]

As questões referentes à nacionalidade são, em princípio, questões referentes à soberania do Estado, mas a questão sobre como o Estado exerce sua soberania neste tema é objeto do direito internacional público, que fiscaliza o fiel cumprimento, pelos Estados, das normas internacionais de índole convencional, costumeiras ou principiológicas. Tal orientação foi o que inspirou a feitura da Convenção da Haia sobre Nacionalidade, em 1930. A Convenção estabelece, em seu art. 1º:

> Cabe a cada Estado determinar, segundo a sua própria legislação, quem são os seus cidadãos. Essa legislação será reconhecida por outros Estados na medida em que seja compatível com as convenções internacionais, o costume internacional e os princípios de direito geralmente reconhecidos em matéria de nacionalidade.

A questão da nacionalidade possui dois aspectos: (i) um interno, regulado pelas leis do país, e como tal é tema tanto de direito constitucional como de direito internacional privado; e, (ii) um externo,

---

[263] MIRANDA, Pontes de. *Nacionalidade de origem e naturalização no Direito brasileiro*. Rio de Janeiro: A. Coelho Branco, 1936. p. 21.

[264] No prefácio de seu *Manual de Direito Internacional privado*, Valério de Oliveira Mazzuoli destaca que os temas referentes à nacionalidade e à condição jurídica do estrangeiro não são tratados na obra justamente por terem sido exaustivamente examinados em seu livro de direito internacional público. Cf. MAZZUOLI, Valerio de Oliveira. *Direito Internacional privado*: curso elementar. Rio de Janeiro: Gen/Forense, 2015. p. 8.

[265] MIRANDA, *op. cit.*, p. 20. BROWNLIE, Ian. *Principles of a Public International Law*. 7. ed. Oxford: Oxford University Press, 2008. p. 384.

regulado por normas internacionais, tratados, costume e princípios de aceitação geral.[266] Assim, por se tratar de assunto com repercussão internacional, cabe aos Estados o estabelecimento de regras sobre o direito da nacionalidade em conformidade com o direito internacional. Embora cumpra ao direito interno dos Estados regrar livremente os critérios pelos quais concederá ou fará perder a nacionalidade, devem eles observar padrões mínimos de direito internacional.[267]

A nacionalidade também constitui tema de direito internacional público quando é considerada como parâmetro para aferição de inúmeras regras sobre direito da guerra, responsabilidade internacional dos Estados, extradição e exercício da jurisdição criminal.[268]

2.1.3.3 Direito de nacionalidade como tema de direito constitucional

"No Brasil, a nacionalidade é um capítulo do Direito constitucional".[269] "As leis sôbre nacionalidade são leis de direito público, e nunca de direito privado".[270] Em se tratando de direito fundamental, é a Constituição a sede própria para estabelecer as linhas gerais do regramento da nacionalidade. Desde a Constituição Imperial de 1824, o regramento da nacionalidade no Brasil se dá preponderantemente na Constituição.

Ao conceituar a nacionalidade como vínculo jurídico-político que liga um indivíduo a um Estado soberano, se esclareceu tratar-se de vínculo porque dele decorrem direitos e obrigações; ser jurídico porque regulado pelo direito; e político porque apontar quem são os nacionais é uma escolha política. Esta escolha política é a que faz o constituinte originário no momento em que desenha o Estado. No caso brasileiro, tal escolha é juridicamente revelada no art. 12 da Constituição Federal.

A escolha originária, feita em 1987, não é inalterável e perpétua. Embora não possa retroceder para limitar ou restringir direitos, pode ser alterada para ampliá-los, como no caso da Emenda Constitucional (EC) nº 54, de 20 de setembro de 2007, que deu nova redação à alínea c,

---

[266] ACCIOLY, Hidelbrando. *Tratado de Direito Internacional público*. 3. ed. histórica. São Paulo: Quartier Latin, 2009. v. I. p. 445.

[267] MIRANDA, Pontes de. *Nacionalidade de origem e naturalização no Direito brasileiro*. Rio de Janeiro: A. Coelho Branco, 1936. p. 24-25.

[268] BROWNLIE, Ian. *Principles of a Public International Law*. 7. ed. Oxford: Oxford University Press, 2008. 384.

[269] MIRANDA, *op. cit.*, p. 20.

[270] *Ibidem.*

inc. I, art. 12 da Constituição Federal, incluindo hipótese de concessão da nacionalidade originária.

No direito comparado, nota-se a relevância do tema para o direito constitucional. Nos EUA, embora a matéria não seja regulamentada na Constituição, são constitucionais algumas previsões relevantes, como a competência do Congresso para legislar sobre: (i) naturalização (art. I, seção 8); (ii) regras referentes a aptidão para exercer o cargo de Presidente da República (art. II, seção 1); e, (iii) impossibilidade de restrições de garantias ligadas à nacionalidade (XIV Emenda, 1868).

As Constituições da África do Sul, Espanha e Polônia, embora remetam ao legislador ordinário a regulamentação da matéria, também veiculam disposições relevantes em tema de nacionalidade.[271]

Na América do Sul, as Constituições da Argentina e da Colômbia regulamentam as diretrizes centrais do direito da nacionalidade.

2.1.3.4 Direito de nacionalidade como tema de direito civil

Historicamente, o exercício de alguns direitos privados tem como pressuposto a condição de nacional. O exemplo mais conhecido é o do direito sucessório. Por séculos, os estrangeiros foram excluídos de todo direito sucessório. Embora já quase desaparecidas as distinções entre nacionais e estrangeiros, em algum grau, legislações dos mais variados países estabelecem diferenças entre nacionais e estrangeiros para temas como, por exemplo, "adoção", "direito de propriedade" ou "posições contratuais" (locador e/ou locatário).[272]

Na Espanha, o art. 11.1. da Constituição estabelece que a nacionalidade "se adquire, se conserva e se perde de acordo com a lei".[273] E a lei que a regulamenta inteiramente é o Código Civil Espanhol.

No Brasil, com a citação do art. 3º do Código Civil de 1916: "a lei não distinguirá entre nacionais e estrangeiros, quanto à aquisição e ao gozo dos direitos civis", Eduardo Espínola e Eduardo Espínola Filho iniciam o quinto volume do seu *Tratado de Direito Civil Brasileiro*, que se ocupa "Da Nacionalidade Brasileira".

---

[271] SARLET, Ingo Wolfang; MARINONI, Luiz Guilherme; MITIDIERO, Daniel. *Curso de Direito Constitucional*. 4. ed. Saraiva: São Paulo, 2015. p. 661.

[272] VERWILGHEN, Michel. *Conflits de nationalités*: plurinatioinalité et apatridie. Academie de Droit International de La Haye. The Hague: Martinus Nijhoff Publishers, 2000. Tire à part du Recueil des Cours, t. 277, 1999. Hors de Commerce. p. 118.

[273] *"Articulo 11. 1. La nacionalidad española se adquiere, se conserva y se pierde de acuerdo con lo establecido por la ley".*

Pontes de Miranda, por sua vez, indica que no passado muito se hesitou sobre a natureza do direito da nacionalidade, pensando-se tratar de tema de direito civil. Daí porque encartada no Código Civil Francês, art. 8º e seguintes, a seu ver, equivocadamente, como efetivamente vieram a constatar as Câmaras Reunidas da Corte de Cassação Francesa em fevereiro de 1921, ao afirmar que se tratava de tema afeto à soberania e, portanto, de direito público.[274]

2.1.4 O direito de nacionalidade

O direito de nacionalidade ostenta natureza jurídica de direito fundamental, reconhecendo-se, na sua concessão, a observância de valores universalmente reconhecidos como protetivos da dignidade da pessoa humana.[275]

Neste sentido, o art. 15 da Declaração Universal dos Direitos Humanos (DUDH) enuncia: "Toda pessoa tem direito a uma nacionalidade". A Convenção Interamericana dos Direitos Humanos, por sua vez, estabelece em seu art. 20, que trata do direito à nacionalidade, que: "1 – Toda pessoa tem direito a uma nacionalidade; 2 – Toda pessoa tem direito à nacionalidade do Estado em cujo território houver nascido, se não tiver direito a outra; 3 – A ninguém se deve privar arbitrariamente de sua nacionalidade nem do direito de mudá-la".

A nacionalidade promove nas pessoas um sentido de pertencimento, identidade, comunhão com determinada comunidade, mas não só: cria uma série de obrigações e deveres, e, mais importante, permite o exercício de vários direitos que lhes seriam negados se fossem considerados estrangeiros.

Atenta a estas questões, a Organização das Nações Unidas (ONU) exortou os Estados em duas Convenções (a Convenção de 1954, sobre o Estatuto dos Apátridas, e a de 1961, para Reduzir os Casos de Apatridia) a que não deixassem de conferir, com critérios os mais generosos possíveis, o direito fundamental à nacionalidade.

O direito a uma nacionalidade corresponde ainda aos direitos de mudar de nacionalidade e de não mudá-la. O direito de mudar

---

[274] MIRANDA, Pontes de. *Nacionalidade de origem e naturalização no Direito brasileiro*. Rio de Janeiro: A. Coelho Branco, 1936. p. 19.

[275] Em linhas gerais, para os fins do presente estudo, os direitos fundamentais serão entendidos como valores universalmente reconhecidos como protetivos do homem tão só pela sua condição humana. No plano internacional, quando declarados em cartas internacionais de direitos, recebem a designação de direitos humanos. No plano interno, quando positivados com hierarquia constitucional, denominam-se direitos fundamentais.

compreenderia o direito de renunciar a uma nacionalidade e o direito a adquirir outra nacionalidade. Nesta última situação, no mais das vezes, a aquisição de uma nova nacionalidade (direito de adquirir) implica na perda da nacionalidade anterior (direito de perder).[276] O direito de não mudar se identifica com o direito de não adquirir, como se dá com aqueles que se encontram em territórios anexados por outros Estados, bem como com a situação jurídica da mulher casada, a quem se reconhece o direito de não adquirir a nacionalidade do marido pelo casamento (neste caso, quando se tem a aquisição de nacionalidade pela mulher em razão do casamento, ocorre a concessão de nacionalidade por vontade da lei). O direito de não perder pode ser ilustrado com o exemplo da anexação de território, em que o nacional do antigo Estado pretende permanecer como nacional deste.[277] Ainda com relação ao direito de não perder, o art. 15 da Declaração Universal dos Direitos Humanos, além de prever que: "Todo homem tem direito a uma nacionalidade", esclarece que: "Ninguém será arbitrariamente privado de sua nacionalidade, nem do direito de mudar de nacionalidade".[278]

A questão da restrição arbitrária da nacionalidade foi enfrentada pela ONU e enunciada na DUDH, notadamente em razão do que experimentado pelos judeus alemães durante a II Guerra Mundial. Com a ascensão do nazismo nos anos 1930, pôs-se em prática o longo plano de evacuação do povo judeu da Europa, empreendido pelo *III Reich*, que consistia, em última análise, no extermínio do que consideravam uma raça inferior – ação denominada solução final. Antes de se atingir a

---

[276] Recentemente, observou-se nos Estados Unidos da América (EUA) o curioso fenômeno de aumento do número de nacionais, que residem fora daquele País, e que renunciam à nacionalidade (lá denominada cidadania) para furtar-se ao preenchimento de inúmeros formulários de imposto de renda, cujas regras, para os nacionais que vivem no exterior, afiguram-se excessivamente complexas, segundo a avaliação destes que desejam não mais ostentar a nacionalidade norte-americana. Cf. KNOWLTON, Brian. More american expatriates give up citizenship. *The New York Times*, 25 abr. 2010. Disponível em: http://www.nytimes.com/2010/04/26/us/26expat.html. Acesso em: 08 maio 2019. Também como exemplo deste fenômeno é o noticiado pela revista *Veja*, na qual se afirma que o nacional originário brasileiro Eduardo Saverin, um dos homens mais ricos do mundo, segundo a revista *Forbes*, cocriador do site *Facebook*, renunciou à nacionalidade norte-americana derivada (ou cidadania, como preferem os norte-americanos) para evitar a alíquota de 15% sobre ganhos de capital, obtidos por nacionais norte-americanos no exterior. Cf. EDUARDO SAVERIN, o brasileiro do Facebook, conta sua história. *Veja*, 26 maio 2012. Disponível em: http://veja.abril.com.br/tecnologia/eduardo-saverin-o-brasileiro-do-facebook-conta-sua-historia/. Acesso em: 08 maio 2019.

[277] DOLINGER, Jacob. *Direito Internacional privado*: parte geral. 9. ed. Rio de Janeiro: Renovar, 2007. p. 163.

[278] BAPTISTA, Olívia Cerdoura Garjaka. *Direito de nacionalidade em face das restrições coletivas e arbitrárias*. Curitiba: Juruá, 2007. p. 47-53.

solução final, os direitos dos judeus na Alemanha foram gradativamente restringidos por leis que ficaram conhecidas como Leis de Nuremberg, entre estas: a Lei de Cidadania do Reich, a Lei de Proteção do Sangue Alemão e o Primeiro Regulamento para a Lei de Cidadania do Reich. A Lei de Proteção do Sangue Alemão proibiu alemães de se casarem ou mesmo de ter relações sexuais com judeus. A Lei de Cidadania do Reich qualificava quem era considerado nacional alemão e conferia a estes a cidadania do *Reich*. O Primeiro Regulamento para a Lei de Cidadania do Reich qualificou os judeus como tais e cancelou, coletiva e arbitrariamente, a nacionalidade de todos os judeus na Alemanha.

Já com relação ao direito de não adquirir, a Convenção da Haia sobre Nacionalidade, de 1930, estabelece que os filhos de diplomatas em missão no exterior têm o direito de não adquirir a nacionalidade do local do nascimento, bastando a mera renúncia para dela se livrar, e das obrigações dela decorrentes.[279]

2.1.4.1 Nacionalidade e cidadania

Dois conceitos próximos, usualmente confundidos, mas que não coincidem, são os de nacionalidade e cidadania,[280] embora muitos países chamem seus nacionais de cidadãos.

O conceito de cidadania é dinâmico e evolutivo. Embora remonte à Antiguidade Clássica,[281] na acepção de dizer com as coisas da cidade, ou seja: ter voz nas decisões da cidade, o conceito moderno de cidadania – após uma longa inobservância na Idade Média –, foi forjado nas revoluções americana e francesa, com base nas ideias de igualdade e liberdade,[282] como se observa em Rousseau, ao mencionar que os associados ao pacto "tomam coletivamente o nome de Povo, e chamam-se em particular Cidadãos, como participantes da autoridade soberana (…)".[283]

---

[279] Artigo 12 da Convenção de Haia sobre Nacionalidade.

[280] DOLINGER, Jacob. *Direito Internacional privado*: parte geral. 9. ed. Rio de Janeiro: Renovar, 2007. p. 156-160.

[281] POCOCK, John. *Cidadania, Historiografia e res publica*: contextos do pensamento político. Coimbra: Almedina, 2013. p. 221-222.

[282] MARTINS, Ana Maria Guerra. *A igualdade e a não discriminação dos nacionais de Estados terceiros legalmente residentes na União Europeia*: a origem na integração económica ao fundamento da dignidade do ser humano. Coimbra: Almedina, 2010. p. 203.

[283] ROUSSEAU, Jean-Jaques. *Do contrato social*: texto integral. São Paulo: Martin Claret, 2000. p. 32.

O desenvolvimento do conceito de cidadania, como hoje compreendido, coincide com a ideia de Estado-nação e por isso se aproxima do conceito de nacionalidade.

Diderot assim compôs o verbete "cidadão" para a enciclopédia:

(...) é o membro de uma sociedade livre de várias famílias, que compartilha os direitos desta sociedade e goza de seus privilégios. Aquele que reside numa tal sociedade por causa de algum negócio e que, uma vez terminado o que tem a fazer aí, deve ir embora não é um cidadão desta sociedade. É somente um súdito momentâneo. Aquele que faz dela sua morada habitual, mas não compartilha os direitos e privilégios também não é cidadão. Aquele que foi despojado de seus direitos e privilégios cessou de ser cidadão. Este é título é atribuído às mulheres, às crianças e aos servidores apenas enquanto membros da família de um cidadão propriamente dito; eles não são verdadeiramente cidadãos.
Podemos distinguir duas espécies de cidadãos: os originários e os naturalizados. Os primeiros são os que nasceram cidadãos. Os naturalizados são aqueles a quem a sociedade concedeu participação em seus direitos e privilégios, embora não tenham nascido em seu ceio.
Os atenienses eram muito reservados ao conceder o título de cidadão a estrangeiros. Nisto, foram mais dignos do que os romanos. Nunca a cidadania foi aviltada entre eles. Mas da alta opinião que tinham do título decorreu que não puderam obter talvez a maior vantagem, que é a de aumentar sua população (...)
Em Atenas, só eram cidadãos quem tivessem nascido de pais cidadãos (...)
Eram necessárias três coisas para que se pudesse ser considerado cidadão romano: ter domicílio em Roma, ser membro de uma das trinta e cinco tribos e poder chegar às dignidades da República. (...)
Havia uma grande diferença entre um cidadão e um domiciliado. Segundo a lei *incolis*, só o nascimento dava cidadania e todos os privilégios da burguesia. Tais privilégios não podiam ser adquiridos por tempo de permanência.(...)
O primeiro privilégio do cidadão romano era o de só poder ser julgado pelo povo. A lei *Portia* proibia que um cidadão fosse condenado à morte.(...)
Hobbes não estabelece nenhuma diferença entre um súdito e um cidadão. O que é verdadeiro se tomarmos o termo súdito em seu sentido mais estrito e cidadão em seu sentido mais amplo, considerando este em relação às leis e aquele em relação ao soberano.(...)
Pufendorf, ao restringir o nome de cidadão aos que fundaram o Estado por uma reunião de famílias e a seus sucessores de pai para filho, introduz uma distinção frívola que obscurece sua obra e que pode criar perturbações numa sociedade civil, distinguindo os cidadãos originários dos naturalizados, através de uma noção de nobreza mal entendida. Os

cidadãos, na qualidade de cidadãos, ou seja, em suas sociedades, são todos igualmente nobres. A nobreza não vem dos ancestrais, mas do direito comum às primeiras dignidades da magistratura (...)

Quanto mais os cidadãos estiverem próximos do ponto de vista da igualdade de pretensões e de fortuna, mais tranquilo será o Estado.[284]

A cidadania deve ser entendida como estatuto jurídico-político que liga uma pessoa a um Estado, diverso da nacionalidade, mas que a tem como pressuposto. Ostenta tripla dimensão, a saber: (i) jurídica; (ii) psicológica; e, (iii) política. Jurídica porque confere direitos, especialmente os direitos políticos. Psicológica porque pressupõe a noção de pertencimento. E política porque significa o direito de participação política no Estado.[285]

A nacionalidade é, em sentido amplo, o vínculo jurídico-político entre o indivíduo e um Estado soberano, ao passo que a cidadania é, em sentido estritamente jurídico, a aptidão para o exercício de direitos políticos. No Brasil, os direitos políticos são, em síntese, os de votar, ser votado (§3º, art. 14, inc. I, da CRFB de 1988), ajuizar ação popular e tomar parte em plesbicito. O instituto da equiparação dos direitos dos portugueses residentes ao dos brasileiros naturalizados (§1º, art. 12, inc. II, da CRFB e 1988), a denominada quase-nacionalidade, revela a possibilidade no Direito brasileiro, considerada a distinção entre os conceitos de nacionalidade e cidadania, de se ter um não-nacional, porque português, que seja cidadão brasileiro, porque pode exercer direitos políticos no Brasil. Por outro lado, uma criança brasileira, embora seja evidentemente um nacional, não pode ser considerada, em sentido estritamente jurídico, um cidadão. Esta última questão, em termos constitucionais, também pode ser observada no que se refere à legitimidade ordinária para o ajuizamento de ação popular, o que somente é possível após os 16 anos de idade, quando o indivíduo já se encontra habilitado a se alistar eleitoralmente.

Para desfazer a confusão entre os termos e distingui-los na sua justa medida, é ainda possível considerar o exemplo da União Europeia (UE). Naquele bloco, um nacional francês, ou italiano, ou português, é,

---

[284] DIDEROT; D'ALEMBERT. *Enciclopédia*: verbetes políticos. São Paulo: EdUnesp, 2006. p. 51-55.

[285] MARTINS, Ana Maria Guerra. *A igualdade e a não discriminação dos nacionais de Estados terceiros legalmente residentes na União Europeia*: da origem na integração económica ao fundamento da dignidade do ser humano. Coimbra: Almedina, 2010. p. 203.

por igual, um cidadão europeu,[286] e exerce, por exemplo, o direito de voto no representante do país no Parlamento Europeu. Assim, embora não haja nacionalidade europeia, na medida em que a Europa não é um Estado,[287] os nacionais dos países que a compõe exercem direitos políticos na organização do bloco, sendo todos, portanto, cidadãos europeus. Para a doutrina, a introdução do conceito de cidadania no Tratado de Maastricht fez com que embora o Estado continuasse a deter o monopólio da atribuição de nacionalidade aos indivíduos, deixou este de ser a única entidade com a qual a cidadania se relaciona, o que promoveu uma mutação no próprio conceito de cidadania. A cidadania da UE é uma cidadania de sobreposição, em que o pressuposto de aquisição consiste em deter a nacionalidade de um dos Estados Membros[288] (o que não destoa da teoria geral da cidadania, que a faz decorrer da nacionalidade). Embora a cidadania europeia somente tenha sido formalmente introduzida no cenário jurídico nos anos 1990, pelo mencionado Tratado de Maastricht, já constituía retórica recorrente no pensamento regional a ideia de um povo europeu.[289]

Por outro lado, importa lembrar que, em sentido sociológico, cidadania é a aptidão para o exercício de direitos no Estado de Direito, na conhecida fórmula: direito a ter direitos. Neste sentido, uma criança será sempre um cidadão.

O conceito de nacionalidade (*Staatsangehörigkeit, nationality*) ostenta caráter jurídico-internacional, e não necessariamente coincide com o de cidadania (*Staatsbürgerschaft, citizenship*) – conceito jurídico-interno.[290]

A confusão entre os termos,[291] nos Estados em que ela se verifica, adviria, entre outras coisas, da construção histórica da cidadania no

---

[286] MARTINS, Ana Maria Guerra. *A igualdade e a não discriminação dos nacionais de Estados terceiros legalmente residentes na União Europeia*: da origem na integração económica ao fundamento da dignidade do ser humano. Coimbra: Almedina, 2010. p. 209.

[287] BORCHARDT, Klaus-Dieter. *El ABC del derecho comunitario*. Luxemburgo: Oficina de Publicaciones Oficiales de las Comunidades Europeas, 1994, p. 10: "*Tantos puntos comunes entre el ordenamiento jurídico comunitario y el ordenamiento interno de los Estados no bastan, sin embargo, para asimilar la naturaliza jurídica de la CE a la de um Estado federal*".

[288] MARTINS, *op. cit.*, p. 204.

[289] *Ibidem*.

[290] LITRENTO, Oliveiros L. *Manual de Direito Internacional público*. Rio de Janeiro: Forense, 1968. p. 313.

[291] Na Antiguidade Clássica, anteriormente à formação dos Estados modernos, cidadania é um estado, uma condição, uma posição na sociedade. É a vinculação do indivíduo com as coisas da cidade, sua possibilidade de participar das decisões que interessam a todos na cidade. Fustel de Coulanges lembra que esta posição decorre, especialmente na Grécia, da participação do indivíduo no culto da cidade, de sua prática religiosa. Em Roma, questões

CAPÍTULO 2
A NACIONALIDADE | 109

direito norte-americano, em que alguns nacionais – os índios nativos do território norte-americano –, não seriam cidadãos – os chamados *non-citizen nationals*. Estendida posteriormente a cidadania a todos os nacionais sem distinção de origem, passou-se a tomar um termo pelo outro, identificando nacional com cidadão. No Brasil, a Assembleia Nacional Constituinte de 1823 teve de enfrentar a questão referente aos conceitos de nacionalidade e cidadania, considerado o fato de que seria adotado o critério de concessão de nacionalidade pelo nascimento no solo. É que, adotado este critério, surgia a questão sobre como considerar escravos negros e índios. Seriam os escravos e os índios, nascidos no Brasil, brasileiros? E se fossem, como justificar a manutenção de brasileiros na condição de escravos? Ou seja: sem os direitos que o modelo liberal previa, como liberdade e propriedade. Para contornar a questão, o Parlamento se valeu da distinção entre os conceitos, estabelecendo que, embora a cidadania fosse decorrência da nacionalidade, a nacionalidade brasileira não necessariamente conferiria cidadania, criando-se critérios específicos para o gozo da cidadania civil. Neste sentido, a emenda apresentada pelo deputado paulista Nicolau de Campos Vergueiro para considerar membros da "comunidade nacional" não todos os brasileiros, mas, tão somente, os cidadãos. Sustentou o deputado em plenário que havia escravos e indígenas que, sendo brasileiros, não seriam membros da sociedade.[292]

Contra esta proposta, houve quem sustentasse que a nacionalidade não poderia decorrer só do nascimento no solo, mas, por igual, da condição de homem livre.

Ainda hoje, há zonas cinzentas entre os dois conceitos. Antony Aust,[293] estudando as distintas espécies de cidadania britânica, esclarece

---

    como a origem precedem a comunhão religiosa que confere a condição social de cidadão, com todas as suas consequências jurídicas.

[292] DOLHNIKOFF, Miriam. *História do Brasil Império*. São Paulo: Contexto, 2017. p. 35-37.

[293] AUST, Antony. *Handbook of International Law*. 1 ed.; 1. reimp. Cambridge: Cambridge University Press, 2009. p. 180: "*The term 'citizenship' usually denotes entitlement, under the law of a state, to full civil and political rights, and citizenship and nationality normally coincide. In the law of a state which still has the remnants of a colonial empire, 'citizenship' may be limited to person with close connections with ('belongs to') the metropolitan territory, those belonging to its overseas territories having a separate status. Thus, the British Nationality Act 1981, as amended, distinguishes between three main categories: (1) British citizens – those belonging to the metropolitan territory of the United Kingdom, to the Channel Islands or to the Isle of Man, and now also to all remaining British overseas territories; (2) British Overseas Territories Citizens – persons who belonged to a former overseas territory but did not acquire the citizenship of that country on independence; and (3) British Nationals (Overseas) (former belongers of Hong Kong). Nevertheless, in international law, all those in the various categories are nationals of the United Kingdom, even though only British citizens are free of all UK immigration control*".

que o termo "cidadania" usualmente denota amplo gozo de direitos civis e políticos em um Estado nacional, e que cidadania e nacionalidade geralmente coincidem.

Paul Lagarde explica que nacionalidade é conceito de direito internacional, enquanto cidadania tem relação com os direitos que o direito interno confere a quem ostente a nacionalidade do País.[294]

Reinhold Zippelius, ao estudar o estatuto especial dos cidadãos nacionais,[295] sustenta que os direitos fundamentais, no que identificados com os direitos humanos, devem ser garantidos a todas as pessoas no território do Estado, ao passo que os direitos cívicos são tradicionalmente reservados somente aos nacionais e aos a eles equiparados. No caso brasileiro, os direitos políticos são reservados aos brasileiros e aos portugueses que, residindo no Brasil, tenham requerido equiparação de direitos com os brasileiros naturalizados.

A doutrina salienta ser necessária uma separação ainda maior de conceitos, distinguindo-se os termos "naturalidade", "nacionalidade" e "cidadania",[296] de modo que, além da distinção já exposta entre os conceitos de nacionalidade e cidadania, o de naturalidade seria um conceito territorial, referindo-se somente ao lugar de onde a pessoa procede, o que eventualmente pode não coincidir com o Estado que lhe concede nacionalidade. É, em alguma medida, o que os franceses denominam *ressortisant* – conceito que pode ser traduzido por adstrito, e que significa, por vezes, o nativo, ou originário de determinado lugar e, que, por isso, é ligado a determinado Estado.[297] O nativo ou *ressortisant* não necessariamente será nacional do lugar de onde é originário, muito menos cidadão deste mesmo lugar. Nesta medida, embora o apátrida seja um indivíduo desprovido de nacionalidade, ele será sempre um *ressortisant*, ou um nativo de algum lugar, embora não tenha com este lugar os vínculos estabelecidos pelo direito público que lhe confiram a condição de nacional.[298]

---

[294] BATIFFOL, Henri; LAGARDE, Paul. *Traité de Droit International privé*. 8. ed. Paris: Librairie Générale de Droit et de Jurisprudence, 1993. t. I. p. 99.

[295] ZIPPELIUS, Reinhold. *Teoria Geral do Estado*. São Paulo: Saraiva, 2016. p. 153.

[296] TIBURCIO, Carmen. *Human rights of aliens in international and comparative Law*. Haia: Martinus Nijhoff Publishers. 2001. p. 1. TIBURCIO, Carmen. A nacionalidade à luz do direito internacional e brasileiro. *In*: CICCO FILHO, Alceu José; VELLOSO, Ana Flávia Penna; ROCHA, Maria Elizabeth Guimarães Teixeira (Orgs.). *Direito Internacional na Constituição*: estudos em homenagem a Francisco Rezek. São Paulo: Saraiva, 2014. p. 116.

[297] BATIFFOL; LAGARDE, *op. cit.*, p. 99.

[298] MIRANDA, Pontes de. *Nacionalidade de origem e naturalização no Direito brasileiro*. Rio de Janeiro: A. Coelho Branco, 1936. p. 14.

Assim, um indivíduo pode ostentar a nacionalidade do País em que nasceu; pode ainda, eventualmente, ser cidadão do lugar onde nasceu e de onde é nacional, mas isso não significa, necessariamente, que este indivíduo será natural, nacional e cidadão deste mesmo País, não se devendo confundir os três conceitos.

Por fim, quanto à distinção dos conceitos de nacionalidade e cidadania, relevante anotar que o art. 22 da Constituição Federal, que dispõe sobre a competência legislativa da União, estabelece, em seu inc. XIII, ser a União competente para legislar sobre "nacionalidade, cidadania e naturalização", a indicar que se tratam de categorias jurídicas distintas. E quando estabelece a competência exclusiva da Justiça Federal, em seu art. 109, inc. X, a Constituição diz: "causas relativas à nacionalidade".

2.1.4.2 Princípios da nacionalidade

A doutrina identifica alguns princípios que orientam o direito da nacionalidade. Entre eles: princípio da atribuição ou competência estatal; princípio da ligeância ou aligeância; princípio da opção; princípio da pluralidade; princípio da inconstrangibilidade a ter pátria; e, princípio da perda voluntária.[299]

O princípio da atribuição ou competência estatal é o que orienta o direito internacional no sentido de que somente os Estados podem conferir nacionalidade. O Estado é soberano para dizer quem, e por quais critérios, é seu nacional.[300] Este princípio ostenta uma faceta positiva, que é assegurar que cada Estado tem a prerrogativa soberana de determinar, por suas próprias leis, quem sejam seus nacionais; e uma faceta negativa, que impede que Estados estrangeiros interfiram nos critérios de atribuição de nacionalidade de um determinado Estado.[301] Ainda deste princípio decorre a prerrogativa de um Estado estrangeiro reconhecer uma ou algumas nacionalidades entre muitas que o indivíduo ostente: a chamada nacionalidade efetiva.

O princípio da aligeância já não mais se observa. Trata-se da ligação perpétua do indivíduo com seu soberano, construída no *common law* e que significa, em linhas gerais, a impossibilidade de aquisição

---

[299] MIRANDA, Pontes de. *Comentários à Constituição de 1967*. São Paulo: Revista dos Tribunais, 1967. t. IV. p. 368-374.

[300] LAGARDE, Paul. Les compétences de l'Etat en matière d'octroi et de décheance de la nationalité. *In: Colloque de Poitiers. Droit international et nationalité*. Paris: A. Pedone, 2012. p. 83-85. E art. 1 da Convenção da Haia de 1930.

[301] *Ibidem*, p. 83-85.

de qualquer outra nacionalidade sem a permissão do Estado de nacionalidade original: "*ius origins nemo mutare potest*".[302] Historicamente, a Inglaterra pretendeu, do século XVIII ao início do século XX, que se observasse a impossibilidade de desligamento de seus nacionais,[303] naturalizados em outras partes do mundo.[304]

O princípio da opção encerra a possibilidade de escolha do indivíduo entre mais de uma nacionalidade possível. É dizer: podendo se vincular a mais de um Estado soberano por normas dos ordenamentos destes Estados, pode fazê-lo livremente. Significa ainda que tal escolha não se subordina à permissão do Estado de cuja nacionalidade pretende se despojar com a opção. É o que registra a sentença arbitral de 08 de junho de 1932, da Corte Permanente de Arbitragem, no conhecido caso Salém, que opôs o Egito e os EUA, em que se disse que o Estado a que pertencia o imigrante não pode impor ao Estado de destino que a concessão de nacionalidade deste último se subordine à sua permissão.[305]

O princípio da pluralidade se refere ao conflito positivo de nacionalidades, à possibilidade de aquisição e manutenção de mais de uma nacionalidade, em geral, adquiridas por distintos critérios que não se excluem.

O princípio da inconstrangibilidade a ter pátria particularmente interessa porquanto impede que se obriguem os apátridas a adquirir nacionalidade. Aos apátridas, o direito internacional prevê normas de proteção, que incluem a facilitação da aquisição da nacionalidade do lugar em que se encontrem, o que não significa dizer que se possa obrigá-los a essa aquisição.

Por fim, o princípio da perda voluntária também se mostra relevantíssimo para o presente estudo. Para o direito internacional, o Estado tem tanto o direito de estabelecer como e por quais critérios conferirá nacionalidade, quanto como e por quais motivos o indivíduo se

---

[302] MIRANDA, Pontes de. *Comentários à Constituição de 1967*. São Paulo: Revista dos Tribunais: São Paulo, 1967. t. IV. p. 369.

[303] CALVO, Charles. *Droit International*: théorique et pratique. 12. ed. Paris: A. Durand et Pedone-Lauriel, 1870. t. I, p. 439: "*Toute nation indépendante a le droit de conférer le titre de citoyen à un étranger, sans consulter l'Etat auquel cet étranger appartient par sa naissance. Une conséquence de ce principe général admis par la plupart des nations, c'est que si le sujet d'un pays émigre volontairement et fixe sa residence dans un autre pays qui lui confère les droits de citoyen, le pays dans lequel il est né perd touts ses droits sur lui. Seule la législation anglaise consacre la regle que la qualité de citoyen dérivant du fait de la naissance sur le territoire d'un État constitue un titre indélébile de nationalité qui accompagne l'homme pendant tout sa vie et partout où il convient de se fixer*".

[304] MIRANDA, *op. cit.*, p. 369.

[305] *Ibidem*, p. 372.

desvinculará do Estado. O que não pode, segundo o direito internacional, é fazê-lo de forma arbitrária. Por outro lado, não pode obrigar, como na ligeância perpétua, a que permaneça para sempre vinculado ao Estado.[306]

2.1.4.3 A aquisição da nacionalidade

Os critérios de concessão de nacionalidade podem ser os mais variados (nascimento, parentesco, etnia, religião, domicílio, honra[307]), considerada a liberdade com que os Estados podem, no exercício de sua soberania, determinar quem são considerados seus nacionais.[308] Quanto à concessão de nacionalidade originária, aquela que é reconhecida como existente desde o nascimento, dois são os critérios predominantemente utilizados: (i) o direito do sangue (*ius sanguinis*); e, (ii) o direito do solo (*ius soli*).[309]

---

[306] MIRANDA, Pontes de. *Comentários à Constituição de 1967*. São Paulo: Revista dos Tribunais, 1967. t. IV. p. 371.

[307] FONTES, André. Nacionalidade brasileira e adoção internacional. *Revista da EMARF*, Rio de Janeiro, v. 15, n. 1, p. 11, ago. 2011. Disponível em: http://seer.trf2.jus.br:81/emarf/ojs/index.php/emarf/article/view/5/37. Acesso em: 11 maio 2019: "Os direitos espanhol e monegasco, por exemplo, concedem nacionalidade por relevantes serviços prestados à nação, como título honorífico, outorgado pelo monarca, a quem os tenha prestado".

[308] ESPÍNOLA, Eduardo; ESPÍNOLA FILHO, Eduardo. *Tratado de Direito Civil Brasileiro*. Rio de Janeiro: Freitas Bastos, 1940. v. V – Da Nacionalidade Brasileira, p. 134-135: "Não havendo regra de direito internacional, que estabeleça uma técnica, a que obedeçam os Estados na determinação das circunstâncias, de que depende a atribuição da qualidade de nacional, é manifesto que nada impede tenha cada qual a sua técnica, (...) Não há uniformidade de vistas, quanto à classificação das normas sobre nacionalidade, nos diversos sistemas legislativos. Na maior parte dos Estados, é na própria Constituição política que se encontram as bases da nacionalidade. Muitos estabelecem na Constituição os requisitos de aquisição e perda da nacionalidade, completando em leis especiais as disposições concernentes à nacionalidade de origem, e, principalmente, à naturalização. Outros fazem a declaração de que a nacionalidade será regulada por lei ordinária, consignando alguns deles uma ou outra disposição no próprio texto constitucional. Em vários Estados, é somente a lei de direito público que regula toda a matéria de nacionalidade. Poucos são os Estados que incluem na lei civil os dispositivos reguladores da condição de nacional, quer originária, quer adquirida".

[309] O Departamento de Estado Norte-Americano divulgou regras para a obtenção da nacionalidade (cidadania) norte-americana para filhos gerados por meio de reprodução assistida, considerado o fato de que algumas crianças nascidas no exterior, filhas de pais norte-americanos, mas não biologicamente relacionados a estes, tinham problemas em regressar aos EUA, na medida em que eram considerados estrangeiros. Assim, esclareceu o Departamento de Estado que crianças concebidas por métodos assistidos, que não tivessem relação biológica com pais norte-americanos não são considerados nacionais (cidadãos) norte-americanos no momento do nascimento. Cf. UNITED STATES OF AMERICA. U. S. Department of State. 2015. Disponível em: http://travel.state.gov/law/citzenchip 5177.html. Acesso em: 28 dez. 2015.

Países de tradição emigratória[310] – aqueles que tradicionalmente exportam seus nacionais (Itália, Portugal ou Polônia, por exemplo) – tendem a conferir nacionalidade preponderantemente pelo direito do sangue. A nacionalidade do indivíduo é a de seus ascendentes no momento do nascimento. A ideia é a de que os nacionais somente deixam o território premidos pelas circunstâncias, em geral, em busca de melhores oportunidades de vida, mas que um dia a ele retornarão; e, não o fazendo, o Estado permitirá que o retorno à pátria se dê por seus filhos, ou até mesmo por seus netos, que carregarão o mesmo sangue e, com isso, o mesmo vínculo com a pátria.[311]

Países de tradição imigratória, construídos pela mão do imigrante (Brasil ou os EUA, por exemplo), tendem a conferir nacionalidade pelo direito do solo. Trata-se de uma concessão de nacionalidade mais generosa, com vistas à acolhida do estrangeiro que acorra ao território para participar da construção do País. A nacionalidade concedida por este critério permite que o filho do estrangeiro seja um nacional do lugar onde a família escolheu se fixar. Por vezes, esta concessão generosa implicará vínculo que pode até mesmo não ser desejado, na medida em que a nacionalidade é fonte de direitos, mas também de obrigações.[312]

Como países que combinam critérios do solo e do sangue como regra, tem-se, por exemplo, Bélgica, Bulgária, Cuba, França e Reino Unido.[313]

2.1.4.4   A perda da nacionalidade

O direito internacional somente se opõe à restrição arbitrária de nacionalidade, objetivando, com a excomunhão desta prática, que pessoas sejam colocadas na vulnerável condição de apátridas. Neste sentido, óbice não há a que o Estado estabeleça, no exercício de sua soberania, mecanismos jurídicos legítimos e válidos de destituição do vínculo que os liga a seus nacionais.

O direito construiu algumas espécies do gênero perda, que dependem de distintos fundamentos, a saber: (i) a perda-mudança, mais

---

[310] CARVALHO, Dardeau. *Nacionalidade e cidadania*. Rio de Janeiro: Freitas Bastos, 1950. p. 13-14.

[311] "Pátria", etimologicamente, significa a terra do pai.

[312] No caso brasileiro, ser nacional significa, para os indivíduos do sexo masculino, a obrigação de prestar serviço militar; e, para todos os indivíduos, maiores de 18 anos, e antes de contar 70, a obrigatoriedade de participar do processo eleitoral na qualidade de eleitor.

[313] FARIA, Milton. *Prática consular*. Distrito Federal: Ministério das Relações Exteriores Seção de Publicações, 1950. p. 25.

comum, consistente na consequência da aquisição de nova nacionalidade; (ii) a perda-penalidade, em geral, prevista quando o nacional, sem permissão de seu Estado, assume funções ou recebe encargos de Estado estrangeiro; e, (iii) a perda-abdicação, conhecida por renúncia. A forma mais usual de perda da nacionalidade é a perda-mudança, decorrente da aquisição voluntária de outra nacionalidade, sem relevante justificativa.[314] Nesta modalidade de perda, tem-se uma renúncia presumida. É assim no direito brasileiro e em muitos países.[315] A mera manifestação de vontade de adquirir nova nacionalidade faz romper o vínculo que liga o indivíduo a outro Estado soberano cuja nacionalidade ostentava.

O que se tem aqui é a ideia de que o nacional pretende ingressar em outra comunidade nacional, por vontade sua, o que seria incompatível com a manutenção do vínculo que o ligava ao Estado que lhe conferia nacionalidade.

Nos EUA, a aquisição de nacionalidade por naturalização exige que o naturalizando renuncie a toda e qualquer nacionalidade, e submissão a qualquer soberania.

A perda-penalidade se dá quando o nacional, sem permissão de seu Estado, assume funções ou recebe encargos de Estado estrangeiro. Esta espécie foi expressamente prevista em Constituições brasileiras até 1988, quando deixou de sê-lo. O que se queria com esta sanção era evitar a cooptação de nacionais por Estados estrangeiros para colaborar em assuntos que pudessem representar prejuízo para o País, notadamente em temas estratégicos, de que o nacional pudesse ser profundo conhecedor.

A perda voluntária, no atual estágio de desenvolvimento do direito internacional e dos ordenamentos nacionais, somente se dá, como regra, quando adquirida outra nacionalidade também de forma voluntária (considerado o fato de que a nacionalidade pode ser eventualmente concedida por determinado ordenamento jurídico, independentemente da vontade do indivíduo). Assim, os Estados não estão obrigados pelo direito internacional a reconhecer aos seus nacionais o direito de se

---

[314] Art. 1º da Convenção sobre Nacionalidade de Montevideo de 1933.
[315] MIRANDA, Pontes de. *Nacionalidade de origem e naturalização no Direito brasileiro*. Rio de Janeiro: A. Coelho Branco, 1936, p. 175: "Boa política, a respeito, é a dos Estados que, como o Brasil, consideram causa suficiente de perda qualquer naturalização voluntária noutro Estado, e os Estados Unidos da América entendem que já exista êsse princípio de direito das gentes".

despojar de sua nacionalidade.[316] Ao se admitir a perda voluntária em caso de aquisição de nova nacionalidade, o que se pretende é evitar a apatridia, sempre considerada condição a ser evitada.

A perda-abdicação, como é tratada a renúncia pela doutrina, se caracteriza pelo rompimento do vínculo jurídico-político que liga o indivíduo a um Estado soberano, por vontade expressa do primeiro, sem que possa o segundo exigir a verificação de outro vínculo já estabelecido entre o renunciante e outro Estado soberano. É o abandono da nacionalidade sem que haja, como condição, a aquisição de nova nacionalidade.

A questão se concentra em saber se o Estado tem, por direito seu, o poder de impedir que o indivíduo se demita da condição de nacional. É que o tão só fato de que a nacionalidade também cria obrigações não impediria, por si só, a perda da nacionalidade, na medida em que a perda-mudança também faz romper o mesmíssimo vínculo e, com ele, as mesmíssimas obrigações dele decorrentes.

Do ponto de vista histórico, a perda-abdicação, ou renúncia, significou uma primeira forma de reação à tese da sujeição perpétua,[317] conhecida como aligeância perpétua, ou submissão do indivíduo ao soberano.

Repudiada porque leva, no mais das vezes, à apatridia, o fato é que a renúncia é conhecida pelo direito comparado e, especialmente, pelo direito convencional. Assim, três são as espécies do gênero renúncia: (i) renúncia pura e simples; (ii) o sistema da licença de expatriação; e, (iii) a perda do domicílio ou ausência prolongada do naturalizado como presunção de renúncia.[318]

É muito incomum encontrar a previsão de perda-abdicação, ou seja, a perda voluntária que não corresponda à aquisição de nova nacionalidade.[319] A Convenção da Haia de 1930 previu duas possibilidades de renúncia: (i) a do art. 6º, quando o indivíduo ostente mais de uma nacionalidade adquirida independentemente da sua vontade; e, (ii) a do art. 7º, que prevê o direito de expatriação, ou licença de expatriação, a que o Brasil opôs reserva.[320] Este art. 7º, permite que o

---

[316] MIRANDA, Pontes de. *Nacionalidade de origem e naturalização no Direito brasileiro*. Rio de Janeiro: A. Coelho Branco, 1936. p. 176.

[317] MARINHO, Ilmar Penna. *Tratado sobre a Nacionalidade*. Rio de Janeiro: Departamento de Imprensa Nacional, 1956. v. I – Direito Internacional da Nacionalidade. p. 733.

[318] *Ibidem*, p. 734.

[319] MIRANDA, *op. cit.*, p. 178.

[320] *Ibidem*.

Estado autorize a demissão voluntária da nacionalidade, desde que o indivíduo ostente outra ou que tenha por objetivo adquirir uma nova cuja aquisição requeira renúncia à anterior. Nestes casos, a não aquisição de nova nacionalidade no prazo previsto pelo ordenamento do Estado, de cuja nacionalidade o indivíduo pretende abrir mão, faz caducar a permissão de expatriação e, consequentemente, a própria renúncia. É o que ocorre no direito alemão.

2.1.4.5 A prova da nacionalidade

Os critérios de atribuição de nacionalidade, de que se valem os Estados para concedê-la, consubstanciam fatos jurídicos[321] (nascimento no solo, ascendência de nacional, serviços prestados ao País, concessão de títulos honoríficos etc), e como tais devem eventualmente ser provados.[322] Esta comprovação se dará conforme a lei do Estado cuja nacionalidade se pretende comprovar.

O ônus desta prova incumbe a quem alega a nacionalidade.[323] No direito brasileiro, a questão assume especial relevo no que se refere à ação de opção de nacionalidade – procedimento de jurisdição voluntária em que o indivíduo tem o ônus de comprovar a ocorrência das hipóteses previstas no texto constitucional para a aquisição originária da nacionalidade: ter nascido no exterior, de pai ou mãe brasileiros. Esta prova pode ser feita por qualquer meio legitimamente admitido em direito.

2.1.4.6 Apatridia e polipatria

2.1.4.6.1 Apatridia

A apatridia é o fenômeno que consiste na ausência de nacionalidade.[324] Tecnicamente, é o resultado do conflito negativo de critérios de

---

[321] Fatos naturais ou humanos de que decorrem consequências jurídicas.

[322] COMBACAU, Jean. L'opposabilité et la preuve de la nationalité de l'Etat em droit international. *In: Colloque de Poitiers. Droit international et nationalité.* Paris: A. Pedone, 2012. p. 100.

[323] BATIFFOL, Henri; LAGARDE, Paul. *Traité de Droit International privé.* 8. ed. Paris: Librairie Générale de Droit et de Jurisprudence, 1993. p. 217.

[324] Examinando a questão da ausência de nacionalidade como questão prévia à escolha da lei aplicável, em tema de conflito de leis, Pontes de Miranda afirma: "Dá-se a apatria quando alguém nasceu sem pátria, ou perde a sua sem adquirir outra nacionalidade. O *Heimatlose,* o apátride, precisa, como todos, reger-se por um sistema jurídico. Daí o problema no terreno do Direito internacional privado e o problema no direito das gentes que é *preliminar.* (…) Uma

concessão de nacionalidade originária a que um mesmo indivíduo esteja submetido. Neste caso, o indivíduo se encontra em situação que, por nenhum critério conhecido (direito do sangue, do solo, domicílio, etnia, religião, trabalho em prol da pátria etc.), forma vínculo jurídico-político com qualquer Estado soberano, ou que por qualquer outra razão (anexação de território, sucessão de Estados, restrição arbitrária, entre outras) perde a nacionalidade que ostentava. Na experiência histórica, tem-se o dramático exemplo dos judeus alemães que, por força das chamadas Leis de Nuremberg, deixaram de ser considerados nacionais. O direito convencional (a DUDH; as Convenções das Nações Unidas de 1954, sobre o Estatuto dos Apátridas, e a de 1961, para Reduzir os Casos de Apatridia; a Convenção Interamericana de Direitos Humanos; e, a Convenção da Haia sobre Nacionalidade de 1930) exorta os Estados a que não deixem de conferir, sempre que possível, nacionalidade àqueles que se encontrem em seus territórios, e que não ostentem qualquer outra.

Aquele que não possui qualquer nacionalidade é comumente chamado de apátrida, registrando-se, ainda, os designativos anacional e *heimatlos* – este último, de origem germânica. Neste ponto, José Farani Mansur Guerios anota que se tem o registro *apólides*, criticado por Pontes de Miranda,[325] por fazer confundir nacionalidade com exercício de direitos políticos, na medida em que o termo, de origem grega, se

---

das fontes da apatria é a desnacionalização a título de pena. Outra, a desnacionalização pela incompatibiladdde, como a aceitação de funções públicas no estrangeiro, sem permissão do govêrno nacional.

Ainda tem exemplo de desnacionalização, a título de pena, a Itália, a Romênia e a Rússia. A Noruega, a Alemanha, salvo certos casos, a Hungria, a Suécia, a Holanda, a Dinamarca, a Bélgica, a Itália, a Espanha, a Áustria, a Suíça e a Turquia conhecem a perda da nacionalidade por efeito de expatriação, – presunção de repúdio da nacionalidade de origem. (...) Os três sistemas principais de determinação do direito substancial a que se subordina o apátride pertencem à Alemanha, à Suíça e ao Brasil, coincidindo o dêste com a prática de outros países. A regra alemã procura, em primeiro lugar qual foi a última nacionalidade do homem já sem pátria (Einfürhrungsgesetz, art. 29). Nem o Brasil nem a Suíça entram em tal indagação. Se o indivíduo nunca teve nacionalidade, a lei do domicílio, evidentemente, se impõe (caso dos judeus romenos, no Tribunal do Sena, 14 de fevereiro de 1908). Mas, se o indivíduo alemão teve nacionalidade e a perdeu, o juiz brasileiro encontra embaraçosa questão: a Alemanha quer que se continue a aplicar a lei alemã, – sem descer ao exame dos motivos; o Brasil aplica a êste ex-Alemão o direito do domicílio. Aplica-o bem, se domiciliado no Brasil, porque a Alemanha pode ter menos direito de legislar sôbre a lei pessoal dêste antigo Alemão que o Brasil. Também certo, se êste antigo Alemão for domiciliado na Alemanha: não há conflito nos resultados". Cf. MIRANDA, Pontes de. *Tratado de Direito Internacional privado*. Rio de Janeiro: José Olympio, 1935. t. I Fundamentos – Parte Geral. p. 191-194.

[325] GUERIOS, José Farani Mansur. *A condição jurídica do apátrida*. Tese (Concurso à cadeira de Direito Internacional Privado) – Faculdade de Direito do Paraná, Universidade Federal do Paraná, Curitiba, 1936. Disponível em: https://acervodigital.ufpr.br/bitstream/handle/1884/24785/T%20-%20GUERIOS,%20JOSE%20FARANI%20MANSUR%20(T0930).

destinaria a designar aqueles que perderam a cidadania. Em outras palavras, aqueles que perderam ligação com a *pólis*.[326]

Há quem entenda que o termo "apátrida" seria politicamente incorreto e estigmatizante, trazendo à lembrança período de triste memória, como, por exemplo, a supressão arbitrária e coletiva da nacionalidade, operada por regimes totalitários como os da Alemanha nazista, com os judeus, e da extinta União das Repúblicas Socialistas Soviéticas (URSS), no trato dos dissidentes políticos.[327]

Henrique Kalthoff[328] registra ser princípio de direito internacional a impossibilidade de se expulsar antigos nacionais que perderam a nacionalidade sem adquirirem outra. Dardeau de Carvalho,[329] em momento anterior às Convenções das Nações Unidas – que nos anos 1950 e 1960 construíram a normativa internacional de proteção aos apátridas –, ensinava que a apatridia implicava tratar os apátridas como os demais estrangeiros, quando não considerá-los nacionais do lugar de domicílio, ou da última nacionalidade perdida. O Decreto nº 21.798, de 06 de setembro de 1932, internalizou no direito brasileiro o Protocolo Especial relativo à Apatridia – norma de direito convencional para a proteção dos apátridas, anterior às mencionadas convenções da ONU.

2.1.4.6.2 Polipatria

A polipatria, ou plurinacionalidade, é fenômeno ligado à possibilidade de um mesmo indivíduo ostentar distintas nacionalidades originárias, adquiridas por distintos critérios, de modo que possa ser nacional de um País por ter nascido em seu território e, ao mesmo tempo, nacional de outros, por ter ascendentes nacionais dos outros Estados. Tem-se aqui, ao contrário do que ocorre na apatridia, um

---

pdf;jsessionid=5E9C868788BAA958C825FC3B8E5E7792?sequence=1. Acesso em: 08 maio 2019. p. 13.

[326] Anota ainda o autor da tese pioneira sobre apatridia no Brasil que o termo *"heimatlos"*, de origem germânica, possui conotação pejorativa. É que *Heimat*, que pode ser traduzido por lar ou residência, acoplado ao sufixo de negação *los*, forma a locução *sem domicílio*, ou *sem residência*, que também é compreendida como *vagabundo*. Cf. *Idem*.

[327] DEL'OLMO, Florisbal de Souza. A nacionalidade e sua presença no Direito Internacional privado. *In*: DEL'OLMO, Florisbal de Souza; KAKU, William Smith; SUSKI, Liana Maria Feix (Orgs.). *Cidadania e direitos humanos*: tutela e efetividade internacional e nacional. Rio de Janeiro: G/Z, 2011. p. 11.

[328] KALTHOFF, Henrique. *Da nacionalidade do Direito Internacional privado e na legislação comparada*. São Paulo: [s.n.], 1935. p. 33.

[329] CARVALHO, Dardeau. *Nacionalidade e cidadania*. Rio de Janeiro: Freitas Bastos, 1950. p. 30.

conflito positivo de nacionalidade. A solução de tal conflito se dá pela descoberta da nacionalidade efetiva.[330]

Por nacionalidade efetiva, ou funcional, se compreende a nacionalidade preponderante de quem ostente mais de uma nacionalidade. Do mesmo modo que decorre da soberania o poder de conceder a nacionalidade a quem desejar, pelos critérios que considerar os mais adequados, também decorre da soberania considerar uma entre muitas nacionalidades do estrangeiro que esteja em seu território. O direito internacional orienta no sentido de que esta nacionalidade deva ser a efetiva ou a preponderante.

Esta questão foi enfrentada pela jurisdição internacional em dois casos célebres. A Corte Permanente de Arbitragem decidiu, em 1912, o caso *Canevaro*; e a Corte Internacional de Justiça, o caso *Nottebohm*,[331] em 1951.[332]

No caso *Canevaro*, a Itália reivindicava três nacionais seus contra o Peru. No entanto, o Peru alegou que um deles, o senhor Rafael Canevaro, era, em verdade, peruano, ainda que nascido fora do território peruano e filho de pais italianos. Fundamentou seu argumento no fato de que o senhor Canevaro havia sido candidato ao senado peruano e cônsul do Peru nos Países Baixos. Neste caso, a Corte entendeu que, ainda que fosse italiano, a nacionalidade peruana era a que preponderava.

No caso *Nottebohm*, embate que se deu entre Liechtenstein e Guatemala, a Corte Internacional de Justiça entendeu que a nacionalidade, para ser oponível a outros Estados no plano internacional, deve revelar um vínculo efetivo, genuíno, entre o Estado e o indivíduo a quem se confere proteção diplomática. Neste caso, o senhor Friedrich Wilhelm Nottebohm, nacional alemão, adquiriu, durante breve passagem pelo Liechtenstein, por naturalização, a nacionalidade deste país. Em 1943, foi preso e deportado para os EUA, tendo tido, em 1949, seus bens confiscados na Guatemala, para onde fora impedido de voltar. Tendo fixado domicílio no Liechtenstein, solicitou sua proteção diplomática contra a Guatemala – País onde fora domiciliado por 34 anos. O País ajuizou na Corte Internacional de Justiça ação de indenização por danos, referente à prisão, expropriação dos bens e deportação do senhor Nottebohm. A Corte entendeu não ser o Liechtenstein parte legítima na

---

[330] CARVALHO, Dardeau. *Nacionalidade e cidadania*. Rio de Janeiro: Freitas Bastos, 1950. p. 27-28.

[331] BROWNLIE, Ian. *Principles of a Public International Law*. 7. ed. Oxford: Oxford University Press, 2008. p. 385.

[332] REZEK, Francisco. *Le droit international de la nationalité*. La Haye: Academie de Droit International de La Haye, 1986. Recueil des Cours, t. 198. p. 366.

demanda por não se tratar do País da nacionalidade efetiva do senhor Nottebohm.

O Brasil, assim como alguns países da América do Sul, de que são exemplos Uruguai e Argentina, registra um grande número de pedidos de reconhecimento de nacionalidade originária, junto a repartições diplomáticas de países europeus, com fundamento no direito do sangue, considerada a emigração realizada pelos antepassados dos requerentes, com vistas a possibilitar uma atual imigração para estes países, com o objetivo de conseguir trabalho em igualdade de condições com os nacionais destes países. Neste caso, os nacionais dos Estados sul-americanos o são por direito do solo, nascimento no território e, deferidos seus pleitos, passam a ser considerados nacionais dos Estados europeus, desde seu nascimento, por direito do sangue, verificando-se, assim, um caso de polipatria.

Deste modo, se se cuidar de um brasileiro nato, domiciliado no Brasil, que, ostentando por igual a nacionalidade italiana, entrasse no território norte-americano portando documento de viagem expedido pela República Italiana e, por qualquer motivo, fosse detido nos EUA, poderiam os Estados Unidos considerá-lo brasileiro, e não italiano, ao argumento de que esta é a sua nacionalidade efetiva.

2.1.4.7 Subnacionalidade e supranacionalidade

A subnacionalidade, ou *sous-nationalité*, é um conceito que aparece nos sistemas que comportam distintas ordens jurídicas dentro de um mesmo Estado soberano. Estas podem ter autonomia suficiente para, dentro do território, conceder uma subnacionalidade que confere direitos de cidadania (entendida como detenção e exercício de direitos políticos). O exemplo mais comum se dá em certos Estados federados, como na antiga URSS e nos Cantões da Confederação Helvética.[333]

A supranacionalidade, por sua vez, decorre de uma dupla ligação jurídico-política: uma com um Estado soberano, e outra, com uma União de Estados a que pertença este mesmo Estado. Para a doutrina, é o que ocorre com a *Commonwealth* britânica – com a União Francesa, posteriormente transformada em Comunidade Francesa – e, mais recentemente, com a EU.[334] O fenômeno também pode ser observado na

---

[333] VERWILGHEN, Michel. *Conflits de nationalités*: plurinatioinalité et apatridie. Academie de Droit International de La Haye. The Hague: Martinus Nijhoff Publishers, 2000. Tire à part du Recueil des Cours, t. 277, 1999. Hors de Commerce. p. 118.

[334] *Ibidem*, p. 206.

fórmula política: um país, dois sistemas, adotado na China em relação às Regiões Administrativas Especiais de Macau e Hong-Kong.

2.1.4.8 Nacionalidade no direito convencional

No direito convencional, muitos são os instrumentos de regulação do direito de nacionalidade que, além das questões referentes à concessão e proteção da nacionalidade como direito fundamental, cuidam de questões específicas como, por exemplo, o conflito de nacionalidades, a nacionalidade da mulher casada, a nacionalidade dos filhos, a nacionalidade em casos de adoção e as obrigações militares decorrentes da nacionalidade.

Algumas normas compõem o consenso que identifica o direito internacional da nacionalidade.

Com relação ao conflito positivo de nacionalidades, que dá origem ao fenômeno da polipatria, o direito convencional estabelece que a concessão da nacionalidade, porque decorre da soberania, é atribuição de cada Estado, conforme suas leis, desde que as regras estejam de acordo com as convenções internacionais, o costume internacional e os princípios de direito reconhecidos pelo direito internacional.[335] É ao Estado que cumpre resolver a questão sobre se um indivíduo ostenta ou não sua nacionalidade.[336] Quem ostente mais de uma nacionalidade será considerado dentro do Estado de qualquer delas como seu nacional.[337] À solução do conflito de nacionalidades será aplicada a lei do Estado em que domiciliado o indivíduo que ostente mais de uma nacionalidade.[338] Um Estado não poderá oferecer sua proteção diplomática em proveito de nacional seu que seja, por igual, nacional do Estado contra o qual se dará a proteção.[339] Em um terceiro Estado, quem possua várias nacionalidades deverá ser tratado como se ostentasse apenas uma, cabendo ao Estado de acolhimento reconhecer-lhe a nacionalidade que entenda efetiva.[340] O indivíduo que possua duas ou mais nacionalidades, sem

---

[335] Art. 1º da Convenção Concernente a Certas Questões Relativas ao Conflito de Leis sobre Nacionalidade e Três Protocolos.

[336] Art. 2º da Convenção Concernente a Certas Questões Relativas ao Conflito de Leis sobre Nacionalidade e Três Protocolos.

[337] Art. 3º da Convenção Concernente a Certas Questões Relativas ao Conflito de Leis sobre Nacionalidade e Três Protocolos.

[338] Art. 10 do Código Bustamante.

[339] Art. 4º da Convenção Concernente a Certas Questões Relativas ao Conflito de Leis sobre Nacionalidade e Três Protocolos.

[340] Art. 5º da Convenção Concernente a Certas Questões Relativas ao Conflito de Leis sobre Nacionalidade e Três Protocolos.

que as tenha adquirido por vontade, tem o direito de a algumas delas renunciar, desde que com autorização do Estado cuja nacionalidade pretenda renunciar.[341]

Quanto à mulher casada, o direito convencional, prevê, para sua proteção, que eventual perda de nacionalidade em razão do casamento, ainda que prevista em lei, somente produzirá efeitos se o casamento promover a aquisição de nova nacionalidade. O objetivo da norma é evitar a apatridia.[342] Por igual, e pela mesma razão, se a lei nacional impuser a perda da nacionalidade da mulher casada como consequência da mudança de nacionalidade do marido, tal perda somente produzirá efeitos se a mulher casada adquirir a nova nacionalidade do marido.[343] E ainda, para sua proteção, os Estados deverão facilitar o processo de naturalização da mulher casada com um seu nacional.[344]

A naturalização do marido somente acarreta mudança da nacionalidade da mulher se com esta mudança ela consentir,[345] de modo que a mudança de nacionalidade do marido, por si só, não altera a da mulher.[346]

A nacionalidade perdida em razão do casamento não é recuperada automaticamente com a dissolução do matrimônio e, por esta razão, deverá ser requerida de acordo com as leis do País cuja nacionalidade se pretenda readquirir.[347] Neste interregno, pode ser que a mulher se torne apátrida e necessite da proteção conferida pela Convenção de 1954.

No que concerne à nacionalidade dos filhos, o direito convencional exorta os Estados Parte a que concedam sua nacionalidade da forma mais ampla possível. Assim, a naturalização dos pais deverá modificar a nacionalidade dos filhos crianças ou adolescentes, de acordo com as leis do País e, não sendo possível a produção deste efeito, deverão os filhos conservar a nacionalidade que possuíam.[348] No Brasil, a naturalização

---

[341] Art. 6º da Convenção Concernente a Certas Questões Relativas ao Conflito de Leis sobre Nacionalidade e Três Protocolos.

[342] Art. 8º da Convenção Concernente a Certas Questões Relativas ao Conflito de Leis sobre Nacionalidade e Três Protocolos.

[343] Artigo 9º da Convenção Concernente a Certas Questões Relativas ao Conflito de Leis sobre Nacionalidade e Três Protocolos.

[344] Art. 1º da Convenção sobre a Nacionalidade da Mulher Casada de Nova Iorque de 1957.

[345] Art. 10 da Convenção Concernente a Certas Questões Relativas ao Conflito de Leis sobre Nacionalidade e Três Protocolos.

[346] Art. 3º da Convenção sobre a Nacionalidade da Mulher Casada de Nova Iorque de 1957.

[347] Art. 11 da Convenção Concernente a Certas Questões Relativas ao Conflito de Leis sobre Nacionalidade e Três Protocolos.

[348] Art. 13 da Convenção Concernente a Certas Questões Relativas ao Conflito de Leis sobre Nacionalidade e Três Protocolos.

dos pais não implica naturalização dos filhos, e se esta naturalização produzir o efeito de fazer perder a nacionalidade anterior dos filhos, estes ficarão, ainda que temporariamente, na condição de apátridas. A criança cujos pais não sejam conhecidos deverá adquirir a nacionalidade do lugar de nascimento.[349] Sobre a questão, muitos países concedem sua nacionalidade a crianças nascidas em seu território, cujos pais são desconhecidos, ainda que o nascimento no solo, nestes países, não seja o critério preponderante de concessão da nacionalidade.

Quanto aos filhos adotivos, se a adoção fizer, segundo as leis do Estado, a criança perder a nacionalidade, esta perda ficará condicionada à aquisição da nacionalidade do adotante.[350]

Quanto às obrigações militares, em casos de polipatria, o direito convencional estabelece que o indivíduo que possua mais de uma nacionalidade e resida no território de um dos Estados de que seja nacional, ao qual se sinta mais vinculado, poderá cumprir suas obrigações militares somente para com este Estado, isentando-se das obrigações com os demais.[351]

A naturalização, objeto da Convenção do Rio de Janeiro de 1906, também é amplamente regulada pela Convenção sobre Nacionalidade de Montevideo de 1933. Segundo a Convenção, a naturalização – modo de aquisição derivada e voluntária da nacionalidade – faz perder a nacionalidade de origem.[352] Ao conceder a nacionalidade por naturalização, o Estado deverá comunicar a naturalização, pela via diplomática, ao Estado da anterior nacionalidade da pessoa naturalizada.[353] Na prática, ao menos no Brasil, tal orientação nunca foi observada e não deverá passar a ser, na medida em que recentemente foi editado o Decreto nº 8.757, de 10 de maio de 2016, que revogou o que dispunha o art. 129, inc. II, do antigo Decreto nº 86.715, de 10 de dezembro de 1981, que regulamentava o procedimento de concessão da nacionalidade brasileira por naturalização. O inciso em questão previa que o juiz, ao realizar a audiência solene de entrega da nacionalidade brasileira, exigisse do naturalizando a renúncia à nacionalidade anterior. Com a nova regra, imagina-se que o Brasil tenha optado por uma posição de neutralidade

---

[349] Artigo 14 da Convenção Concernente a Certas Questões Relativas ao Conflito de Leis sobre Nacionalidade e Três Protocolos.

[350] Art. 16 da Convenção Concernente a Certas Questões Relativas ao Conflito de Leis sobre Nacionalidade e Três Protocolos.

[351] Art. 1º do Protocolo Relativo às Obrigações Militares em Certos Casos de Dupla Nacionalidade.

[352] Art. 1º da Convenção sobre Nacionalidade de Montevideo de 1933.

[353] Art. 2º da Convenção sobre Nacionalidade de Montevideo de 1933.

CAPÍTULO 2
A NACIONALIDADE | 125

com relação aos possíveis efeitos jurídicos produzidos pela naturalização brasileira em ordenamentos estrangeiros.

A naturalização somente confere nacionalidade ao naturalizado, e a perda da nacionalidade dela decorrente somente atinge àquele que tenha adquirido a nova nacionalidade.[354]

A Convenção Europeia sobre Nacionalidade de 1997 estabelece que o conceito de nacionalidade não alcança a origem étnica do indivíduo.[355] Esta previsão salutar distancia os conceitos de nacionalidade e nação, e aproxima a ideia de nacionalidade à de estatalidade, ou seja, considera nacionalidade como vínculo jurídico-político com o Estado, e não necessariamente como a observância de afinidades culturais e étnicas com a nação. A Convenção ainda estabelece que aos Estados europeus compete determinar quem são seus nacionais, de acordo com suas leis.[356] Proclama o princípio segundo o qual todos têm direito a uma nacionalidade, e que a apatridia deve ser evitada.[357] Determina que a concessão de nacionalidade não deve distinguir entre natos e naturalizados, ou em razão do sexo, religião ou origem étnica.[358]

A Convenção Europeia admite a renúncia voluntária à nacionalidade, desde que o indivíduo não se torne apátrida. Para tanto, recomenda que o direito interno somente admita a renúncia quando o nacional resida no estrangeiro[359] – o que faz a maioria dos Estados europeus.

2.1.5 Nacionalidade no direito comparado

2.1.5.1 Nacionalidade no direito alemão

Pelas mais variadas razões: identidade nacional (separação e reunificação), experiência histórica, imigração (mercado de trabalho e segurança), a questão da nacionalidade é tema relevante no debate nacional alemão. Até os anos 1990, o direito da nacionalidade alemão sofreu pequenas alterações para se adequar à igualdade entre homem e mulher, ou para regulamentar questões referentes à filiação. Em 1998, com a vitória de Schröeder, e a criação de uma coligação entre os social-democratas e os verdes, a integração dos imigrantes e a

---

[354] Art. 5º da Convenção sobre Nacionalidade de Montevideo de 1933.

[355] Art. 2º da Convenção sobre Nacionalidade de Montevideo de 1933.

[356] Art. 3º da Convenção Europeia sobre a Nacionalidade de 1997.

[357] Art. 4º da Convenção Europeia sobre a Nacionalidade de 1997.

[358] Art. 5º da Convenção Europeia sobre a Nacionalidade de 1997.

[359] Art. 8º da Convenção Europeia sobre a Nacionalidade de 1997.

naturalização passaram a ocupar o centro do debate em matéria de nacionalidade. Em 1999, uma nova lei, ambiciosa, foi vista como o primeiro passo para uma reforma completa no direito da nacionalidade alemão, e pretendeu acabar com a crença de que o País não seria um País de imigração, e que os imigrantes (*Gästarbeiter*) não se encontravam lá para se instalar definitivamente.[360]

O direito da nacionalidade na Alemanha tem sua fonte original na Lei de Nacionalidade de 1913, anterior à divisão República Federal Alemã (RFA) e República Democrática Alemã (RDA), e anterior mesmo à I Guerra Mundial. A reforma contínua desta lei, que tende a desaparecer completamente, revela 130 anos de história da Alemanha, sob o ponto de vista do direito da nacionalidade.[361]

Dividida em um sem-número de pequenos principados, ainda que sempre presente a ideia de império, é tardia a fusão da nação alemã com o Estado alemão. O lento e difícil processo que se iniciou com o Sacro Império, atravessou a Reforma Protestante e sofreu os impactos dos Tratados de Münster e Osnabrück, levou a nação alemã – até então uma comunidade cultural e linguística – a uma unificação tardia, sob uma soberania única, no final século XIX.[362]

Assim, firmemente assentada no sentido de pertencimento a uma comunidade nacional, com afinidades étnicas, culturais e linguísticas, a reforma de 1999 introduziu no direito de nacionalidade alemão até então evitado princípio *jus soli* para competir com o direito do sangue tradicionalmente dominante, e com a tradicional de recusa alemã de aceitação da plurinacionalidade.

Até 1999, a nacionalidade alemã somente se adquiria por direito do sangue. No entanto, o funcionamento do critério *jus sanguinis* evoluiu no direito alemão. Originariamente, era o pai, na família legítima, quem transmitia a nacionalidade à criança – marca do patriarcado; na família natural, por sua vez, cabia à mãe a transmissão da nacionalidade pelo sangue. Com a igualdade de gêneros na Constituição (art. 3º, alínea 2, da Lei Fundamental – *Grundgesetz*), a validade deste dispositivo da Lei de 1913 passou a ser duvidosa, embora a prática continuasse a conferir efeitos a esta norma, de modo que um filho legítimo de pai apátrida e mãe alemã era considerado apátrida. A situação parecia inusitada, na medida em que o filho natural de mãe alemã não perdia

---

[360] BOUCHE, Nicolas. La Reforme de 1999 du Droit Allemand de la Nationalité. *Revue Internationale de Droit Comparé*, Paris, n. 4, p. 1036, 2002.

[361] *Ibidem*, p. 1039.

[362] *Ibidem*, p. 1041.

sua nacionalidade se ela se casasse com um apátrida.[363] No entanto, se fosse filho deste casal, a criança não seria alemã. Em 1962, a Corte Administrativa Federal assentou que a Lei da Nacionalidade afrontava a igualdade de gêneros prevista na Lei Fundamental, o que provocou a repristinação de uma lei de 1953, que admitia que o filho legítimo de uma alemã adquirisse a nacionalidade se, sem ela, fosse considerado apátrida. Com a reforma legal que introduziu a igualdade de gênero, a mãe também passou a transmitir a nacionalidade alemã, mas somente quando o pai fosse apátrida.[364] Em 1974, o Tribunal Constitucional Federal (*Bundesverfassungsgericht*) julgou inconstitucional a distinção entre pai e mãe para a aquisição da nacionalidade alemã, quando se tratasse de filiação legítima, de modo que o nascido de pai ou mãe alemã passou a adquirir a nacionalidade pelo critério *jus sanguinis* (*Abstammungsprinzip*). Mesmo assim, o direito do sangue só foi observado na Alemanha de forma completa com uma lei de 1993, que aboliu a exigência da legitimidade da filiação, dispondo: *"Por nascimento, a criança adquire a nacionalidade alemã quando um dos pais possuir a nacionalidade alemã".*[365]

A quarta alínea do §4º da lei da nacionalidade alemã representa limite ao alcance do critério *jus sanguinis* de concessão da nacionalidade. Neste sentido, a criança nascida de pais alemães fora da Alemanha – quando os pais também forem nascidos e residentes fora da Alemanha depois de 31 de dezembro de 1999 – não terá a nacionalidade alemã, a menos que se torne apátrida ou que seus pais alemães não declarem o nascimento do filho, no período de um ano, à autoridade diplomática competente no exterior. Este mecanismo é conhecido como ruptura de gerações.[366] Deste modo, o critério *jus sanguinis* não mais pode ser aplicado para atribuir a nacionalidade alemã à segunda geração de pais alemães nascidos no exterior.[367] Com isso, evita-se a atribuição indefinida de nacionalidade alemã aos nascidos no exterior.

A atribuição da nacionalidade em função do nascimento no território, critério *jus soli*, representou uma verdadeira revolução no direito da nacionalidade alemão. Tal novidade foi trazida pela reforma de 15 de julho de 1999. A razão da demora do direito alemão em acolher o critério *jus soli* está em que o direito da nacionalidade

---

[363] Lei Fundamental, art. 16, I.
[364] BOUCHE, Nicolas. La Reforme de 1999 du Droit Allemand de la Nationalité. *Revue Internationale de Droit Comparé*, Paris, n. 4, p. 1047, 2002.
[365] *Ibidem*, p. 1048.
[366] *Ibidem*, p. 1052-1053.
[367] *Ibidem*.

alemão possui forte raiz na concepção étnico-cultural de nação. O §4º, alínea 3,[368] da lei de nacionalidade, permite concluir que o mecanismo *jus soli* do direito alemão propiciou uma separação da concepção étnico-cultural da nacionalidade, o que também pode se verificar no disposto no §7º da mesma lei. Neste, tem-se a previsão acerca do alemão sem nacionalidade alemã, ou nacional sem cidadania: o alemão por estatuto (*Statusdeutcher*) – previsão criada com a finalidade de oferecer proteção adequada a todos os estrangeiros pertencentes ao povo alemão (*Deutcher Volkszughöriger*, ou povos com identidade étnico-cultural assim reconhecidos pela lei de refugiados) que na II Guerra Mundial foram obrigados a deixar sua pátria.[369] A referida proteção é provisória e prevista constitucionalmente no art. 116,[370] que atribui nacionalidade alemã aos refugiados e aos expatriados pertencentes ao denominado povo alemão, os quais chegaram na Alemanha durante e depois da II Guerra Mundial.[371]

O que se observa com a abertura ao critério *jus soli* para aquisição de nacionalidade é o surgimento e quase imediato abandono das pluri-nacionalidades na Alemanha. Parece ter sido a intenção do legislador integrar os jovens que tivessem adquirido a nacionalidade alemã pelo critério *jus soli*, fazendo-os renunciar à uma eventual plurinacionalidade, quando a ostentassem por direito do sangue, de modo que os alemães que tenham obtido a nacionalidade pelo direito do solo devem, ao atingirem a maioridade, optar entre a nacionalidade alemã e eventual nacionalidade *jus sanguinis* estrangeira.[372] A plurinacionalidade é

---

[368] Uma criança nascida na Alemanha de pais estrangeiros se beneficia desde o nascimento à nacionalidade alemã se um de seus parentes: 1. Reside legal e habitualmente na Alemanha há 8 anos e 2. É um cidadão da União Europeia beneficiado pela livre circulação ou originário de um Estado membro do Espaço Econômico Europeu (EEE) ou que detém uma autorização (visto) de residência da União Europeia ou uma permissão de residência permanente (*Niederlassungserlaubnis*). A aquisição da nacionalidade alemã é registrada pelo oficial competente.

[369] DUARTE, Feliciano Barreiras. *Regime jurídico comparado do direito de cidadania*: análise do estudo das leis de nacionalidade de 40 países. Lisboa: Âncora, 2009, p. 25: "Um alemão que tenha sido admitido ao entrar no território do Império Alemão, nas fronteiras existentes à data de 31 de Dezembro de 1937, na condição de refugiado ou na sequência de expulsão e se tiver origem étnica alemã mas não possua cidadania alemã, pode adquirir essa cidadania mediante entrega de um certificado próprio".

[370] Em tradução livre: "É constitucionalmente alemão, sem prejuízo de regulamentação infraconstitucional, aquele que ostenta nacionalidade alemã ou que foi admitido no território do Reich até quando ele existiu, em 31 de dezembro de 1937, como refugiado ou expatriado do Povo Alemão".

[371] BOUCHE, Nicolas. La Reforme de 1999 du Droit Allemand de la Nationalité. *Revue Internationale de Droit Comparé*, Paris, n. 4, p. 1062, 2002.

[372] *Ibidem*, p. 1063.

compreendida como inoportuna pelo direito alemão, na medida em que pode gerar conflitos de soberania, notadamente por razões eleitorais.[373] Em toda Europa, a redução da plurinacionalidade é um objetivo dos tratados internacionais bilaterais ou multilaterais,[374] e a Alemanha é um exemplo concreto deste objetivo pelas diversas previsões de perda de nacionalidade originária quando se quer obter a nacionalidade alemã. Mitigando este intuito, as Convenções do Conselho da Europa, trazem exceções, como a do art. 14, que obriga os Estados membros a admitir, ao menos, duas nacionalidades diferentes; e a do art. 15, que possibilita aos Estados estabelecerem outros casos de admissão da plurinacionalidade.[375]

Há quem seja na Alemanha a favor da plurinacionalidade, vendo nisto vantagem para a integração dos estrangeiros, bem como um modo de se evitar sua marginalização. Sob essa perspectiva, a plurinacionalidade poderia ser considerada como etapa preliminar ao surgimento da nacionalidade da EU.[376] Assim, tem-se uma forte tendência no mundo de se considerar os blocos internacionais como instâncias que poderiam desenvolver vínculo com os indivíduos que a eles pertencessem, assemelhado ao direito de nacionalidade, para fins de proteção. Uma já hoje pensada federação europeia, inclusive com constituição própria, teria como consequência natural também a atribuição de uma nacionalidade regional. Esta experiência já é hoje vivida como exercício de direitos políticos regionais internacionais, conhecida como cidadania regional.

Com relação à perda da nacionalidade – questão relevante de que se ocupa o direito alemão – tem-se a distinção entre a perda da nacionalidade pela vontade do atingido e a perda sem vontade do atingido, protegendo a Lei Fundamental, como se viu, o indivíduo de eventual retirada arbitrária.[377] Atualmente, as formas de perda por vontade do atingido se dão pela exoneração e renúncia que se somam às possibilidades de perda no caso de aquisição de nacionalidade estrangeira, por vontade, originariamente pelo casamento, ou ainda, por

---

[373] BOUCHE, Nicolas. La Reforme de 1999 du Droit Allemand de la Nationalité. *Revue Internationale de Droit Comparé*, Paris, n. 4, p. 1065.

[374] *Ibidem*, p. 1066.

[375] *Ibidem*, p. 1067.

[376] *Ibidem*, p. 1068.

[377] PIEROTH, Bodo; SCHLINK, Bernhard. *Direitos Fundamentais*. São Paulo: Saraiva, 2012. p. 458.

adoção.[378] A exoneração ocorre quando o indivíduo tenha requerido uma nacionalidade estrangeira e necessite se demitir da alemã. É também conhecida como demissão. Somente é deferida quando confirmada a concessão da outra nacionalidade. A renúncia só é admita quando o indivíduo possuir outra nacionalidade.

2.1.5.2 Nacionalidade no direito francês

Originalmente, a nacionalidade francesa esteve vinculada aos laços de sangue. No entanto, a partir da Idade Média, e durante todo o Antigo Regime, a nacionalidade decorreu do nascimento na França. A partir da Revolução é que a preponderância no critério de concessão se alterou, passando a ser a filiação o principal elemento de ligação com o Estado Francês.[379] Atualmente, os dois critérios são observados, com regras distintas.

A nacionalidade francesa de origem se dá pela filiação, direito do sangue, e pelo nascimento no território, direito do solo. O Código Civil de 1804 estabelecia a transmissão, pelo sangue do pai, do patrimônio familiar e cultural, que incluía a transmissão da nacionalidade francesa. A partir daí, uma série de reformas e intensas controvérsias permitiram a possibilidade de aquisição originária da nacionalidade francesa pelo nascimento no solo.[380]

A atribuição de nacionalidade pela filiação é o critério mais antigo e, ainda hoje, o preponderante para a aquisição da nacionalidade francesa. Trata-se de uma aquisição automática. O critério do direito do solo deve ser combinado com outras regras para que produza efeitos.[381]

O direito do sangue foi introduzido no direito francês por ato do Parlamento de 07 de setembro de 1576, conhecido como *"de l'Anglese"*, que reconheceu nacionalidade francesa à filha de uma francesa que teria nascido e vivido na Inglaterra até se instalar na França.[382]

---

[378] A NACIONALIDADE alemã – aquisição e perda. *Representações Alemãs no Brasil*, 2013. Disponível em: http://www.brasil.diplo.de/contentblob/4117428/Daten/5229747/Merkblatt_Erwerb_und_Verlustpt.pdf. Acesso em: 28 dez. 2015.

[379] LÉGIER, Gérard. *Histoire du droit de la nationalité française*. Aix-en-Provence: Presses Universitaires d'Aix-Marseille, 2014. t. I. p. 35.

[380] THIELLAY, Jean-Phillipe. *Le droit de la nationalité française*. 3. ed. Paris: Berger-Levrault, 2011. p. 48.

[381] *Ibidem*.

[382] *Ibidem*, p. 49.

De 1698 até a *Revolução*, para que a nacionalidade francesa fosse reconhecida por direito do sangue, exigia-se um certificado de catolicismo.[383] Atualmente, o art. 18 do Código Civil estabelece que todo filho de um francês é francês. Se o genitor é naturalizado, homem ou mulher; e se a filiação se dá por adoção ou se o nascimento se dá fora do território francês, nada disso influencia na obtenção na nacionalidade originária pelo direito do sangue.

Se um dos pais não é francês, e o filho nasceu no estrangeiro, tem o direito de repudiar a nacionalidade francesa, nos termos do art. 18-1, do Código Civil. No entanto, se os dois pais são franceses ou se nascido de um dos genitores franceses, na França, ainda que o outro não seja francês, não há direito de repúdio à nacionalidade francesa.

O princípio da nacionalidade pelo nascimento no território foi introduzido no direito francês por ato do Parlamento de 23 de fevereiro de 1515. Até 1804, o nascimento na França possibilitava a reivindicação da nacionalidade francesa depois de adquirida a maioridade, e quando o reivindicante tivesse domicílio no País.[384]

Em consequência dos trabalhos da Comissão de Nacionalidade, nomeada pelo Presidente Marceau Long, atualmente é possível, nos termos do art. 17-4 do Código Civil, obter a nacionalidade originária francesa pelo nascimento no território. No entanto, tal obtenção se dá somente conjugada com outras quatro regras, a saber: (i) nascimento na França de pais desconhecidos (art. 19 do CC); (ii) nascimento na França de pais apátridas (art. 19-1 do CC); (iii) nascimento na França sob duplo direito do solo, o que constitui uma particularidade do direito francês, existente desde 07 de fevereiro de 1851, e que consiste no nascimento na França de filhos de pais estrangeiros nascidos na França (art. 19-3 do CC); e, (iv) nascimento na França de filho de pais nascidos em antigas colônias francesas (art. 23 da Lei de 09 de janeiro de 1973).

Não podem adquirir nacionalidade francesa secundária, por naturalização: (i) os que tenham condenação criminal por crimes contra os interesses fundamentais da nação ou atos de terrorismo; (ii) os expulsos do território; e, (iii) os estrangeiros irregulares, conforme os arts. 21 a 27 do Código Civil.

A naturalização exige ato solene, nos termos da Lei de 24 de julho de 2006, e confere o *status* de "novo francês".

---

[383] THIELLAY, Jean-Phillipe. *Le droit de la nationalité française*. 3. ed. Paris: Berger-Levrault, 2011. p. 49.

[384] *Ibidem*, p. 53.

É possível a aquisição da nacionalidade francesa pelo casamento. Esta modalidade de aquisição de nacionalidade secundária, por naturalização, independe de concordância do Estado. Não se trata de medida discricionária, mas de um direito subjetivo do cônjuge de um francês.[385]

A perda da nacionalidade francesa se dá: (i) pelo não uso, no caso de pessoas nascidas na França, mas que residam no exterior ou no caso de filhos de franceses que estejam fora da França há mais de 50 anos, nos termos do art. 30-3 do CC; (ii) pela aquisição de outra nacionalidade, de forma voluntária, nos termos do art. 23 do CC; e, (iii) por Decreto, nos termos do art. 23-4, do CC, caso raro em que o naturalizado é considerado sem ligações suficientes com a França. Esta última previsão aproxima o conceito de nacionalidade ao conceito de nação.

2.1.5.3 Nacionalidade no direito português

A origem do regramento da nacionalidade no direito português remonta às Ordenações Filipinas, especialmente no que estabelecido no Título LV, do Livro Segundo, referente às "pessoas que devem ser havidas por naturaes destes Reinos". Posteriormente, a nacionalidade portuguesa foi regrada pelas Constituições de 1822, 1826 e 1838, pelo Código Civil de 1867, pela Lei nº 2098, de 29 de julho de 1959, e, atualmente, pela Lei nº 37, de 03 de outubro de 1981.[386]

Em matéria de aquisição originária, as leis portuguesas mantiveram o sistema estabelecido pelas Ordenações Filipinas, ou seja: um sistema misto de *jus soli* e *jus sannguinis*, a que as Ordenações denominavam "naturaes" do Reino e compreendia os nascidos, os filhos dos portugueses, os domiciliados e os casados com nacionais.[387]

Atualmente, o art. 1º da Lei nº 37/1981 estabelece, além de hipóteses de *jus soli* e *jus sanguinis*, inclusive funcional e registral, o denominado duplo direito do solo, ou seja, a aquisição de nacionalidade pelos nascidos em território português, filhos de estrangeiros também nascidos no território.

Entre as hipóteses de aquisição derivada, por naturalização, está o casamento com nacional ou a manutenção de união estável (*união de*

---

[385] THIELLAY, Jean-Phillipe. *Le droit de la nationalité française*. 3. ed. Paris: Berger-Levrault, 2011. p. 80-81.

[386] RAMOS, Rui Manuel Moura. *Estudos de direito português da nacionalidade*. Coimbra: Coimbra Ed., 2013. p. 11-13.

[387] *Ibidem*.

facto) por mais de três anos. Esta aquisição é denominada, como gênero, aquisição por vontade, e, tal como no direito francês, não consubstancia discricionariedade do Estado sua concessão, mas direito subjetivo do cônjuge ou companheiro de nacional português. Em ambos os casos, o direito nasce do fato do casamento, entendido como fato jurídico.[388]

Nos termos do art. 9º, alínea *a*, da Lei nº 37/1981, o Ministério Público (MP) tem legitimidade para ajuizar oposição à aquisição voluntária da nacionalidade portuguesa, nos casos em que considerar inexistente efetiva ligação com a comunidade nacional, o que reúne, a um só tempo, os conceitos de nacionalidade efetiva e de pertencimento à nação, entendida como comunidade nacional.[389]

O art. 8º prevê, expressamente, a possibilidade de renúncia à nacionalidade portuguesa por manifestação de vontade para os que, sendo nacionais de outro Estado, declarem não desejar ostentar a nacionalidade portuguesa, nada referindo sobre a situação daqueles que, com isso, se tornem apátridas.

> Personagem central, autor e já não apenas súbdito, o indivíduo (nacional português) é o único que pode assim provocar a extinção do vínculo que o liga a Portugal. Só que, o poder desta forma concedido ao indivíduo não o concebe a nossa lei como algo de absoluto, um verdadeiro direito de que em qualquer circunstância este poderia lançar mão. Pelo contrário. A utilização de tal poder tem apenas lugar num único tipo de situações, situações essas que o nosso direito, muito embora usando quanto a elas de uma larga tolerância, não deixa de considerar como não desejáveis, procurando assim evitá-las na medida do possível. Trata-se dos casos de dupla nacionalidade, ou seja, das situações em que num só indivíduo concorre uma dupla vinculação que o liga em termos preferenciais a mais do que um Estado.
> Este tipo de hipótese foi sempre considerado não normal e os legisladores nacionais sempre o combateram através de disposições que inseriam no âmbito do instituto da perda da nacionalidade. O nosso não é excepção a esta orientação e apenas permite assim que um português, declarando que

---

[388] Fato jurídico é aqui entendido como fato natural ou humano de que decorrem consequências jurídicas. Cf. nota 321.

[389] RAMOS, Rui Manuel Moura. *Estudos de direito português da nacionalidade*. Coimbra: Coimbra Ed., 2013, p. 204: "A oposição à aquisição tem assim o efeito de, quando bem sucedida, poder frustrar a inserção do indivíduo em causa na comunidade portuguesa. Com este instituto que a nossa ordem jurídica já conhece desde a Lei nº 2098 o Estado reserva-se a faculdade de impedir que alguém por si tido como indesejável venha a integrar o círculo dos seus nacionais. Ele aparece assim concebido como que em termos de resposta orgânica do tecido social organizado à invasão de elementos poluidores que se entendam devam ficar arredados do *corpus social* nacional".

não o quer continuar a ser, renuncie a esta nacionalidade quando possui outra. O poder assim concedido aos indivíduos aparece, pois, como um poder funcional, concedido à medida de uma determinada situação à qual visa fazer face e não, ao contrário, objecto de uma actuação geral. A lei vê nele o meio (o único meio, aliás) de pôr termo a uma situação (a de ligação privilegiada a mais do que uma comunidade estadual) que não considera saudável mas que também não pretende cortar a todo custo. Desta forma, o relevo na vontade individual nesta sede não surge como a afirmação de um direito do indivíduo (o direito de pôr termo a uma vinculação nacional) mas antes como o reconhecimento da autonomia deste quanto a um único ponto concreto: o de, em caso de pluralidade de situações de nacionalidade (o que, repetimos, a lei não considera favoravelmente) ele poder fazer cessar a ligação que o une a Portugal.[390]

2.1.5.4 Nacionalidade no direito norte-americano

Para a consciência nacional norte-americana, a cidadania é muito mais que um *status* formal: encerra participação popular, define identidades e estabelece compromissos, além de conferir direitos e impor deveres.[391] E embora a condição meramente formal de nacional (ou cidadão, como prefere o direito norte-americano) não garanta igualdade de tratamento entre os indivíduos naquele País – o que revela um intenso debate social na América –, o *status* de cidadão é pressuposto relevante para o exercício de direitos, especialmente após os acontecimentos de 11 de setembro de 2001.[392]

Os EUA reconhecem três formas de aquisição da nacionalidade, previstas no *Immigration and Nationality Act* (INA), a saber: (i) pelo nascimento no território – critério preponderante e mais relevante; (ii) pela filiação; e, (iii) pela naturalização.

A doutrina do nascimento no solo (*jus soli*) foi adotada do *common law* britânico, que, por sua vez, deriva do direito medieval inglês. O caso *Calvin*, decidido em 1608, é o precedente mais relevante em matéria de nascimento no solo. Sir Edward Coke, neste julgado, concedeu nacionalidade para Robert Calvin, criança nascida na Escócia após James I, da Inglaterra, ascender ao trono escocês como James VI. Assentou Coke que indivíduos nascidos em territórios governados ou sujeitos ao rei dos ingleses seriam submetidos àquele monarca (*allegiance*) e aos benefícios

---

[390] RAMOS, Rui Manuel Moura. *Estudos de direito português da nacionalidade*. Coimbra: Coimbra Ed., 2013. p. 221-222.

[391] JOHNSON, Kevin R; ALDANA, Raquel; HING, Bill Ong; SAUCEDO, Leticia; TRUCIOS-HAYNES, Enid F. *Understanding Immigration Law*. San Francisco: LexisNexis, 2009. p. 460.

[392] *Ibidem.*

do direito inglês.[393] Após o que, o nascimento no solo remanesceu o critério preponderante no *common law* por séculos. A Constituição fez referência à nacionalidade (cidadania) pelo nascimento no território, mas não a definiu ou a estabeleceu como direito.[394] Nem mesmo a Lei de 1790, o *Act to Establish a Uniform Rule of Naturalization*, estatuiu o nascimento no solo como direito à nacionalidade norte-americana.[395]

Em 1830, a Suprema Corte assentou que a criança, mesmo nascida de pais estrangeiros, é norte-americana se nascida no território dos EUA. Em 1868, ao ratificar a décima quarta emenda no caso *Scott v. Sanford*, a mesma Corte assentou que negros escravos e negros livres não eram considerados cidadãos mesmo se nascidos em solo estadunidense.[396] Assim, tem-se um dos fundamentos do conceito de *nationals non-citizens*, que implicou no uso indiscriminado dos termos "nacionalidade" e "cidadania" como sinônimos no direito norte-americano.

Recentemente, teve início um grande debate sobre o direito de nacionalidade pelo nascimento no território, especialmente no caso dos filhos de imigrantes em situação migratória irregular, os denominados indocumentados. Setores da sociedade pretendem abolir esta possibilidade como um desincentivo à imigração não autorizada. Juridicamente, como a décima quarta emenda refere à "sujeição à jurisdição", argumenta-se que o nascimento no território deve ser conjugado com o fato de um dos pais ser nacional norte-americano – hipótese em que a família estaria sujeita à jurisdição.[397] Ainda em relação a este debate, discute-se o fato de que o *Civil Rights Act*, de 1866, estabeleceu que os indígenas, ou *native americans*, somente receberiam cidadania quando nascidos fora dos territórios tribais e, portanto, sob jurisdição norte-americana.[398] Os nascidos em territórios tribais eram, por igual, *nationals non citizens*, com a diferença de que, no caso de negros escravos, estes eram originariamente estrangeiros, porque trazidos da África; e, no caso dos índios, estes eram os nativos, os primeiros habitantes do território, de modo que embora se pudesse construir a ideia de que

---

[393] JOHNSON, Kevin R; ALDANA, Raquel; HING, Bill Ong; SAUCEDO, Leticia; TRUCIOS-HAYNES, Enid F. *Understanding Immigration Law*. San Francisco: LexisNexis, 2009. p. 461.

[394] ALEINIKOFF, Thomas Alexander; MARTIN, David A; MOTOMURA, Hiroshi; FULLERTON, Maryellen. *Immigration and Citizenship*: Process and Policy. 7. ed. Minnesota: Thompson Reuters, 2012. p. 50.

[395] JOHNSON; ALDANA; HING; SAUCEDO; TRUCIOS-HAYNES, *op. cit.*, p. 461-462.

[396] *Ibidem*.

[397] *Ibidem*, p. 461-462.

[398] *Ibidem*, p. 463.

não pertenciam a comunidade nacional de forma integral, não se podia descuidar de que estavam ali antes mesmo da chegada do colonizador.

Por outro lado, no caso *United States v. Wong Kim Ark*, em 1898, a Suprema Corte reconheceu o direito de nacionalidade, com fundamento no nascimento no território, para filhos de imigrantes chineses que, embora regularmente no território, não eram elegíveis para naturalização.[399]

O art. II da Constituição refere a *"natural born citizen"* para estabelecer quem pode ocupar a função de Presidente dos EUA. A despeito de toda a controvérsia sobre a décima quarta emenda, o alcance desta expressão, ao menos nos debates da Convenção Constitucional de 1787, era o de nascidos no território, filhos de cidadãos, conjugando os critérios *jus sanguinis* e *jus soli*. Atualmente se entende *natural born citizen* simplesmente como nacional originário, não naturalizado.

Em 1790, o Congresso estabeleceu uma lei uniforme para a naturalização: o *Act to Establish a Uniform Rule of Naturalization*. Em 1907, o Congresso retirou a nacionalidade das mulheres que se casassem com estrangeiros e aceitassem a nacionalidade dos maridos. Em 1922, o Congresso derrogou esta legislação, mas continuou a aplicá-la, até 1931, às mulheres que se casassem com estrangeiros não elegíveis para naturalização, como os homens asiáticos.[400]

Hoje, a lei de naturalização (INA) exige: (i) permanência regular; (ii) residência e presença física no território (Section 316, a) ; (iii) conduta moral; (iv) maioridade, 18 anos; (v) proficiência em língua inglesa; e, (vi) noções de conhecimentos cívicos sobre a sociedade norte-americana[401] (codificado nos anos 1950 no *anti-Comunist Internal Security Act)*[402]

A dupla nacionalidade ou polipatria nunca foi vista com bons olhos pelo direito norte-americano. No meio do século XIX, um episódio marcou não só o final da doutrina da aligeância perpétua no direito inglês, como despertou a efetiva atenção dos EUA para a questão da dupla nacionalidade e suas implicações no que se refere ao serviço militar obrigatório. Em 1868, o Reino Unido prendeu britânicos naturalizados norte-americanos,[403] acusando-os de traição para forçá-los ao serviço

---

[399] JOHNSON, Kevin R; ALDANA, Raquel; HING, Bill Ong; SAUCEDO, Leticia; TRUCIOS-HAYNES, Enid F. *Understanding immigration law*. San Francisco: LexisNexis, 2009. p. 463.

[400] *Ibidem*, p. 474.

[401] WEISSBRODT, David. *Immigration Law and Procedure*. 4. ed. Minnesota: West Group, 1998. p. 351.

[402] JOHNSON; ALDANA; HING; SAUCEDO; TRUCIOS-HAYNES, *op. cit.*, p. 475-479.

[403] VERWILGHEN, Michel. *Conflits de nationalités*: plurinatioinalité et apatridie. Academie de Droit International de La Haye. The Hague: Martinus Nijhoff Publishers, 2000. Tire à part du Recueil des Cours, t. 277, 1999. Hors de Commerce. p. 50: *"La doctrine de l'allégeance perpétuelle, liée à la qualité de Britsh subject, prévalut très tôt en Angleterre. Elle s'implanta plus*

CAPÍTULO 2
A NACIONALIDADE | 137

militar no Reino Unido, o que motivou o Congresso Americano a exigir do Presidente esforços, inclusive com declaração de guerra, caso se fizesse necessário, para libertá-los.[404]

Hoje, há alguma tolerância à dupla nacionalidade, especialmente nos casos de filhos de imigrantes nascidos no território. Em 1907, passou-se a exigir o juramento de renúncia a outras nacionalidades quando da naturalização, não obstante alguns naturalizados não perdessem, com isso, suas outras nacionalidades, com fundamento em seus próprios ordenamentos jurídicos.[405]

A perda da nacionalidade norte-americana pode ocorrer por desnaturalização, que é o cancelamento da naturalização, ou por meio do processo denominado expatriação. Em ambos os casos, haverá a perda de nacionalidade (*loss of citizenship*).[406] Leis de expatriação existem no ordenamento norte-americano desde 1868, quando o Congresso aprovou o *Expatriation Act* para retirar a nacionalidade de quem, tendo dupla nacionalidade, retornasse a seus países de origem. Em 1907, o Congresso restringiu a nacionalidade de quem desejasse manter outra nacionalidade e, em 1922, retirou a nacionalidade norte-americana de mulheres que, pelo casamento com estrangeiros, aceitassem receber a nacionalidade dos maridos.[407]

Após os eventos de 11 de setembro de 2001, alguns membros do Congresso tentaram promulgar uma lei que retirava a nacionalidade de acusados de participar, de alguma forma, de atos terroristas. A lei não foi aprovada.[408]

A expatriação comporta uma modalidade de renúncia à nacionalidade norte-americana que pode levar à apatridia voluntária. A previsão de renúncia pura e simples se encontra no §5º, art. 349, do INA, que diz ser possível a renúncia: "por meio da apresentação formal e escrita do pedido de renúncia, a ser apresentada a um agente consular ou diplomático, fora do país, nos termos estabelecidos pelo Departamento de Estado". Neste caso, aqueles que formularem requerimento de renúncia à nacionalidade são alertados para o fato de que, com isso, podem se colocar na condição de apátrida, e de que perdem todos os direitos decorrentes da nacionalidade norte-americana. Esta renúncia

---

tard par la force des armes dans le colonies e de la Couronne, notamment dans le territoires formant aujourd'hui le Canada, les Etats-Unis d'Amerique, l'Australie et l'Inde".

[404] JOHNSON, Kevin R; ALDANA, Raquel; HING, Bill Ong; SAUCEDO, Leticia; TRUCIOS-HAYNES, Enid F. *Understanding immigration law*. San Francisco: LexisNexis, 2009. p. 482-483.

[405] *Ibidem*.

[406] *Ibidem*, p. 484.

[407] *Ibidem*, p. 485.

[408] *Ibidem*.

somente é possível, nos termos do §5º, do art. 349, fora dos EUA. O §6º do mesmo artigo, permite uma renúncia formal realizada em território norte-americano, mas somente em tempos de guerra.

A renúncia tem de ser formal. Renúncias informais não produzem efeito, como decidiu a Suprema Corte, em 1980, no caso *Vence v. Terrazas*.

Em 1979, a Corte Distrital do Distrito de Columbia decidiu o caso *Davis v. District Director*. Neste caso, o senhor Davis renunciou em Paris à nacionalidade americana, perante autoridade consular norte-americana, em 1948. Davis se declarou um "cidadão do mundo" no formulário de renúncia. Em 1977, tentou entrar em território norte-americano, valendo-se de um passaporte concedido pela *"World International Service"* – uma Organização Não Governamental (ONG) que ele mesmo criara, e foi impedido. Teve, por igual, negado visto de entrada como estrangeiro. Davis sustentou que não obtivera qualquer nacionalidade desde sua renúncia e que tal renúncia somente seria efetiva se tivesse obtido outra nacionalidade.[409] Ele ainda sustentou que a Declaração dos Direitos do Homem garantia o direito dos nacionais de retornar ao território do país de sua nacionalidade. A Corte decidiu ser desimportante para a solução do caso a condição de apátrida de Davis,[410] e manteve a decisão de proibição de entrada no território.[411]

2.1.6 A renúncia à nacionalidade no direito comparado[412]

A nacionalidade na África do Sul é regulada pela Lei nº 88, de 06 de outubro de 1995. Prevê como formas de perda da nacionalidade a perda simples, a privação e a renúncia. A renúncia, prevista em seu art. 7º, somente pode ocorrer se o indivíduo tiver adquirido ou pretender

---

[409] *"The petitioner contends that he never expatriated himself. He alleges that the statement of beliefs he filed with the United States Embassy creates sufficient ambiguity to preclude renunciation of citizenship. The petitioner secondly argues that renunciation of citizenship requires the acquisition of another nationality. Finally, the petitioner alleges that Article 13(2) of the Universal Declaration of Human Rights, providing that 'everyone has the right (...) to return to his country,' requires the INS to allow the petitioner to enter and remain in the United States without any immigration papers".*

[410] *"The Immigration and Naturalization Service argues that the petitioner is neither a citizen nor a national of the United States. He therefore qualifies only as an alien who must be excluded under 8 U.S.C. §1182(a) (20). This statute requires exclusion if a person does not possess a 'valid unexpired immigration visa.' The court agrees with the INS and will order the dismissal of the habeas petition".*

[411] WEISSBRODT, David. *Immigration Law and Procedure*. 4. ed. Minnesota: West Group, 1998. p. 393.

[412] DUARTE, Feliciano Barreiras. *Regime jurídico comparado do direito de cidadania*: análise do estudo das leis de nacionalidade de 40 países. Lisboa: Âncora, 2009. p. 25.

adquirir a nacionalidade de outro país. Havendo renúncia, o filho menor de 18 anos do renunciante perderá também a nacionalidade.

A nacionalidade alemã é regulada atualmente pela Lei nº de 22 de julho de 1993, com as alterações promovidas pelas Leis de 23 de julho de 1999 e 14 de março de 2005. No direito alemão existem duas modalidades de renúncia à nacionalidade, a saber: (i) renúncia para a aquisição de outra nacionalidade; e, (ii) renúncia em caso de nacionalidade múltipla. A renúncia para a aquisição de outra nacionalidade é prevista nos arts. 18, 19 e 20, e não será concedida nos casos de agentes públicos quando ainda no exercício de funções públicas e indivíduos obrigados ao serviço militar enquanto ainda não comprovada a prestação do serviço ou sua dispensa.

A renúncia em caso de nacionalidade múltipla tem previsão no art. 26. Também neste caso, não será concedida a agentes públicos quando ainda no exercício de funções públicas e a indivíduos obrigados ao serviço militar, enquanto ainda não comprovada a prestação do serviço ou sua dispensa. Neste último caso, salvo se residir no exterior de forma permanente pelos últimos 10 anos ou comprovar o cumprimento do serviço em outro país de que seja nacional.

A nacionalidade angolana é regulamentada pela Lei nº 01, de 1º de julho de 2005. Seu art. 15 prevê as hipóteses de perda da nacionalidade, entre as quais, a manifestação voluntária de não mais desejar ser angolano desde que adquirida outra nacionalidade.

A Austrália tem o seu direito de nacionalidade regulamentado pela Lei nº 20, de 15 de março de 2007. Seu art. 33 estabelece que o nacional australiano pode, mediante requerimento, renunciar à nacionalidade australiana, desde que: (i) tenha idade igual ou superior a 18 anos; e, (ii) tenha nascido ou viva no estrangeiro e não lhe seja possível adquirir a nacionalidade deste País enquanto não abandonar a nacionalidade australiana.

A nacionalidade austríaca é regulada pela Lei Federal da Nacionalidade, de 30 de julho de 1985, alterada pelas Leis nº 386/1986, 685/1988, 521/1993, 505/1994, 109/1997, 30/1998, 123/1998, 124/1998 e 37/2006. O art. 37 traz a previsão de renúncia à nacionalidade austríaca e a condiciona a: (i) possuir outra nacionalidade; (ii) não ter procedimento criminal em curso na Áustria por crime punível com pena privativa de liberdade superior a seis meses; e, (iii) não ser membro das Forças Armadas. Sendo do sexo masculino, somente será concedida a renúncia se cumpridas as obrigações com o serviço militar ou comprovada a isenção ou impossibilidade de fazê-lo.

No Canadá, a renúncia à nacionalidade está prevista nos arts. 9º e 10 da Lei de Nacionalidade, de 1985 (C-29). É necessário, para sua concessão, que: (i) o indivíduo tenha outra nacionalidade, ou se encontre em processo de aquisição de outra nacionalidade; (ii) não haja contra si indícios razoáveis de que se dedique a atividades terroristas ou pertença a uma organização criminosa; (iii) seja maior de idade; (iv) tenha capacidade de entendimento; e, (v) não resida no Canadá.

A renúncia à nacionalidade cipriota se dá com fundamento no art. 7º, da Lei de Nacionalidade de 1967, alterada em 1999, quando: (i) o nacional tiver outra nacionalidade; e, (ii) seja maior e capaz. Será vedada a renúncia: (i) em caso de guerra declarada; (ii) quando não comprovado o cumprimento de serviço militar; e, (iii) enquanto o renunciante for réu em processo criminal.

A nacionalidade dinamarquesa pode ser renunciada nos termos do art. 9º da Lei nº 113, de 20 de fevereiro de 2003, com as alterações introduzidas pela Lei nº 311, de 05 de maio de 2004, quando o nacional possuir outra nacionalidade ou pretender adquirir outra nacionalidade.

Na Eslovênia, a nacionalidade pode ser renunciada nos termos do art. 25 da Lei de Nacionalidade, de 25 de junho de 1991, quando o nacional tiver mais de 18 anos e até completar 25 anos, quando, nascido no exterior, não resida na Eslovênia e possua outra nacionalidade.

A nacionalidade espanhola pode ser renunciada nos termos dos arts. 24 e 25 do Código Civil, aletrado pelas Leis ns. 18/1990, 29/1995 e 36/2002, quando o nacional resida no exterior e possua outra nacionalidade, e desde que a Espanha não se encontre em guerra.

A nacionalidade norte-americana pode ser renunciada como preceituam os parágrafos do art. 349 do INA, Leis nº 82-414, de 1952, quando o nacional: (i) se naturalizar estrangeiro; ii) declarar formalmente ligação com Estado estrangeiro; (iii) entrar para as Forças Armadas de Estado estrangeiro hostil aos EUA; (iv) entrar para as Forças Armadas de Estado estrangeiro como oficial; e, (v) renunciar formalmente à nacionalidade norte-americana. Neste último caso, tem-se uma renúncia pura e simples, sem a condição de ter ou adquirir outra nacionalidade. Nestas hipóteses, em que o nacional norte-americano deve comparecer perante a autoridade para, formalmente, declarar que renúncia à nacionalidade, a perda decorrente da renúncia será declarada num documento denominado *Certificate of Loss of Nationality* (CLN).

A nacionalidade portuguesa é regulada pela Lei nº 37, de 03 de outubro de 1981, e prevê a possibilidade de renúncia em seu art. 8º, quando o renunciante tiver a nacionalidade de outro País.

A nacionalidade do Reino Unido é regulada pela Lei nº 30 de outubro de 1981. É possível a renúncia, prevista em seu art. 12, quando o indivíduo for maior e capaz, e somente pode ocorrer se este tiver adquirido ou pretender adquirir a nacionalidade de outro País. Não será concedida em caso de guerra.

A Constituição Polonesa somente admite a perda da nacionalidade por renúncia, conforme seu art. 8º. E a renúncia somente é válida após confirmação presidencial.

A Lei Federal Russa nº 62 FZ, de 31 de maio de 2002, alterada pela Lei Federal nº 151 FZ, de 11 de novembro de 2003, prevê em seus arts. 18 a 20, a perda da nacionalidade russa por: (i) livre renúncia para aquisição de outra nacionalidade; e, (ii) adoção por estrangeiros, no caso de menores.

2.1.6.1 A renúncia à nacionalidade no direito comparado e o direito brasileiro

Dos exemplos coletados no direito comparado, percebe-se que o denominador comum que autoriza a renúncia à nacionalidade é ostentar o indivíduo outra nacionalidade. Na quase totalidade dos casos examinados no direito estrangeiro, à exceção dos EUA e da Polônia, não se encontrou exemplos de renúncia pura e simples que autorizasse o indivíduo a, voluntariamente, colocar-se na condição de apátrida como uma escolha existencial.

Tal constatação poderia levar à conclusão de que talvez não devesse, em hipótese alguma, o direito brasileiro autorizar a renúncia à nacionalidade brasileira para que o indivíduo se tornasse apátrida por vontade, como o que aqui se propõe, uma vez que em quase nenhum lugar do mundo isto parece permitido.

Para refutar este argumento, recorre-se à curiosa passagem, narrada por Jacob Dolinger, do Imperador D. Pedro II que, ao visitar a Comissão Teixeira de Freitas por ele constituída para elaborar o Código Civil Brasileiro, em sessão que analisava qual o grau de reciprocidade deveria o Brasil exigir dos Estados estrangeiros para reconhecer aos seus nacionais direitos privados no Brasil, teria sugerido ao jurista não se exigir reciprocidade alguma, e simplesmente conceder-se os direitos, sem contrapartida. À sugestão real teria o próprio Teixeira de Freitas respeitosamente se oposto, alertando: "Majestade, ninguém no mundo faz assim". Ao que o Imperador teria respondido: "Então, vamos ensinar ao mundo como se faz!".[413]

---

[413] DOLINGER, Jacob. Saudades de D. Pedro II. In: DOLINGER, Jacob. *Direito & Amor*. Rio de Janeiro: Renovar. 2009b. p. 459-460.

CAPÍTULO 3

A NACIONALIDADE NO DIREITO BRASILEIRO

O art. 12 da Constituição Federal, em seus incs. I e II, define quem são os nacionais brasileiros e, por oposição, quem são os estrangeiros. O critério de concessão da nacionalidade brasileira é, preponderantemente, o do direito do solo (*ius soli*), havendo, contudo, previsão de sua concessão pelo critério do direito do sangue (*ius sanguinis*).

Na disposição constitucional, são separados os nacionais em dois grandes grupos: (i) os natos, cuja nacionalidade é originária; e, (ii) os naturalizados, cuja nacionalidade é derivada, adquirida. A diferenciação constitucional permite estabelecer quais direitos são conferidos a um e outro grupo. O §2º do art. 12 da estabelece que a lei não poderá fazer distinção entre nacionais natos ou naturalizados, mas que à Constituição é permitido fazê-lo. E ela o faz. Assim, o §3º, do mesmo dispositivo, dispõe que são privativos de brasileiro nato os cargos de Presidente e Vice-Presidente da República, Presidentes da Câmara dos Deputados e do Senado Federal, de Ministro do Supremo Tribunal Federal (STF), membro da carreira diplomática, de oficial das Forças Armadas e de Ministro de Estado da Defesa. Como consequência, o brasileiro não nato somente poderá tomar assento no Conselho da República[414] – órgão superior de consulta da Presidência da República –, na condição de deputado, senador ou Ministro de Estado da Justiça, na medida em que os todos demais participantes serão necessariamente brasileiros natos: Vice-Presidente da República, Presidente da Câmara dos Deputados, Presidente do Senado e mais seis brasileiros natos,[415] com idade superior

---

[414] Art. 89 da Constituição da República Federativa do Brasil (CRFB) de 1988.

[415] Art. 89, inc. VI, da CRFB de 1988.

a 35 anos, sendo dois nomeados pelo Presidente da República, dois eleitos pelo Senado Federal e dois eleitos pela Câmara dos Deputados.

No que concerne à extradição,[416] o brasileiro naturalizado, ao contrário do nato – que jamais poderá ser extraditado, sob qualquer fundamento –, poderá ser entregue a uma jurisdição estrangeira desde que o pedido extradicional se funde em crime cometido anteriormente à naturalização ou que se trate de pedido fundado na prática de tráfico de drogas.[417]

E estas não são as únicas distinções. O art. 222 do texto constitucional estabelece que a propriedade de empresa jornalística e de radiodifusão sonora e de sons e imagens deve ser privativa de brasileiros natos, ou naturalizados há mais de 10 anos. Também aqui, a distinção é estratégica, com o fim de proteção dos interesses nacionais, querendo impedir que um nacional, não nato, ou cujo compromisso com a pátria seja inferior a 10 anos, possa controlar a informação circulante no País, por meio da empresa jornalística de sua propriedade.

A lei, por sua vez, também faz distinções entre nacionais natos ou naturalizados. É o caso da Consolidação das Leis do Trabalho (CLT) – Decreto-Lei nº 5.452, de 1º de maio de 1943 –, que em seu art. 353 estabelece, no regime de proteção ao trabalhador brasileiro, que os estrangeiros se equiparam aos brasileiros, ressalvado o exercício de profissões reservadas aos brasileiros natos ou aos brasileiros em geral. Neste caso, como se viu, a distinção entre natos e naturalizados é inconstitucional, na medida em que tal distinção jamais poderá ser feita por norma infraconstitucional, por disposição constitucional expressa.[418]

A razão destas distinções é estratégica e intuitiva; funda-se no compromisso especial que o constituinte acreditou ter com o País o nacional cujo vínculo jurídico-político é originário, estabelecido pelo nascimento no solo ou por sua ascendência.

E quando um brasileiro é nato ou naturalizado? Como se disse, é o texto constitucional que, no exercício da soberania brasileira, estabelece quem são os nacionais, natos ou naturalizados e, por exclusão, os

---

[416] Extradição é espécie do gênero saída forçada do estrangeiro e ostenta natureza jurídica de cooperação jurídica internacional em matéria criminal. Conceitua-se como a entrega de um estrangeiro, a uma jurisdição estrangeira, para que seja nela jurisdicionado. É dizer: para que seja o estrangeiro processado e julgado por crime cuja pena (privativa de liberdade necessariamente) seja igual ou superior a dois anos ou para que seja esta pena executada quando já anteriormente imposta.

[417] Art. 5º, inc. LI, da CRFB de 1988.

[418] Art. 12, §2º, da CRFB de 1988: "A lei não poderá estabelecer distinção entre brasileiros natos e naturalizados, salvo os casos previstos nesta Constituição".

estrangeiros. Também como já se viu, dois são os critérios utilizados no Brasil para a concessão da nacionalidade nata, ou originária, a saber: (i) o direito do solo, como critério preponderante; e, (ii) o direito do sangue, como critério supletivo. De qualquer modo, antes de se adentrar a fórmula constitucional, necessário ainda se faz uma última, mas relevante, anotação sobre o que é nacionalidade nata, ou originária; e por naturalização, ou derivada.

A nacionalidade nata tem natureza declaratória. Em outras palavras: é aquela que se reconhece sempre ter existido,[419] ainda que tal reconhecimento se dê na vida adulta, ou mesmo na velhice. É a nacionalidade nata que permite, como regra, o fenômeno da polipatria, na medida em que – como compete a cada Estado soberano determinar quem é seu nacional, no exercício de sua soberania, não se permitindo a um Estado estrangeiro determinar quem é ou não nacional de outro País – pode ser que mais de um Estado soberano, por critérios distintos (direito do sangue, direito do solo, casamento, adoção, critérios religiosos), confira, ao mesmo tempo, nacionalidade originária a um mesmo indivíduo, o que faz com que ele ostente, ao mesmo tempo, distintas nacionalidades.[420]

A nacionalidade derivada, ou por naturalização, é constitutiva. Ou seja, é aquela de quem possui uma determinada nacionalidade, ou nenhuma nacionalidade, e decide, em um dado momento, estabelecer

---

[419] Tão relevante é politicamente esta definição que, em 2011, o fato de o empresário norte-americano Donald Trump, hoje presidente daquele país, insinuar que o então presidente Barak Obama não era norte-americano nato, o levou a, na mesma tarde, fazer exibir, nos veículos de comunicação de massa, sua certidão de nascimento em território norte-americano, no Estado do Havaí, comprovando, assim, que ostentava vínculo jurídico-político com o país, de forma originária, pelo critério do direito do solo. É que, do contrário, sua eleição e posse seriam nulas, bem como todos os atos praticados na condição de presidente dos Estados Unidos da América, conclusão a que se chegaria pela teoria da nulidade dos atos inconstitucionais, construída, jurisprudencialmente, naquele mesmo país. O ato nulo, como se sabe, é aquele que nunca produziu qualquer efeito, distinto do ato anulável, que é o que produz efeitos até sua anulação.

[420] Como já se disse neste trabalho mais de uma vez, é o que acontece muito comumente no Brasil, quando um nacional brasileiro requer, junto à representação diplomática de um Estado estrangeiro, geralmente europeu, o reconhecimento de sua nacionalidade originária daquele outro país, em regra de onde vieram seus pais ou avós emigrados, cuja nacionalidade é concedida pelo critério preponderante do direito do sangue. O objetivo destas pessoas é imigrar na condição de nacional do país para onde pretendam ir, ou mesmo de cidadãos europeus, para que possam se valer desta condição para obtenção de trabalho naquele continente. Menos comum, mas também identificável, é o fenômeno dos requerimentos feitos com o único fim de facilitar viagens internacionais para países que exijam visto de entrada para brasileiros e o dispensem para nacionais de países europeus. Em todos os casos, estes pedidos são atecnicamente chamados de pedidos de cidadania, quando em verdade, revelam pedidos de reconhecimento, por declaração, de nacionalidade originária (aquela que sempre existiu) dos Estados a quem se formula o pedido.

PAULO CESAR VILLELA SOUTO LOPES RODRIGUES
RENÚNCIA À NACIONALIDADE BRASILEIRA: DIREITO FUNDAMENTAL À APATRIDIA VOLUNTÁRIA

vínculo jurídico-político com um Estado soberano, adquirindo a nacionalidade que antes não possuía. É a nacionalidade adquirida.

3.1 A nacionalidade por atribuição

3.1.1 Nacionalidade originária

A cabeça do art. 12, da Constituição diz: "São brasileiros:".[421] O inc. I revela em suas três alíneas: *a*, *b* e *c*, as hipóteses em que o brasileiro será nato. Na alínea *a*, têm-se: os nascidos no Brasil, mesmo que sejam estrangeiros os pais, desde que estes não estejam a serviço de seu país. Na alínea *b*, indicam-se: os nascidos no exterior, filhos de pai ou mãe brasileira, desde que o pai ou a mãe estejam a serviço do Brasil. E na alínea *c*, apontam-se: os nascidos no exterior, de pai ou mãe brasileira, desde que sejam registrados em repartição competente ou desde que venham a residir no Brasil, e, neste último caso, optem, a qualquer tempo, depois de atingida a maioridade, pela nacionalidade brasileira.

Cumpre, então, descobrir em que hipóteses será um brasileiro nacional nato, examinando, detidamente, cada uma das possibilidades do texto constitucional em suas múltiplas possibilidades normativas.

A primeira hipótese de concessão de nacionalidade nata é a da alínea *a*, que adota o critério do direito do solo. Será brasileiro nato aquele que nascer no Brasil, ainda que de pais estrangeiros, salvo quando estes estejam a serviço de seu próprio país. E o que é nascer no Brasil?[422] Fora o nascimento em toda extensão territorial brasileira, incluído o espaço aéreo e o mar territorial, considera-se território brasileiro embarcações e aeronaves brasileiras, de natureza pública ou a serviço do governo brasileiro, onde quer que se encontrem; ou ainda, embarcações e aeronaves brasileiras, mercantes ou de propriedade privada, que se encontrem em território que não pertença a nenhum Estado soberano, espaço aéreo ou alto-mar.[423] Este é o entendimento

---

[421] "Art. 12. São brasileiros: I – natos: a) os nascidos na República Federativa do Brasil, ainda que de pais estrangeiros, desde que estes não estejam a serviço de seu país; b) os nascidos no estrangeiro, de pai brasileiro ou mãe brasileira, desde que qualquer deles esteja a serviço da República Federativa do Brasil; c) os nascidos no estrangeiro de pai brasileiro ou de mãe brasileira, desde que sejam registrados em repartição brasileira competente ou venham a residir na República Federativa do Brasil e optem, em qualquer tempo, depois de atingida a maioridade, pela nacionalidade brasileira; (Redação dada pela Emenda Constitucional nº 54, de 2007)".

[422] CARVALHO, Dardeau. *Nacionalidade e cidadania*. Rio de Janeiro: Freitas Bastos, 1950. p. 49.

[423] FARIA, Milton. *Prática consular*. Distrito Federal: Ministério das Relações Exteriores Seção de Publicações, 1950, p. 153: "É sabido que se consideram parte do território do Estado os

CAPÍTULO 3
A NACIONALIDADE NO DIREITO BRASILEIRO | 147

que se extrai do ordenamento jurídico brasileiro, considerando-se, por exemplo, as regras legais de territorialidade e extraterritorialidade da lei penal brasileira. O art. 5º do Código Penal (CP) enuncia que se aplica a lei penal brasileira aos crimes cometidos no território nacional, para, em seguida, nos §§1º e 2º, explicitar o que considera território nacional, incluindo, neste conceito, embarcações e aeronaves brasileiras nas situações acima expostas. O art. 7º do mesmo Código revela situações em que, embora cometido no estrangeiro, o delito é alcançado pela lei penal brasileira, permitindo concluir-se que, no primeiro caso (art. 5º), tem-se a definição do território nacional em oposição às situações em que (art. 7º), mesmo no estrangeiro, considera-se o crime alcançado pela lei penal brasileira.[424]

E continua o dispositivo constitucional: ainda que de pais estrangeiros. Ou seja, ainda que os pais do nascido no Brasil sejam ambos estrangeiros, de uma mesma nacionalidade, ou de nacionalidades distintas, ou mesmo sem nacionalidade alguma, e estejam somente de passagem pelo território, o filho aqui nascido será brasileiro. No ponto, necessário recordar o tema da polipatria com o seguinte questionamento: será esta criança apenas brasileira? Para o Brasil, sim; o que não impede,

---

vasos de Guerra, ainda que se achem fundeados em pôrto estrangeiro e os navios mercantes nacionais em alto mar ou em águas territoriais, da mesma forma que as aeronaves fora das camadas atmosféricas sujeitas à jurisdição de um Estado estrangeiro.

Os primeiros, como ensina Clovis Beviláqua, são bens do Estado e representam a autoridade e a fôrça do país de cuja defesa estão incumbidos; devem, por isso, estar necessariamente, a todo tempo, como fragmento do território pátrio, submetidos ao império exclusivo do Estado a que pertencem. Sua isenção da soberania local, quando se acham em águas territoriais estrangeiras, é princípio comum do direito internacional. Essa isenção abrange todo o pessoal do navio, assim como as pequenas embarcações do seu serviço. Os segundos não se acham nas mesmas condições, por seu caráter privado, mas, enquanto não entram na esfera de influência de uma soberania estrangeira, mantêm, na sua plenitude, o caráter de porção flutuante do território nacional. É assim que, se os navios mercantes estão em alto mar, todos os atos que se passam a bordo se regulam pelas leis de sua nação, como se estivessem nas águas territoriais dela".

[424] TENÓRIO, Oscar. *Direito Internacional privado*. 11. ed. Rio de Janeiro: Freitas Bastos, 1976. v. I, p. 195-197: "O problema do domínio do Estado, para efeito da determinação da nacionalidade de acordo com o princípio do *ius soli*, não se soluciona integralmente pelos preceitos da legislação interna. Tem-se de recorrer, em algumas situações, a regras concorrentes de direito interno e de direito internacional. Para alguns autores, o direito internacional postula sobre a coexistência dos dois grupos de regras, o que não se coaduna sempre com a orientação adotada em muitos sistemas nacionais, que se inspiram na determinação, pelo legislador nacional, de distribuição dos preceitos. No Brasil, consoante os princípios cardeais de nossa organização político-jurídica, de força emanada da Constituição, o conceito de domínio brasileiro é fornecido pela legislação brasileira, quer a ordinária, quer a convencional. Quando a Constituição de 1969 estipula que são brasileiros os nascidos em território brasileiro, considera uma regra fundamental que se completa ou se torna explícita pelas leis ordinárias e os tratados e convenções internacionais".

por exemplo, que a filha de mãe francesa e pai alemão, seja também considerada, respectivamente, na França e na Alemanha, francesa e alemã, por critério de concessão de nacionalidade nata, ou originária, pelo direito do sangue.

Contudo, faz o dispositivo constitucional uma ressalva: serão brasileiros os nascidos no território nacional, ainda que de pais estrangeiros, desde que estes não estejam a serviço de seu País. Aqui, algumas questões se colocam na compreensão do alcance da norma constitucional, a saber: basta que um dos pais seja estrangeiro a serviço de seu país, ou os dois genitores precisam ser estrangeiros a serviço de seu país? Sendo os dois estrangeiros, de nacionalidades distintas, e se encontrando apenas um deles a serviço de seu País, seria possível observar a restrição constitucional à concessão de nacionalidade originária ao filho nascido no Brasil? É necessário que os pais estrangeiros estejam a serviço de seu próprio País ou basta que estejam a serviço de País estrangeiro, ainda que não o seu? E se, mesmo sendo um dois pais estrangeiro, a serviço de seu País, for o outro brasileiro? É necessário que ambos os pais sejam estrangeiros, quando um deles estiver no Brasil a serviço de seu País?

Tomando por premissa a natureza jurídica de direito fundamental do direito de nacionalidade, tem-se a que interpretação dos dispositivos constitucionais pertinentes deve ser sempre a menos restritiva possível. Este o quadro, a norma que se extrai do texto constitucional deve ser assim entendida: será brasileiro o nascido no Brasil, ainda que de pais estrangeiros, salvo quando os dois pais forem estrangeiros e um, ou ambos, estiverem a serviço de seu País. Assim, será brasileiro o nascido no Brasil, ainda quando: (i) um dos pais for estrangeiro, a serviço de seu País, e o outro for brasileiro. Neste caso, é preciso considerar que a criança será brasileira por direito do solo (alínea *a*) e por direito do sangue (alínea *c*). Necessário ainda considerar que, do contrário, se teria a inusitada situação de que se o mesmo casal tivesse tido este mesmo filho no exterior, seria ele brasileiro, com fundamento na alínea *c*, do mesmo inc. I, art. 12, da Constituição Federal, em tratamento claramente não isonômico em relação à criança, em igual situação, nascida no território nacional. Por fim, não se deve desconsiderar que o texto constitucional, na alínea *a*, faz menção a ambos os pais como estrangeiros, valendo-se da locução "desde que estes" e nas demais alíneas, *b* e *c*, refere-se, sempre, ao pai ou à mãe, expressamente;[425] e,

---

[425] Em sentido oposto, cf. DOLINGER, Jacob. *Direito Internacional privado*: parte geral. 9. ed. Rio de Janeiro: Renovar, 2007, p. 176: "Por mais lógico que possa parecer o argumento, não aceitamos esta possibilidade de nacionalidade originária. Na hipótese em que um

CAPÍTULO 3
A NACIONALIDADE NO DIREITO BRASILEIRO | 149

(ii) ambos os pais forem estrangeiros e um deles, ou ambos, estiverem a serviço de Estado estrangeiro, que não seja o seu País de nacionalidade, de modo que o filho de um árabe, que represente no Brasil os interesses do Egito,[426] será brasileiro nato se nascido no Brasil. Neste caso, a vedação não é estratégica na proteção dos interesses nacionais. Tratar-se-ia, tão somente, da profissão de ambos ou de um dos pais.

A alínea *b* estabelece que são brasileiros os nascidos no estrangeiro, de pai ou de mãe brasileiros, desde que qualquer destes esteja a serviço da República Federativa do Brasil. Trata-se da concessão de nacionalidade originária pelo critério do direito do sangue, denominado *ius sanguinis* funcional. E o que se deve entender por estar a serviço da República Federativa do Brasil?[427] Aqui, o critério é vínculo com o Estado sob regime jurídico-administrativo.[428] Em outras palavras, deve o genitor estar a serviço dos interesses do País em missão oficial. Por República Federativa do Brasil se deve entender a União e os entes federados, Estados e municípios, e as pessoas jurídicas de direito público que

---

estrangeiro(a) vem ao Brasil para aqui servir seu país, o nascimento de seu filho em território brasileiro decorre de uma situação fortuita, eis que seus pais aqui se encontram tão-somente em obediência a uma determinação de governo estrangeiro; daí não se aplicar à hipótese o critério do *ius soli*; quanto ao *ius sanguinis*, pesa mais forte no caso a ascendência daquele daquele(a) genitor(a) estrangeiro que se encontra em nosso país, devendo considerar-se ainda que o próprio cônjuge brasileiro, também se encontra no Brasil, de certa forma, a serviço do governo estrangeiro, o que não ocorre na hipótese do nascimento ocorrer no exterior; cai assim o argumento do *ius soli* e mantém-se a coerência com a letra b que considera brasileiro nato o filho de pai ou mãe brasileiro que esteja a serviço do Brasil no exterior e ainda se respeita a letra a que deve ser interpretada como atribuindo a nacionalidade brasileira a quem nascer no Brasil, desde que nenhum dos pais esteja a serviço de seu país". Comentando regra constitucional semelhante (art. 145, inc. I, da Constituição de 1969), Oscar Tenório se posiciona no mesmo sentido. TENÓRIO, Oscar. *Direito Internacional privado*. 11. ed. Rio de Janeiro: Freitas Bastos, 1976. v. I, p. 198: "Os nascidos no Brasil, filhos de brasileiros ou filhos de estrangeiros, são brasileiros, menos os filhos de estrangeiros a serviço de seus respectivos países. É suficiente, no caso, que um dos pais seja estrangeiro, pai ou mãe, e não ambos estrangeiros. Indispensável que um deles seja estrangeiro e esteja a serviço de seu país. Não é, pois, estar a serviço de governo estrangeiro, mas, insistimos, a serviço de seu país".

[426] No caso de diplomatas, não se pode desconsiderar que a Convenção da Haia sobre Nacionalidade, de 1930, internalizada no direito brasileiro pelo Decreto nº 21.798/1932, prevê que os filhos destes agentes possam libertar-se da nacionalidade adquirida por direito do solo, quando em missão, por meio de mera renúncia, libertando-se, assim, também dos deveres concernentes à nacionalidade.

[427] CARVALHO, Dardeau. *Nacionalidade e cidadania*. Rio de Janeiro: Freitas Bastos Editora, 1950. p. 59

[428] TENÓRIO, Oscar. *Direito Internacional privado*. 11. ed. Rio de Janeiro: Freitas Bastos, 1976. v. I, p. 199: "(...) não significa apenas serviço federal, mas também serviço estadual e municipal, incluindo-se o serviço de entes autárquicos. Não é necessário que ambos os pais estejam a serviço do governo. Basta que um deles, brasileiro ou brasileira, esteja (...)".

componham a Administração direta e indireta, autarquias, empresas públicas e sociedades de economia mista.

Por fim, a alínea *c* prevê que são brasileiros natos, os nascidos no exterior, de pai ou mãe brasileiros, desde que registrados em repartição competente, ou que venham a residir no Brasil, e aqui, a qualquer tempo, depois de atingida a maioridade, venham a optar pela nacionalidade brasileira. Na primeira hipótese, tem-se o denominado *ius sanguinis* registral, ou seja, a nacionalidade originária concedida pelo critério do direito do sangue, bastando, para tanto, que o nascido no exterior seja registrado em repartição diplomática competente. Tal forma de concessão de nacionalidade originária, embora verificado em outras Cartas Políticas brasileiras, foi retirada do texto original da CRFB de 1988, e somente reintroduzida no ordenamento em 2007. Durante o tempo em que se observou esta lacuna na norma constitucional, surgiram muitos problemas relacionados com a nacionalidade de filhos de brasileiros nascidos no exterior que culminaram na construção jurisprudencial, pelo STF, do que se denominou nacionalidade originária sob condição suspensiva.[429]

O registro em repartição competente, reintroduzido no texto constitucional pela Emenda Constitucional (EC) nº 54, de 20 de setembro

---

[429] Como se verá no capítulo sobre a apatridia, prevista no texto original, e dele retirada pela Emenda Constitucional de Revisão nº 03, de 1994, a possibilidade de registrar-se a criança, filha de pai ou mãe brasileira, em repartição consular brasileira no exterior, e considerando-se que a aquisição da nacionalidade originária por opção só poderia se dar após o atingimento da maioridade pelo optante, na medida em que se trata de ato personalíssimo, cuja prática não admite assistência ou representação, verificou-se, especialmente no sul do país, que muitos filhos de brasileiros nascidos em países vizinhos, como o Uruguai, que, muitas vezes, encontra-se do outro lado da rua, não seriam considerados brasileiros, no Brasil, até os 18 anos, sendo obrigados a viver no país, na condição de estrangeiros, até o implemento desta idade, submetendo-se a todas as consequências jurídicas advindas da condição jurídica de estrangeiros. Também os filhos de jogadores de futebol, nascidos no exterior, se encontravam em igual situação. Atenta à questão, a Suprema Corte brasileira cuidou de construir uma solução pretoriana que não desamparasse estes brasileiros natos em potência: "Opção de nacionalidade brasileira (CF, art. 12, I, c): menor residente no País, nascido no estrangeiro e filho de mãe brasileira, que não estava a serviço do Brasil: viabilidade do registro provisório (L. Reg. Públicos, art. 32, §2º), não o da opção definitiva. 1. A partir da maioridade, que a torna possível, a nacionalidade do filho brasileiro, nascido no estrangeiro, mas residente no País, fica sujeita à condição suspensiva da homologação judicial da opção. 2. Esse condicionamento suspensivo, só vigora a partir da maioridade; antes, desde que residente no País, o menor – mediante o registro provisório previsto no art. 32, §2º, da Lei dos Registros Públicos – se considera brasileiro nato, para todos os efeitos. 3. Precedentes" (STF, Segunda Turma. Recurso Extraordinário nº 418.096. Relator Ministro Carlos Velloso. Julgado em 23 de fevereiro de 2005). Esta situação ensejou a promulgação da Emenda Constitucional nº 54, de 2007, trazendo de volta ao texto, a possibilidade de concessão de nacionalidade originária com o registro do nascimento no exterior.

CAPÍTULO 3
A NACIONALIDADE NO DIREITO BRASILEIRO | 151

de 2007,[430] ensejou na jurisprudência a dúvida sobre se o texto se refere somente às repartições diplomáticas ou consulares brasileiras no exterior, ou se também alcança os cartórios de registro civil de pessoas naturais no Brasil. É que a regra de transição prevista no art. 95 do Ato das Disposições Constitucionais Transitórias (ADCT), também introduzido no texto constitucional pela referida Emenda, menciona repartições diplomáticas e consulares, ou ofício de registro, se a criança vier a residir no Brasil. Assim, embora pareça ter o legislador constitucional derivado pretendido se referir somente às repartições diplomáticas ou consulares brasileiras no exterior – seja porque o registro no Brasil, ainda que tardio, sempre foi possível e, por si só, nunca foi critério concessivo de nacionalidade;[431] seja porque a regra do art. 95 do ADCT se refere somente às crianças nascidas entre 07 de junho de 1994 e 21 de setembro de 2007 –, o fato é que uma interpretação menos restritiva

---

[430] Esta emenda constitucional também introduziu, no texto dos Atos das Disposições Constitucionais Transitórias, o artigo 95, que veicula uma regra de transição: "art. 95 – Os nascidos no estrangeiro entre 7 de junho de 1994 e a data da promulgação desta Emenda Constitucional, filhos de pai brasileiro ou mãe brasileira, poderão ser registrados em repartição diplomática ou consular brasileira competente ou em ofício de registro, se vierem a residir na República Federativa do Brasil".

[431] No ponto é relevante anotar não ser incomum se verificar, no Judiciário, pedidos de registro tardio, com fundamento da Lei de Registros de Pessoas Naturais, para se conferir a crianças estrangeiras, apátridas ou de quem não se conheça a nacionalidade, a nacionalidade brasileira, não parecendo esta medida, a toda evidência, a adequada para este fim, especialmente porque, em se tratando de crianças estrangeiras, a proteção que se deve conferir, nos termos da legislação internacional, é permitir e facilitar sua naturalização ou, no caso das apátridas, reconhecer-lhe tal condição para conferir-lhe a proteção correspondente. No Brasil, os apátridas registrados em tal condição, ostentam o *status* migratório de estrangeiro regular permanente. É o que se verificou no processo nº 0220174-92.2010.8.19.0001, que tramitou na Vara da Infância, da Juventude e do Idoso, da Capital do Rio de Janeiro, em que a Defensoria Pública do Estado pediu, como medida protetiva, registro tardio de uma criança de origem congolesa, que teria partido da República do Congo, acompanhando sua mãe, ameaçada de morte naquele país, deixando para trás tudo, inclusive os documentos, razão pela qual não conseguia, no Brasil, fruir direitos fundamentais que se asseguram às crianças. Na qualidade de fiscal da lei, o Ministério Público do Estado do Rio de Janeiro interpôs recurso de Agravo da decisão que deferira a medida protetiva, exatamente ao argumento de que a criança, por mais que merecesse a proteção do Estado brasileiro, não era uma nacional, e não poderia passar a sê-lo pelo mero registro tardio. Igual situação se verificou no processo nº 2009.021.038346-6, ajuizado originariamente pela Defensoria Pública do Estado do Rio de Janeiro perante a Justiça do Estado e remetido pelo Juiz de Direito à Justiça Federal por se tratar de questão envolvendo concessão de nacionalidade brasileira. Na ação, que veio a ser extinta sem exame de mérito, por desistência da Defensoria Pública, pleiteava-se o registro tardio de uma criança apátrida, nascida em Angola, que teria vindo com a mãe para o Brasil, ainda pequena. A autora, na data do ajuizamento da ação, já contava 18 anos, e ostentava a condição de refugiada apátrida no Brasil, decorrente do mesmo *status* migratório de sua mãe, desejava tornar-se brasileira, o que, segundo entendia, facilitaria sua vida no Brasil. Apesar da longa e profunda digressão de direito internacional de refugiados e apátridas empreendida pela Defensoria Pública, a ação não prosperou, e veio a ser extinta por desistência sua, sem exame de mérito.

levaria à conclusão que se deve entender os ofícios de registro no Brasil também alcançados pelo texto da alínea c.[432]

O dispositivo constitucional ainda refere que são brasileiros natos os nascidos no exterior, filhos de pai ou mãe brasileiros, que venham a residir no território nacional e, aqui, a qualquer tempo, após a maioridade, optem pela nacionalidade brasileira. Nesta hipótese, não importa com que idade (desde que após os 18 anos) venha o filho de brasileiro a residir no território nacional. Por igual, desimportante saber se domina ou não o idioma. Vindo a residir no Brasil, o filho de brasileiro pode optar pela nacionalidade nata brasileira.

Neste ponto, poder-se-ia argumentar que a possibilidade de registro tardio em repartição competente no Brasil teria tornado a previsão sobre a opção de nacionalidade letra morta no texto constitucional, ou seja: se é possível o registro tardio, mais fácil, porque submeter o filho de brasileiro à burocracia do procedimento de opção. O argumento não procede. Há hoje mais de uma possibilidade de se reconhecer a nacionalidade nata do nascido de brasileiro no exterior: seja pelo registro tardio; seja pela opção. Assim, enquanto não alcançada a maioridade, e ainda impossível a opção, tem-se a possibilidade de

---

[432] Em 18 de agosto de 2010, a 7ª Câmara Cível do Tribunal de Justiça do Estado do Rio de Janeiro, julgando a Apelação Cível nº 0008393-60.2010.8.19.0000, em que era Apelante o Ministério Público do Estado do Rio de Janeiro, reconheceu que um menor, nascido no estrangeiro, poderia ser considerado brasileiro pelo tão só registro público tardio de seu nascimento. Para chegar a esta conclusão, o Tribunal reconheceu que, já residindo o menor no Brasil, seria irrazoável se exigir sua retirada do território brasileiro para, no exterior, ser registrado em repartição consular competente. Entendeu assim o Tribunal que o conceito de repartição brasileira competente seria mais amplo que só o de repartição diplomática, incluindo, portanto, os cartórios de Registro Civil de Pessoas Naturais no Brasil. Essa interpretação não é, como se já se disse acima, estranha à jurisprudência brasileira. Aqui, o que causa espécie é esta decisão ter sido tomada pela Justiça comum do Estado, em sede de recurso de Apelação interposto pelo Ministério Público Estadual, na qualidade de fiscal da lei, e, portanto, dos atos notariais e de registro; e ter o Acórdão mencionado, em sua página 2, que a genitora do menor requereu seu registro, optando pela nacionalidade brasileira: "A tanto basta ver que o menor, já residindo aqui, através de sua representante, mais precisamente sua mãe, fez requerimento, no Cartório competente, optando pela nacionalidade brasileira". A crítica que se faz é precisamente esta. Não se trata aqui de opção de nacionalidade brasileira, que consiste em procedimento judicial, de jurisdição voluntária, a ser intentado perante a Justiça Federal, evidente o interesse da União em matéria de nacionalidade, com a participação do Ministério Público Federal, na aferição dos requisitos constitucionais para homologar-se a opção, não sendo o "cartório" competente para receber e processar a opção de nacionalidade, sendo necessária, ainda, a capacidade civil plena do optante, nos termos de remansosa jurisprudência da Suprema Corte, por tratar-se de ato personalíssimo, para o qual não pode o optante ser representado ou assistido. De qualquer sorte, trata-se de decisão judicial que não voltou a garantia contra o garantido, e não deixou de reconhecer direito fundamental.

reconhecimento da nacionalidade brasileira pelo registro tardio, mesmo que realizado no Brasil.

3.1.2 A opção de nacionalidade

Com relação à opção[433] pela nacionalidade brasileira, releva esclarecer que esta opção é medida necessariamente judicial[434] – proferida em procedimento de jurisdição voluntária, de competência da Justiça Federal –, para a qual é legitimado o optante em nome próprio.[435] Nestes procedimentos, é indispensável a manifestação do Ministério Público Federal (MPF) como fiscal da lei, considerada a natureza da ação[436].

A opção pela nacionalidade brasileira se distingue da naturalização. Enquanto a primeira é voltada para o reconhecimento da nacionalidade originária do filho de brasileiros, nascido no exterior, por direito do sangue; a segunda se destina à concessão de nacionalidade

---

[433] CARVALHO, Dardeau. *Nacionalidade e cidadania*. Rio de Janeiro: Freitas Bastos, 1950, p. 63: "A opção de nacionalidade nada mais é do que uma das formas por que se pode operar a naturalização, quando entendida em sentido amplo, isto é, quando entendida, simplesmente, como aquisição voluntária de uma nacionalidade. A opção, entretanto, reveste-se de um característico peculiar, que a distingue, nitidamente, dos outros modos de aquisição: supõe a coexistência de duas ou mais nacionalidades, entre as quais se efetua a escolha, pois *optar*, segundo os léxicos, é determinar-se por alguma coisa entre outras; é dar preferência, escolher".

[434] Lei nº 13.445, de 27 de maio de 2017: "Art. 63. O filho de pai ou de mãe brasileiro nascido no exterior e que não tenha sido registrado em repartição consular poderá, a qualquer tempo, promover ação de opção de nacionalidade".

[435] Trata-se, assim, de legitimação ordinária (arts. 18 e 19, do CPC).

[436] Cf. "PROCESSO CIVIL. OPÇÃO DE NACIONALIDADE. PROVIMENTO 3, DE 26.3.2002, DA CORREGEDORIA-GERAL. INAPLICABILIDADE. INCOMPETÊNCIA DO JUIZADO ESPECIAL FEDERAL. COMPETÊNCIA DO JUÍZO FEDERAL COMUM. 1. O art. 255 do Provimento nº 3, de 26 de março de 2002, da Corregedoria-Geral do Tribunal Regional Federal da 1ª Região e o art. 119, §§1º e 2º, da Lei nº 6.815, de 19 de agosto de 1980, prevêem que os processos de naturalização e seus incidentes serão encaminhados, diretamente, à primeira vara cível de cada seção ou subseção judiciária. 2. O procedimento de opção de nacionalidade não guarda pertinência com o de naturalização, nem é um incidente deste. A opção é critério de atribuição de nacionalidade originária e, a naturalização, meio de obtenção de nacionalidade derivada, com rito específico, decisão do Poder Executivo e entrega solene de certificado do naturalizando pelo juízo federal da primeira vara ou, onde não houver vara federal, pelo juízo de direito (art. 110 e segs. da Lei nº 6.815/80). 3. Não há razões para fixar-se diretamente a competência da primeira vara federal da Seção Judiciária do Amapá para o procedimento de opção de nacionalidade. 4. A opção de nacionalidade é questão relativa ao estado e capacidade de pessoas, matéria excluída da competência do Juizado Especial, por força do art. 3º, §2º, da Lei nº 9.099/95. Tal norma é aplicável ao Juizado Especial Federal, nos termos do art. 1º da Lei nº 10.259/01. 5. Conflito julgado procedente para determinar a livre distribuição do processo a uma das Varas Federais da Seção Judiciária do Amapá" (TRF1. Terceira Seção. Conflito de Competência nº 200301000308388. Relator Desembargador Federal João Batista Moreira. Julgado em 02 de março de 2004 e publicado em 04 de maio do mesmo ano).

derivada a estrangeiros que assim o requeiram. A opção pela nacionalidade brasileira ostenta natureza declaratória. Opera *ex tunc*, retroagindo ao nascimento. Ao julgar procedente o pedido, o juiz reconhece a nacionalidade originária do indivíduo que sempre existiu.

Na naturalização, a nacionalidade derivada é concedida com efeitos *ex nunc* – razão pela qual pode ser extraditado o brasileiro por crime cometido em momento anterior à concessão da nacionalidade brasileira, por exemplo.

Manoel Gonçalves Ferreira Filho, comentando a Constituição de 1967 (Emenda Constitucional nº 1, de 1969) critica o uso do termo "opção".[437] Para o professor, trata-se de redação defeituosa na medida em que, no mais das vezes, não há opção alguma: o que se pretende com o procedimento de jurisdição voluntária é a declaração da nacionalidade nata brasileira, preenchidos seus requisitos constitucionais. Para que houvesse verdadeira opção, seria necessária a verificação de distintas possibilidades, ou seja, de escolha entre mais de uma nacionalidade a que a pessoa tivesse direito, o que nem sempre se observa. É que no caso de filho de brasileiro nascido em país que conceda nacionalidade por direito do sangue, sem ter ascendente nacional do lugar, por exemplo, não haveria opção alguma, a menos que se considerasse opção entre ser brasileiro ou apátrida.

O comentário demonstra que, para boa parte da doutrina, a apatridia seria uma condição tão negativa que sequer poderia ser legitimamente considerada pelo indivíduo.

3.1.3 Nacionalidade por adoção

A questão da nacionalidade do adotando consubstancia uma das mais instigantes questões em tema de nacionalidade no direito brasileiro. É que, se por um lado, seduz o entendimento de que o estrangeiro adotado por brasileiro deve se submeter à norma da alínea *c*, inc. I, art. 12, da CRFB de 1988, por outro, não se pode deixar de considerar ser, nestas hipóteses, determinante o fator/critério biológico, eleito pelo legislador constituinte originário para conceder esta espécie de nacionalidade, ao mencionar, expressamente, "nascidos de pai ou mãe brasileira". Aqui, a locução "nascidos de" parece representar, efetivamente, a ligação biológica, ou seja, não basta ser filho, o que pode ser um critério meramente jurídico, diz o texto constitucional ser

---

[437] FERREIRA FILHO, Manoel Gonçalves. *Comentários à Constituição Brasileira*. São Paulo: Saraiva, 1975. v. 3. p. 43.

necessário nascer de pai ou mãe brasileiros. No caso da nacionalidade do adotando, se poderia entender que o filho adotivo de pai ou mãe brasileiros, ainda que nascido no exterior, poderia, nos termos da alínea *c*, inc. I, art. 12 da Constituição, tal como o filho biológico, ser registrado em repartição competente ou vir a residir no Brasil, e aqui, a qualquer tempo, depois da maioridade, optar pela nacionalidade brasileira, ao argumento de que o texto constitucional, ao estabelecer esta regra, não distinguiu expressamente filhos biológicos de adotivos; e nisso se alinha com a norma do art. 227, §6º, que, na equiparação de todos os filhos, menciona, expressamente, que todos "terão os mesmos direitos". De qualquer sorte, doutrina e jurisprudência majoritárias concordam que a expressão "nascidos de pai ou mãe brasileira" representa, efetivamente, a ligação biológica, de modo que não basta ser filho. Para o texto constitucional, é necessário ser filho biológico, ou seja, nascer de pai ou mãe brasileiros.

E como ficam os direitos iguais assegurados pela expressão "terão os mesmos direitos", utilizada pelo §6º, art. 227 da Constituição? Tem-se, então, um conflito de normas que se resolve pela especialidade daquela contida na alínea *c*, inc I, art. 12 do texto constitucional, impondo seja a norma do §6º, do art. 227, lida como terão os mesmos direitos, salvo quando a própria Carta Política dispuser de forma diferente, como é o seguinte caso:

> OPÇÃO DE NACIONALIDADE BRASILEIRA – NASCIDO NOS ESTADOS UNIDOS, FILHO ADOTIVO DE PAI NATURALIZADO BRASILEIRO E MÃE BRASILEIRA NATA – ART. 227, §6º, DA CRFB/88 – EQUIPARAÇÃO CIVIL – IMPROCEDÊNCIA. 1.A nacionalidade é expressão da soberania do Estado, sujeita a normas rígidas, não preponderando a vontade do indivíduo ou seus interesses. 2.O art. 12, I, alínea "c" da CRFB/88 estabelece que são brasileiros natos, os nascidos de pai ou mãe brasileiros, em solo estrangeiro. Comprovou-se não ser o caso da Requerente, que se liga a pais brasileiros pelo vínculo da adoção. 3.O art. 227, §6º, da CRFB/88, bem com a legislação infraconstitucional (o Código Civil e o Estatuto da Criança e do Adolescente), garantem tratamento sem discriminação aos filhos adotivos, equiparando-os aos biológicos, para fins civis e sucessórios. In casu, cuida-se de um direito público ligado à soberania do Estado, que a Carta Magna trata de forma particularmente restritiva. 4.A doutrina e a jurisprudência são unânimes ao reconhecer que o vínculo adotivo, no Brasil, não produz efeitos sobre a nacionalidade do adotante. A ser admitido tal posicionamento, estaríamos permitindo a fruição de direitos exclusivos de brasileiros natos, como o de jamais ser extraditado por eventuais crimes cometidos

no exterior, ou de ocupar cargos como o de Presidente da República, violando cláusulas constitucionais extremamente rígidas. 5.Não se nega o direito à nacionalidade do Apelante, que lhe será conferida através do processo de naturalização. 6.Recurso desprovido. Sentença mantida (TRF2. Sexta Turma. Apelação Cível nº 200850010027446. Relator Desembargador Federal Frederico Gueiros. Julgado em 20 de setembro de 2010 e publicado em 07 de outubro do mesmo ano).

E também:

PROCEDIMENTO DE JURISDIÇÃO VOLUNTÁRIA DE OPÇÃO DE NACIONALIDADE. I – Ajuizamento por paraguaio, nascido na China, que veio a residir no Brasil em 1998, tendo sido adotado por brasileira aos 17.02.2000, que almeja obter a nacionalidade brasileira com esteio no Art. 12, I, "c", da CF. II – A nacionalidade originária adquire-se pelo fato nascimento. III – A legislação só faz declarar serem brasileiros natos os que preenchem as hipóteses do Art. 12, I, da CF. Constitutivo da nacionalidade é o nascimento. IV – Ao contrário, quando da formulação de regras para a concessão da nacionalidade adquirida, incide a ordem jurídica para conferir novo "status" ao indivíduo, caso preenchidos certos requisitos que o tornem presumidamente afim da nação da qual deseja ser parte. V – Não contando o recorrente com o fato nascimento para que se presuma "juris et de jure" sua vinculação com este País, resta a ele, para se tornar nacional, aguardar ser contemplado pela hipótese do inciso II, "b", do Art. 12, da CF. VI – A equiparação em direitos e qualificações operada pelo Art. 227, §6º, da CF, entre os filhos, havidos ou não da relação do casamento, e por adoção, serve a fins unicamente civis, conforme esclarece o Art. 336, do Código Civil, não se prestando a defraudar as rigorosas e taxativas regras respeitantes à outorga de nacionalidade postas pela Constituição Federal (TRF3. Terceira Turma. Apelação Cível nº 759974. Relator Desembargador Federal Baptista Pereira. Julgado em 12 de junho de 2004 e publicado em 11 de setembro do mesmo ano).

Como se viu, embora doutrina e jurisprudência majoritárias não admitam a aquisição de nacionalidade pela adoção, há quem entenda que os conceitos de adoção e nacionalidade se correlacionam, de modo que enquanto a nacionalidade é fundamento para o reconhecimento da cidadania – no sentido sociológico de ter direitos –, a adoção serve para resgatar a cidadania, neste mesmo sentido, daqueles que se veem desprovidos de uma família e de um lar. Com base em tais premissas é que esta doutrina defende a atribuição da nacionalidade ao estrangeiro adotado por brasileiro no exterior. Assim, sob a perspectiva de direito

CAPÍTULO 3
A NACIONALIDADE NO DIREITO BRASILEIRO | 157

fundamental, entende-se que se deve reconhecer a condição de brasileiro nato ao estrangeiro adotado por brasileiro no exterior, sob pena de se ferir, principalmente, o direito fundamental à nacionalidade da criança ou adolescente adotado.[438]

Para quem defende esta possibilidade, foi em razão dessa problemática que o Instituto de Direito Internacional, na sessão de Roma, em 1973, recomendou que os Estados estabelecessem regras que permitissem ao adotado adquirir a nacionalidade dos adotantes. Foi o que fizeram os seguintes países: Suíça, Itália, Suécia, Países Baixos, Espanha, Reino Unido, Bélgica, China, Irlanda, Japão e Polônia. Alemanha e Romênia, por exemplo, ainda vedam a modificação da nacionalidade pela adoção.[439]

Quem assim entende, salienta que o art. 23 da Convenção sobre Adoção Internacional dispõe que os Estados Parte atribuem plena eficácia à sentença de adoção prolatada no Estado em que se dá a adoção, de modo que se um casal francês adota uma criança no Brasil, a sentença concessiva da adoção, prolatada por juiz brasileiro, atribui ao adotado, por si mesma, a nacionalidade francesa. Essa criança adquire, automaticamente, dupla nacionalidade: brasileira, por ter nascido no brasil (*jus soli*), e francesa, por ser filho de franceses (*jus sanguinis* – critério de atribuição de nacionalidade que se estende aos filhos adotados).[440]

No entanto, a maior parte da doutrina claramente discorda dessa tese, sustentando que o adotado não adquire a nacionalidade do adotante de forma automática.[441] Para esta corrente, o adotado somente adquire a nacionalidade dos adotantes se permitido pela lei do País destes.[442]

Quem sustenta não ser a adoção forma de aquisição da nacionalidade brasileira não somente está na boa companhia de Pontes de Miranda,[443] para quem a adoção não tem, no direito brasileiro, qualquer

---

[438] REX, Andreia Lisangela. Nacionalidade primária do estrangeiro adotado por brasileiro no exterior: promoção dos direitos fundamentais e da dignidade. *In*: SANTOS, André Leonardo Copeti; DEL'OLMO, Florisbal de Souza (Orgs.). *Diálogo e entendimento*: direito e multiculturalismo & cidadania e novas formas de solução de conflitos. Rio de Janeiro: Forense, 2010. v. 2. p. 263.

[439] *Ibidem*, p. 265.

[440] DEL'OLMO, Florisbal de Souza. A nacionalidade brasileira ao estrangeiro adotado: o caso das meninas guineenses. *In*: SANTOS, André Leonardo Copeti; DEL'OLMO, Florisbal de Souza (Orgs.). *Diálogo e entendimento*: direito e multiculturalismo & cidadania e novas formas de solução de conflitos. Rio de Janeiro: Forense, 2009. v. 1, p. 149.

[441] BERNARDES, Wilba Lúcia Maia. *Da nacionalidade*: brasileiros natos e naturalizados. Belo Horizonte: Del Rey, 1995. p. 72.

[442] LIBERATI, Wilson Donizeti. *Adoção internacional*. São Paulo: Malheiros, 1995.p. 192

[443] MIRANDA, Pontes. *Nacionalidade de origem e naturalização no direito brasileiro*. Rio de Janeiro: A. Coelho Branco Filho, 1936. p. 99.

consequência quanto à nacionalidade, como está alinhado, como se viu, com a jurisprudência dominante.

Outra questão relevante é saber se a adoção faria perder a nacionalidade originária da criança brasileira adotada por estrangeiros. Entende-se que a criança brasileira adotada poderá ter mais de uma nacionalidade, como consequência da adoção por estrangeiros. É que o direito interno da nacionalidade não pode ser limitado pelo direito internacional, tampouco por legislação estrangeira, no sentido de impor a supressão da nacionalidade brasileira. Tal autonomia constitucional afasta a ideia de que a adoção implique perda da nacionalidade brasileira. As regras da adoção não alteram as relações da criança com o Estado brasileiro. A nacionalidade brasileira é concedida pela Constituição Federal e não há previsão de perda como decorrência da adoção. A aplicação de mais de uma regra estatal sobre nacionalidade resultará na condição da criança como binacional ou plurinacional, pois dois ou mais Estados poderão atribuir-lhe suas respectivas nacionalidades. A separação legal da criança de seus vínculos familiares biológicos, e o regime civil de suas relações não permitem conjecturas a respeito de sua nacionalidade brasileira[444]

---

[444] Confira-se por todos, FONTES, André. Nacionalidade brasileira e adoção internacional. *Revista da EMARF*, Rio de Janeiro, v. 15, n. 1, p. 13-15, ago. 2011. Disponível em: http://seer.trf2.jus.br:81/emarf/ojs/index.php/emarf/article/view/5/37. Acesso em: 11 maio 2019: "A aquisição derivada da nacionalidade se dá mediante naturalização por estrangeiro ou apátrida. A criança brasileira adotada poderá ter mais de uma nacionalidade, por efeito da adoção estrangeira, mas a verdade é que o direito interno brasileiro da nacionalidade não é limitado pelo direito internacional, e por nenhuma legislação estrangeira. A natureza jurídica constitucional da nacionalidade brasileira afasta a idéia de que as vicissitudes da adoção impliquem perda da nacionalidade brasileira, seja direta, seja indireta, por causa da adoção internacional. E se as regras da adoção sobre parentesco e nome disciplinam a situação jurídica da criança, elas não alteram suas relações com o Estado brasileiro. A nacionalidade brasileira se distingue dos estatutos estrangeiros de nacionalidade, e o caráter da maior parte das regras sobre nacionalidade resulta na condição da criança como bi-nacional ou plurinacional, pois dois ou mais Estados poderão atribuir-lhe suas respectivas nacionalidades. (...) Uma das soluções do problema fundamental da busca de uma família é a adoção internacional. Ela ocorre em duas hipóteses: a adoção, no Brasil, de crianças estrangeiras ou de crianças brasileiras, adotadas por estrangeiros. Cada uma desenvolve uma etapa própria e progressiva no multifacetário conteúdo da adoção internacional. A qualidade de adquirir uma outra nacionalidade é uma delas. É a segunda espécie de adoção, a de crianças brasileira e a sua nacionalidade de origem brasileira é a que provoca controvérsias. (...) Os métodos de adoção revelam-se com farta amplitude em numerosos escritos de estudiosos. Ocupam um lugar notável nessas obras o trabalho das formas de ruptura dos vínculos sanguíneos, a fim de extrair o máximo proveito, com complexos elementos que edificam a adoção internacional. Cumprir toda a exigência específica, satisfazer os objetivos legais e enquadrá-los em seus fins. Sem negar a importância e a utilização da técnica e prática do processo de ruptura com a família consangüínea, entendemos que a adoção não põe termo aos vínculos constitucionais da criança com seu país de origem, com sua nacionalidade. A assimilação à família da adoção, o idioma, a cultura, e as leis brasileiras sobre a cessação

CAPÍTULO 3
A NACIONALIDADE NO DIREITO BRASILEIRO | 159

3.1.4 Nacionalidade pelo casamento

Ao contrário do que ocorre na França, o direito brasileiro não concede nacionalidade, originária ou derivada, pelo casamento. O art. 21, 2, do Código Civil Francês estabelece que o estrangeiro ou apátrida que se casar com nacional francês poderá adquirir, após dois anos, a nacionalidade francesa por declaração se o matrimônio ainda subsistir.

No Brasil, a proteção constitucional conferida pelo art. 226 da Constituição Federal à família é concretizada no ordenamento brasileiro por normas relativas à permanência do estrangeiro, com a concessão de visto para reunião familiar, e por meio da facilitação de naturalização de estrangeiro que tenha cônjuge brasileiro.

Este tema no Brasil tem interesse apenas histórico. O Decreto nº 1.096, de 10 de setembro de 1860, afirmava, em seu art. 2º, que a estrangeira que se casasse com brasileiro teria sua nacionalidade, enquanto a brasileira que se casasse com estrangeiro teria a deste. Se enviuvasse, poderia, voltando a residir no Império, recuperar sua nacionalidade brasileira. A partir da Constituição Republicana de 1891, não se previu o casamento como forma de aquisição da nacionalidade brasileira, e o Brasil aderiu à Convenção das Nações Unidas sobre a nacionalidade da Mulher Casada, de 1957, internalizada pelo Decreto nº 64.216, de 18 de março de 1969.[445]

3.2 A Nacionalidade Derivada

3.2.1 Antecedentes históricos

Com a independência[446] e a criação do Império do Brasil, o português passou a uma especial condição jurídica, a de estrangeiro

---

dos vínculos da criança com a sua família original em nada se assemelham ao ponto de vista constitucional, nos confins de sua nacionalidade. As vantagens que traz a adoção para a criança consistem em lhe atribuir direitos, e pressupõe sempre o seu bem-estar, o seu interesse primordial. Nisto está a diferença fundamental entre a adoção internacional e a adoção realizada no território nacional. A negação legal de sua origem familiar, seus vínculos familiares, o regime civil de suas relações não permitem conjecturas a respeito de sua nacionalidade brasileira. As leis que disciplinam a mudança do nome e dos laços de parentesco sangüíneo podem mostrar quão profunda e complexa é a adoção, e incentivar um estudo farto de opiniões. Devemos frisar que, como reviravolta no sistema de adoção, a adoção de uma criança brasileira per se não causa nenhum efeito na sua nacionalidade, a despeito de outra que ela adquirir e tornar-se, eventualmente, binacional. Certamente, um efeito secundário da adoção internacional é a de aceder à nacionalidade dos adotantes, mas ela não implica perda da nacionalidade originária da criança".

[445] CAHALI, Youssef. *Estatuto do estrangeiro*. 2. ed. rev. atual. e ampliada. São Paulo: Revista dos Tribunais, 2010. p. 65

[446] Curioso notar que, em termos estritos, o próprio imperador D. Pedro I, nascido em Queluz, Portugal, embora tenha chegado ao país com a Corte Joanina, em 1808, aos nove anos de

com privilégios.[447] Um conjunto de leis, portarias, e atos de Estado do Império do Brasil, via no idioma comum, e nas afinidades culturais e de raça, a conveniência de se assegurar ao estrangeiro, de nacionalidade portuguesa, uma série de facilitações migratórias, como autorizações de trabalho, concessão de permanência e preferência na naturalização. Em verdade, a Constituição do Império fez mais que isso: embora tenha adotado como critério preponderante para a concessão de nacionalidade originária brasileira o direito do solo, estendeu a todos os portugueses[448] a nacionalidade brasileira. Aqui não se teve o que se denominou naturalização coletiva como promovida pela primeira Carta Republicana de 1891 – ao ofertar aos estrangeiros que se encontrassem no território, quando de sua promulgação, a possibilidade de se naturalizarem brasileiros pelo tão só fato de residirem no Brasil –, mas, o reconhecimento da condição não de estrangeiro, mas de nacional brasileiro, desde o nascimento, a todos os portugueses[449] que residissem no Brasil e o desejassem.

---

idade, não era brasileiro pelo critério do direito do solo adotado pela Constituição do Império do Brasil, de 1824. Talvez, por isso mesmo, a necessidade de adotar-se a norma do inciso IV, do artigo 6º, da Carta Imperial.

[447] Seis das sete Cartas Políticas brasileiras, inclusive a Constituição de 1988, distinguem a condição jurídica do estrangeiro nacional português (em alguns casos também dos originários de países de língua portuguesa) da dos demais estrangeiros, permitindo-se-lhes, hoje, a aquisição de nacionalidade brasileira derivada (por naturalização) com apenas um ano de residência ininterrupta no Brasil e idoneidade moral (quando aos demais estrangeiros o art. 112, III, da Lei nº 6.815/80, exige 4 anos) e o exercício de direitos políticos no Brasil, ou seja a concessão de cidadania em termos jurídicos estritos: votar, ser votado, ajuizar ação popular, o que é terminantemente vedado a todo e qualquer outro estrangeiro, nos termos do artigo 14, §2º, da Carta da República.

[448] Preceitua o inciso IV, do artigo 6º, da Constituição de 1824: "Todos os nascidos em Portugal, e suas Possessões, que já sendo residentes no Brazil na época, em que se proclamou a Independencia nas Provincias, onde habitavam, adheriram á esta expressa, ou tacitamente pela continuação de sua residência".

[449] MENDES, José Sacchetta Ramos. *Laços de sangue*: privilégios e intolerância à imigração portuguesa no brasil. São Paulo: EDUSP, 2011, p 23-24: "O período de funcionamento da Assembleia Constituinte, instalada em 3 de maio de 1823, é crucial para compreender o debate sobre a condição jurídica do lusitano realizado em plenário parlamentar. Simultâneo aos ataques das Cortes Gerais de Lisboa dirigidos ao processo brasileiro de emancipação, e no auge da guerra contra os lusos em várias províncias, como Pará, Maranhão e Bahia, importava identificar a postura de cada um frente ao Brasil. A leitura dos discursos dos deputados constituintes e as leis e portarias sancionadas até 12 de novembro de 1823, quando a Assembleia foi dissolvida pelo imperador, apontam para a virtual impossibilidade de discernir o inimigo estrangeiro (ou quem deveria ser considerado português) apenas pelo local de nascimento. Foi assim quando o deputado pernambucano Francisco Muniz Tavares propôs excluir os residentes portugueses da nacionalidade brasileira originária e atribuir-lhes estatuto de cidadãos naturalizados, em condições limitadoras. É significativo que tal postura tenha se verificado minoritária. A quase totalidade dos constituintes teve outro entendimento e viu nos nascidos em Portugal qualificação para a cidadania idêntica à dos nascidos no Brasil, desde que apoiassem a Independência e o imperador".

Em 23 de outubro de 1832, foi editada lei que regulamentava a naturalização, prevista na Constituição, que exigia o período de residência mínima de quatro anos – período que viria a ser reduzido para dois anos pelo Decreto nº 291, de 30 de agosto de 1843. Em 1855, o Decreto nº 808-A, de 23 de junho, concedia nacionalidade derivada brasileira aos colonos estrangeiros estabelecidos no Brasil, mediante simples compromisso prestado junto às Câmaras Municipais ou aos juízes de paz, exigindo-se o prazo anterior de dois anos de residência no território, previsto no Decreto nº 291/1843, somente para os imigrantes que chegassem ao Brasil após este ano.

Com a queda do Império e proclamação da República, promulgou-se a Carta Política de 1891. Quanto aos estrangeiros, a primeira providência constitucional foi a de promover, no item 4º, do art. 69, a naturalização dos que "achando-se no Brazil aos 15 de novembro de 1889, não declarem, dentro de seis mezes depois de entrar em vigor a Constituição, o animo de conservar a nacionalidade de origem", e também dos que "possuirem bens immoveis no Brazil e forem casados com brazileiras ou tiverem filhos brazileiros comtanto que residam no Brazil, salvo si manifestarem a intenção de não mudar de nacionalidade", como se vê do item 5º do mesmo dispositivo.

3.2.2 Regime

A nacionalidade derivada, secundária ou por naturalização, é a concedida ao estrangeiro que, por manifestação de vontade, pretende se tornar brasileiro.

As alíneas *a* e *b*, do inc. II, do art. 12, da CRFB de 1988, trazem as hipóteses de concessão de nacionalidade derivada. Esta nacionalidade, como já se disse, é constitutiva. O estrangeiro passa a ser nacional, distinguindo-se, assim, daquele ostenta a nacionalidade brasileira desde o nascimento, ainda que esta lhe tenha sido reconhecida em momento futuro na vida.

A alínea *a* se refere àqueles que a requeiram, na forma da lei, sendo exigidos aos originários de países de língua portuguesa somente a residência no Brasil, pelo período mínimo de um ano ininterrupto e idoneidade moral.

Nesta hipótese, qualquer estrangeiro pode, observados os requisitos previstos nos incs. 65 a 69, da Lei nº 13.445/2017,[450] requerer

---

[450] "Art. 64. A naturalização pode ser: I – ordinária; II – extraordinária; III – especial; ou IV – provisória. Art. 65. Será concedida a naturalização ordinária àquele que preencher as

ao Ministro da Justiça sua naturalização, bastando, aos estrangeiros originários de países de língua portuguesa, comprovar apenas a residência no Brasil por um ano ininterrupto e idoneidade moral.

Submetido o pedido ao Ministro da Justiça, sua concessão é discricionária, por se tratar de ato de soberania.

A naturalização não importa aquisição da nacionalidade brasileira pelo cônjuge ou pela prole do naturalizado. Não há previsão autorizativa neste sentido, na lei atual, e havia proibição nos termos do art. 123 da Lei n 6.815/1980.

A alínea *b*, do mesmo inc. II, cuida da hipótese de naturalização do estrangeiro, de qualquer nacionalidade, ou mesmo sem nacionalidade, que se encontre em território nacional por mais de 15 anos ininterruptos, e sem condenação criminal, desde que a requeira (STF AgR no RE 842.131/RS, Rel. Min. Roberto Barroso)

Neste caso, tem-se a chamada naturalização-anistia, que vem a ser a desconsideração de eventual irregularidade na permanência em território brasileiro. Aqui, preenchidos os requisitos constitucionais,

---

seguintes condições: I – ter capacidade civil, segundo a lei brasileira; II – ter residência em território nacional, pelo prazo mínimo de 4 (quatro) anos; III – comunicar-se em língua portuguesa, consideradas as condições do naturalizando; e IV – não possuir condenação penal ou estiver reabilitado, nos termos da lei. Art. 66. O prazo de residência fixado no inciso II do caput do art. 65 será reduzido para, no mínimo, 1 (um) ano se o naturalizando preencher quaisquer das seguintes condições: I – (VETADO); II – ter filho brasileiro; III – ter cônjuge ou companheiro brasileiro e não estar dele separado legalmente ou de fato no momento de concessão da naturalização; IV – (VETADO); V – haver prestado ou poder prestar serviço relevante ao Brasil; ou VI – recomendar-se por sua capacidade profissional, científica ou artística. Parágrafo único. O preenchimento das condições previstas nos incisos V e VI do caput será avaliado na forma disposta em regulamento. Art. 67. A naturalização extraordinária será concedida a pessoa de qualquer nacionalidade fixada no Brasil há mais de 15 (quinze) anos ininterruptos e sem condenação penal, desde que requeira a nacionalidade brasileira. Art. 68. A naturalização especial poderá ser concedida ao estrangeiro que se encontre em uma das seguintes situações: I – seja cônjuge ou companheiro, há mais de 5 (cinco) anos, de integrante do Serviço Exterior Brasileiro em atividade ou de pessoa a serviço do Estado brasileiro no exterior; ou II – seja ou tenha sido empregado em missão diplomática ou em repartição consular do Brasil por mais de 10 (dez) anos ininterruptos. Art. 69. São requisitos para a concessão da naturalização especial: I – ter capacidade civil, segundo a lei brasileira; II – comunicar-se em língua portuguesa, consideradas as condições do naturalizando; e III – não possuir condenação penal ou estiver reabilitado, nos termos da lei. Estes arts equivalem aos incisos I a VIII, do art. 112, da Lei nº 6.815, de 19 de agosto de 1980 Art. 112. São condições para a concessão da naturalização: I – capacidade civil, segundo a lei brasileira; II – ser registrado como permanente no Brasil; III – residência contínua no território nacional, pelo prazo mínimo de quatro anos, imediatamente anteriores ao pedido de naturalização; IV – ler e escrever a língua portuguesa, consideradas as condições do naturalizando; V – exercício de profissão ou posse de bens suficientes à manutenção própria e da família; VI – bom procedimento; VII – inexistência de denúncia, pronúncia ou condenação no Brasil ou no exterior por crime doloso a que seja cominada pena mínima de prisão, abstratamente considerada, superior a 1 (um) ano; e VIII – boa saúde".

não há qualquer discricionariedade por parte do Estado brasileiro. Trata-se de um direito subjetivo, constitucional, à nacionalidade brasileira. É que se a Constituição estabeleceu todos os requisitos para sua obtenção, nenhuma margem deixou ao Executivo para considerações de conveniência e oportunidade. É o que se extrai de conhecido princípio de hermenêutica, segundo o qual, quando a norma expressamente contiver a previsão de requisitos para a obtenção de um direito, uma vez efetivamente preenchidos os requisitos, surge o direito subjetivo ao que previsto na norma.

> CONSTITUCIONAL. NATURALIZAÇÃO EXTRAORDINÁRIA. RECO-NHECIMENTO DA PERMANÊNCIA EM TERRITÓRIO NACIONAL PELO PRAZO DE QUINZE ANOS ININTERRUPTOS. AUSÊNCIAS PARA RENOVAÇÃO DE VISTO NÃO DESCARACTERIZA O DIREITO. DESNECESSIDADE DE VISTO PERMANENTE. APELO NÃO PROVI-DO. 1. Apelação interposta pela UNIÃO FEDERAL em face da sentença prolatada em sede de ação ordinária, que julgou procedente o pedido deduzido na Inicial, reconhecendo, para fins de posterior pedido de naturalização, do preenchimento de permanência no território nacional pelo período de quinze anos, assegurando a permanência da Recorrida no país, consoante tutela anteriormente deferida. 2. A Recorrida teve seu pedido administrativo negado em razão de não possuir residência no território nacional há mais de quinze anos ininterruptos como prevê o texto constitucional, eis que por diversas vezes teve que deixar o país e ingressar com novo visto. 3. Consoante se observa dos documentos juntados pela Autora, verifica-se que a mesma entrou pela primeira vez no território nacional em 1989, oportunidade em que, segundo aduz, resolveu a prestar trabalhos voluntários. Em seguida, retornou ao país em abril de 1990, para continuação dos serviços assistenciais no Colégio Piramarta, residindo no país até o momento, em razão de diversas renovações de visto, já que possuidora de autorização de permanência temporária. Satisfeito o critério temporal estabelecido pelo art. 12, II, b, da CRFB de 15 anos no território nacional restou satisfeito. 4. O magistrado singular ponderou devidamente a situação fática ocorrida e a necessidade de retorno ao país de origem para fins de renovação do visto. Verifica-se que a Recorrida, ao longo destes mais de quinze anos, somente em poucas oportunidades se ausentou do país. Assim, entendo que não restou prejudicado o critério de residência quinzenária, tendo em vista a continuação do liame que a vinculava a atividades caritativas e voluntárias no território brasileiro. 5. No caso, tratando-se de reconhecimento do pedido de permanência no território nacional para fins de posterior instrução de pedido de naturalização extraordinária, entendo que incabível qualquer restrição afora dos

requisitos estabelecidos no art. 12, II, b da Constituição Federal. É que tal naturalização, consoante entendimento doutrinário preponderante, faz parte do arcabouço de direitos subjetivos do estrangeiro, tendo em vista que o mandamento constitucional não faz referência alguma à lei integrativa para reger a referida situação. 6. Não constato impedimento à obtenção do reconhecimento da permanência quinzenária no território nacional, somente pelo fato da Apelada ter residido no país com base em vistos de turista, temporário item 1 e temporário item V, tendo em vista a desnecessidade de visto permanente na hipótese de naturalização extraordinária 7. Apelação não provida (TRF5. Segunda Turma. Apelação Cível nº 200681000127721. Relator Desembargador Federal Francisco de Barros Dias. Julgado em 22 de junho de 2010 e publicado em 01 de julho do mesmo ano).

Questão que se coloca é saber se a residência mencionada no dispositivo constitucional significa autorização formal e regular para residir ou a mera constatação de um fato jurídico, consistente na estada do estrangeiro no território, pelo prazo estabelecido constitucionalmente, pouco importando seu *status* migratório. Uma interpretação teleológica da norma não autorizará a exclusão do imigrante irregular desta hipótese constitucional. É que se a intenção é anistiar, é regularizar a situação daqueles que estabeleceram fortes vínculos com o Estado brasileiro, nada justifica se lhes exija uma residência regular e autorizada para que possam se beneficiar do permissivo constitucional. Esta questão – a do conceito de residência no Brasil como um conceito de residência autorizada ou mera estada como fato jurídico – é relevantíssima para informar a observância de direitos e garantias ao estrangeiro irregular que se encontre no território. Quando a Constituição se refere ao estrangeiro residente, este elemento conceitual do dispositivo – residência – deve ser entendido como mera estada, para fins de obtenção de direitos.

Assim, em se tratando de um direito público, subjetivo, constitucional, à nacionalidade brasileira, não pode ser esta recusada a quem preencher os requisitos constitucionalmente elencados. A Portaria do Ministro da Justiça que concede a naturalização nestes casos tem caráter meramente declaratório.

> ADMINISTRATIVO E PROCESSUAL CIVIL. CONCURSO PÚBLICO. ESTRANGEIRO. NATURALIZAÇÃO. REQUERIMENTO FORMALIZADO ANTES DA POSSE. POSSIBILIDADE. RECURSO NÃO PROVIDO. 1. "O requerimento de aquisição da nacionalidade brasileira, previsto na alínea "b" do inciso II do art. 12 da Carta de Outubro, é suficiente para viabilizar a posse no cargo triunfalmente disputado mediante

concurso público. Isto quando a pessoa requerente contar com quinze anos ininterruptos de residência fixa no Brasil, sem condenação penal. A Portaria de formal reconhecimento da naturalização, expedida pelo Ministro de Estado da Justiça, é de caráter meramente declaratório. Pelo que seus efeitos hão de retroagir à data do requerimento do interessado. Recurso extraordinário a que se nega provimento. (STF, RE 264848, Rel. Ministro Carlos Britto, Primeira Turma, DJ de 14.10.2005, p. 489). 2. Agravo regimental a que se nega provimento" (TRF1. Quinta Turma. Agravo Regimental no Agravo de Instrumento nº 200801000612500. Relator Desembargador Federal João Batista Moreira. Julgado em 25 de março de 2009 e publicado em 08 de maio do mesmo ano).

E no caso dos estrangeiros originários de países de língua portuguesa, mencionados na alínea *a*, também se teria um direito subjetivo constitucional com a residência no Brasil pelo período constitucionalmente estabelecido e ostentando o estrangeiro idoneidade moral? Não, porque nesta hipótese há expressa remissão à lei. Ao dizer "na forma da lei" e afirmar a lei, expressamente, ser a concessão de nacionalidade derivada uma discrição do Estado brasileiro, verifica-se que não é a Constituição que enuncia todos os requisitos necessários à aquisição da nacionalidade secundária.

3.2.3 Requisitos

Ao requerer a nacionalidade brasileira, por naturalização ordinária, o estrangeiro deverá satisfazer, cumulativamente, cinco requisitos, a saber: (i) ter capacidade civil, de acordo com a lei brasileira; (ii) ser registrado como estrangeiro permanente no Brasil; (iii) ter residência contínua no território pelo prazo mínimo de quatro anos, imediatamente anteriores ao pedido de naturalização; (iv) ter proficiência em língua portuguesa; e (v) não ostentar condenação criminal no Brasil ou no exterior ou estar reabilitado. Nos termos da lei anterior, ainda era necessário (i) exercer profissão ou posse de bens suficientes à manutenção da própria família; (ii) ter bom procedimento; (iii) ter boa saúde, dispensada esta prova ao estrangeiro que aqui residir por mais de dois anos.[451]

A capacidade civil é a regulada pela lei brasileira, atingida aos 18 anos de idade, pelo critério biológico ou antecipada por emancipação nas hipóteses legais. Exige-se capacidade civil completa, nos termos

---

[451] GUIMARÃES, Francisco Xavier da Silva. *Nacionalidade*: aquisição, perda e reaquisição. Rio de Janeiro: Forense, 1995. p. 43.

da lei brasileira, por se tratar de ato personalíssimo a ser praticado no Brasil, nos termos do ordenamento brasileiro.

O registro como estrangeiro permanente é exigência legal, que deve ser interpretado em sentido estrito. Trata-se do registro efetivado pelo Departamento de Migrações da Secretaria Nacional de Justiça e Cidadania do Ministério da Justiça (DEMIG/SNJC/MJ), a partir de requerimento formal realizado pelo estrangeiro junto à Polícia Federal (PF). Ao contrário do que ocorre com a naturalização anistia, em que os quinze anos de permanência podem ser entendidos como fato jurídico – considerado tratar-se de norma constitucional protetiva, que, como tal, deve ser interpretada o mais elasticamente possível –, aqui se tem um requisito formal. A residência no território, de que cuida a lei, é a residência formal e autorizada.

A proficiência em língua portuguesa revela o compromisso pessoal do estrangeiro que pretenda assumir vínculo jurídico-político com o Estado brasileiro. Este requisito, no antigo procedimento híbrido de naturalização, era aferido em duas oportunidades, a saber: (i) quando da instrução administrativa do pedido; e, posteriormente, (ii) por ocasião da entrega do Certificado de Naturalização em audiência solene realizada pelo juiz federal, hoje dispensada pela Lei nº 13.445.[452]

A mudança de orientação principiológica da norma de estrangeiros no Brasil, afastou seus dois princípios reitores: a segurança nacional e a proteção do mercado de trabalho. Estes princípios eram tidos como conflitantes com a Constituição Federal.[453] Neste quadro,

---

[452] GUIMARÃES, Francisco Xavier da Silva. *Nacionalidade*: aquisição, perda e reaquisição. Rio de Janeiro: Forense, 1995. p. 45.

[453] O artigo 5º, da Constituição da República Federativa do Brasil de 1988, apresenta o rol do que se denominam direitos e garantias fundamentais. Em seu inciso XV, mantém longa tradição constitucional brasileira de acolhida ao forasteiro, ao assegurar, como regra, que "é livre a locomoção no território, em tempos de paz, podendo qualquer pessoa, nos termos da lei, nele entrar, permanecer ou dele sair com seus bens", mas assegura mais que isso, equiparando, em direitos e garantias fundamentais, brasileiros e estrangeiros. Em seu *caput*, enuncia que, na República Federativa do Brasil, todos "são iguais perante a lei, sem distinção de qualquer natureza, garantindo-se aos brasileiros e estrangeiros residentes no País a inviolabilidade do direito a vida, à liberdade, à igualdade, à segurança e à propriedade" e com isso, ao que parece, garante, considerados os compromissos internacionais assumidos em tema de direitos humanos, a todas as pessoas que se encontrem no território, sejam nacionais, estrangeiros, regulares ou irregulares, a inviolabilidade do direito à vida, à liberdade, à igualdade, à segurança e à propriedade. Não só estes, mas todos os demais direitos revestidos de jusfundamentalidade, encartados no corpo da Carta Política, como o direito à saúde, previsto no artigo 196 como obrigação do Estado e direito de todos, com acesso universal a ações e prevenção e recuperação de enfermidades, não distinguindo a Constituição entre nacionais e estrangeiros; e, quanto aos estrangeiros, entre regulares e irregulares; direito a uma prestação mensal, no valor de um salário mínimo, como previsto no artigo 203, V, do Pacto Fundamental, a quem dele necessitar, por igual não distinguindo entre nacionais e estrangeiros, e entre estes consoante seu *status* migratório.

a condição de admissibilidade de um estrangeiro no Brasil era não implicar sua entrada ônus ou encargos para o Estado brasileiro. Esta era a regra.[454] E esta condição restava satisfeita se o estrangeiro fosse aposentado e percebesse proventos; se fosse estudante até 25 anos e vivesse na dependência dos pais, irmão ou tutor ou se fosse cônjuge de brasileiro e por ele sustentado.

O bom procedimento era a avaliação discricionária do Estado brasileiro sobre o comportamento ético e social do estrangeiro. Como ele se conduzia na sua vida pública e privada. A inexistência de condenação criminal, no Brasil ou no exterior, também constituíam critérios de avaliação sobre a conduta social do estrangeiro que pretende se tornar brasileiro.

Por fim, a boa saúde nos parecia um critério inconstitucional. Resguardado casos extremos de doenças contagiosas e possibilidades reais de risco epidêmico, o tão só fato de alguém não gozar de boa saúde é *descrimen* evidentemente inconstitucional.

3.2.4 Procedimento

No Brasil, o procedimento de naturalização era até 2107 um procedimento híbrido.[455] Até 10 de maio de 2016, foi regulado pela

---

Ainda enquanto em vigor o denominado Estatuto do Estrangeiro, Lei nº 6.815/80, informado pela doutrina da segurança nacional, própria do regime de exceção em que concebido, pelos interesses políticos, socioeconômicos e culturais do Brasil, e, especialmente, pela proteção do trabalhador nacional, os órgãos encarregados da Política Migratória Nacional (Ministério da Justiça, por meio da Polícia Federal, e, especialmente, pelo Departamento de Estrangeiros, ligado à Secretaria Nacional de Justiça; o Conselho Nacional de Imigração, vinculado ao Ministério do Trabalho, embora com representação de outros órgãos de governo e o Ministério das Relações Exteriores, responsável pelo implemento desta política no plano externo, especialmente no que concerne à emissão de vistos pelo serviço exterior brasileiro, em atividade consular) procuravam orientar seus procedimentos por outros princípios informativos, de envergadura constitucional, considerados os compromissos assumidos pelo Estado brasileiro no plano internacional. Neste sentido, os fins da Política Nacional de Imigração já eram, quando da revogação da lei, frontalmente distintos dos princípios informativos da Lei nº. 6.815/80 (art. 2º), e se orientavam pela observância dos direitos humanos que correspondem às necessidades essenciais de todas as pessoas, devendo ser atendidos para a garantia de uma vida com dignidade. A atual política de migração é sustentada sobre três eixos: (i) entrada; (ii) participação na sociedade; e, (iii) acesso a serviços.

[454] GUIMARÃES, Francisco Xavier da Silva. *Nacionalidade*: aquisição, perda e reaquisição. Rio de Janeiro: Forense, 1995. p. 46.

[455] "A concessão da naturalização constitui, em nosso sistema jurídico, ato que se insere na esfera de competência do Ministro da Justiça, qualificando-se como faculdade exclusiva do Poder Executivo (Lei nº 6.815/80, art. 111). – A aquisição da condição de brasileiro naturalizado, não obstante já deferida pelo Ministro da Justiça, somente ocorrerá após a entrega, por magistrado federal, do concernente certificado de naturalização" (STF. Pleno. EXT 1074, julgada em 14 de fevereiro de 2008).

Lei nº 6.815/1980 e pelo Decreto nº 86.715, de 10 de dezembro de 1981. Nesta data, entrou em vigor o Decreto nº 8.757/16, que alterou o procedimento de naturalização para acabar com a exigência de renúncia à nacionalidade anterior como condição da concessão de nacionalidade brasileira secundária. E em novembro de 2017, entrou em vigor a Lei nº 13.445/2017, que reformulou todo o procedimento.

Em linguagem própria de direito administrativo, tratava-se, até 2017, de procedimento complexo: aquele de que depende a manifestação de vontade de mais de um órgão, sem vinculação entre ambos.[456] Deste tipo de procedimento, são exemplos: a escolha de juízes de Tribunais Superiores, em que o Presidente da República faz a indicação de um nome, cuja aprovação pelo Senado Federal é necessária, mas não vinculativa, somente em caso negativo; e o procedimento extradicional, em que o Presidente da República pode negá-lo sumariamente ou, na hipótese de desejar entregar o estrangeiro, submetê-lo a exame de legalidade pelo STF que, deferindo o pedido, somente autoriza a extradição, que pode ainda não ser efetivada pelo Presidente. No procedimento de naturalização, sob a regulamentação da lei antiga, o pedido era formulado ao Ministro de Estado da Justiça que, após analisar os requisitos constitucionais e legais, o deferia ou indeferia. Se indeferido, encerrava-se o procedimento (a menos que se promovesse sua revisão judicial). Se deferido, eram os autos do processo administrativo encaminhados ao juiz federal da localidade de residência do naturalizando para que lá se realizasse audiência solene de concessão de nacionalidade brasileira, quando seria tomado do estrangeiro o compromisso de bem cumprir os deveres de brasileiro e examinanda sua proficiência em língua portuguesa, podendo o juiz, em ambos os casos, negar a concessão.

O Decreto nº 86.715/1981, em seu art. 129, regulamentava a audiência de entrega de certificado de naturalização, e estabelecia que o Juiz Federal deveria aferir se o naturalizando: (i) conhece a língua, pela leitura de trechos da Constituição; (ii) assume o compromisso de bem cumprir os deveres de brasileiro; e, (iii) renuncia à nacionalidade anterior. Tal renúncia era percebida pela doutrina e por parte da

---

[456] CRETELLA JUNIOR, José. *Manual de Direito Administrativo*. 7. ed. Rio de Janeiro: Forense, 2005, p. 138: "Ato complexo é aquele que se concretiza pela manifestação de vontade sucessiva ou simultânea de dois órgãos da Administração Pública, quer sejam singulares, quer sejam coletivos".

CAPÍTULO 3
A NACIONALIDADE NO DIREITO BRASILEIRO | 169

jurisprudência como uma desnecessidade,[457] além de uma clara violação aos direitos do naturalizando, na medida em que nem a Constituição, nem a Lei nº 6.815/1980, a exigiam;[458] e, especialmente, porque não poderia a soberania brasileira impor a soberanias estrangeiras quando

---

[457] ESPÍNOLA, Eduardo; ESPÍNOLA FILHO, Eduardo. *Tratado de Direito Civil Brasileiro*. Rio de Janeiro: Freitas Bastos, 1940. v. V. Da Nacionalidade Brasileira, p. 434: "(…) não exige a nossa lei, como condição para a naturalização do estrangeiro, a perda da nacionalidade anterior, segundo a lei respectiva".

[458] Cuidando de opção da nacionalidade, e não de naturalização, o Tribunal Regional Federal da Segunda Região assentou não ser possível exigir-se a renúncia a qualquer outra nacionalidade para obtenção da nacionalidade brasileira por ausência de previsão constitucional. Cf. DIREITO INTERNACIONAL PRIVADO, CONSTITUCIONAL E PROCESSUAL CIVIL. HOMOLOGAÇÃO DE OPÇÃO DE NACIONALIDADE. PROCEDIMENTO DE JURISDIÇÃO VOLUNTÁRIA. HABEAS DATA IMPETRADO PARA EXCLUIR DO ASSENTAMENTO CIVIL CLÁUSULA DE RENÚNCIA À OUTRA NACIONALIDADE. I – Constitui procedimento de jurisdição voluntária a atividade judicial destinada a alterar os termos da opção de nacionalidade anteriormente homologada com cláusula de renúncia à outra nacionalidade, consoante os termos do art. 1.111 do Código de Processo Civil, motivo pelo qual é descabido o seu posterior recebimento como habeas data, em razão da incompatibilidade do manejo deste remédio constitucional com a natureza dos dados que se pretendem modificar – opção de nacionalidade constante do assentamento civil do autor – dotados de caráter eminentemente público, ressalvada apenas a necessidade de ordem judicial ao cartório de registro civil (art. 32, caput e §§ da Lei 6.015-73) para que este proceda a alteração. II – Anulação de todos atos praticados desde a decisão que, determinando a sua autuação do feito como habeas data, converteu-o em procedimento de jurisdição contenciosa; e, tratando-se de questão exclusivamente de direito, tem-se por autorizado o conhecimento do mérito da causa pelo órgão jurisdicional ad quem, conforme o permissivo do §3º do art. 515 do Código de Processo Civil. III – A definitividade da obtenção originária de nacionalidade brasileira por filho de brasileiros, nascido no exterior, e que cujos pais lá não estivessem a serviço do Brasil, sempre ficou condicionada à posterior formalização da opção de nacionalidade, a qual, na ordem constitucional reinante poderá se dar a qualquer momento (art. 12, I, "c" da Constituição da República de 1988 com redação dada pela Emenda Constitucional da Revisão nº 3 de 1994). IV – Na Constituição anterior, entretanto, consoante o art. 145, I, "c", a opção deveria se dar até quatro anos depois de atingida a maioridade, exceto quando o nascimento estivesse assentado na repartição brasileira competente no exterior, o que afasta o caráter provisório da nacionalidade brasileira adquirida, afigurando-se descabida a exigência de realização de opção pelo recorrente, visto que foi efetuado o devido registro no consulado brasileiro nos Estados Unidos da América. V – *A cláusula de renúncia à outra nacionalidade não encontra guarida no ordem constitucional brasileira ou nos princípios internacionais norteadores da nacionalidade, uma vez que a cada Estado cabe, por meio de sua Constituição, regular as hipóteses de aquisição e perda de nacionalidade (Convenção de Haia de 1930, artigo 2º). VI – A vedação dirigida aos nacionais de um Estado que impeça a aquisição e manutenção de outras nacionalidades compatíveis com as exigências constitucionais configura afronta à soberania do Estado requerido, diante da impossibilidade de bilateralização de normas de Direito Internacional Privado.* VII – Provimento do recurso do impetrante, para anular a decisão que converteu o procedimento de jurisdição voluntária em contenciosa, bem como a sentença terminativa impugnada e, nos termos do art. 515, §3º do Código de Processo Civil, deferir o pedido, determinando a supressão no assentamento civil do impetrante da cláusula que determina a sua renúncia a qualquer outra nacionalidade" (TRF2. Sexta Turma. AP em habeas data 307690. Rel. Des. Fed. André Fontes. Julgado em 30 de outubro de 2002. Grifo meu).

devam ou não considerar alguém um seu nacional.[459] Esta exigência podia ainda causar prejuízo ao naturalizando que, em qualquer outro momento da vida, poderia se valer de outra nacionalidade, que detivesse por vínculo originário. É que a renúncia expressa à nacionalidade, manifestada perante uma soberania estrangeira, provoca, em muitos sistemas legais estrangeiros, como consequência jurídica, a perda da nacionalidade originária.

De qualquer modo, muitos magistrados federais, mesmo contra estes fortes argumentos, continuaram a exigir a mencionada renúncia. E o faziam por entender que ela representava, ainda que simbolicamente, o compromisso que o estrangeiro assume com o País com quando decidia estabelecer com ele vínculo jurídico-político por opção.[460] Considerava-se, em favor da exigência da renúncia, o fato de que ela poderia ser desconsiderada pela soberania estrangeira, no que concerne à condição de nacional nato que eventualmente queira conferir ao naturalizado brasileiro.

Em 10 de maio de 2016, entrou em vigor o Decreto nº 8.757, que trouxe nova regulamentação infralegal ao procedimento de naturalização, revogando, expressamente, dispositivos do Decreto nº 86.715/1981, entre os quais, o do art. 129, inc. II, que estabelecia a exigência de renúncia à nacionalidade anterior a ser colhida pelo juiz federal da audiência solene de entrega do certificado de naturalização. Até 2017, a concessão da nacionalidade brasileira derivada se dava por Portaria do Ministro da Justiça que emitia certificado em nome do naturalizando e o encaminhava ao juiz federal da cidade onde tinha domicílio. Era nesta localidade, na 1a Vara, onde houvesse mais de um Juízo Federal, ou na Vara Única, onde só uma existisse, que o juiz federal fazia a entrega mediante o preenchimento dos requisitos mencionados.

Sob a nova Lei de Migração, o requerimento de naturalização será endereçado ao Ministério da Justiça, devendo ser apresentado em uma das unidades da Polícia Federal. A Polícia Federal, processará

---

[459] Em abono desta tese, cf. MIRANDA, Pontes de. *Nacionalidade de origem e naturalização no direito brasileiro*. Rio de Janeiro: A. Coelho Branco, 1936, p. 30: "Os Estados podem dizer quem são seus nacionais, mas não os de outros Estados. É-lhes lícito exigir que se perca a nacionalidade de outro Estado antes de adquirir a sua, porém não que a aquisição da sua implique perda da nacionalidade de outro Estado. Em resumo: o Estado só legisla sobre aquisição e perda da 'sua' nacionalidade".

[460] O tem 2, do artigo 337, do *Immigration and Nationality Act*, que disciplina a naturalização no direito norte-americano, dispõe sobre o juramento de renúncia à qualquer nacionalidade ou soberania estrangeira: "(2) *to renounce and abjure absolutely and entirely all allegiance and fidelity to any foreign prince, potentate, state, or sovereignty of whom or which the applicant was before a subject or citizen*".

o pedido de naturalização e encaminhará o processo para análise ao Departamento de Migrações que emitirá parecer fundamentado sobre o mérito do pedido e o encaminhará ao Secretário Nacional de Justiça para decisão. A decisão que deferir o pedido de naturalização será publicada no Diário Oficial da União. Publicada a decisão deferindo o pedido de naturalização, o naturalizado deverá entregar a Carteira de Registro Nacional Migratória em uma das unidades da Polícia Federal.

3.2.5 A radicação precoce

Radicar-se é criar raízes, enraizar-se, vincular-se. No direito medieval, os *iura radicata* eram os direitos adquiridos.[461] Por radicação precoce, em matéria de naturalização, entendem-se suas hipóteses especiais que ocorrem quando crianças ou adolescentes estrangeiros fixam residência no território, e, com este fato, adquirem o direito à naturalização, tal como eram previstas estas hipóteses nos arts. 115, incs. I e II, e 116, da Lei nº 6.815/1980,[462] agora prevista no art. 70 da Lei nº 13.445/2017.[463] O inc. I do art. 115, da Lei nº 6.815/1980, estabelecia que o estrangeiro admitido no Brasil até cinco anos de idade, radicado definitivamente no território nacional, desde que requeresse a naturalização até dois anos após atingir a maioridade, devia tê-la concedida. O inc. II estabelecia que ao estrangeiro que viesse a residir no Brasil antes

---

[461] HESPANHA, António Manuel. *Cultura jurídica europeia*: síntese de um milénio. Coimbra: Almedina, 2015. p. 32.

[462] "Art. 115. O estrangeiro que pretender a naturalização deverá requerê-la ao Ministro da Justiça, declarando: nome por extenso, naturalidade, nacionalidade, filiação, sexo, estado civil, dia, mês e ano de nascimento, profissão, lugares onde haja residido anteriormente no Brasil e no exterior, se satisfaz ao requisito a que alude o artigo 112, item VII e se deseja ou não traduzir ou adaptar o seu nome à língua portuguesa. §1º. A petição será assinada pelo naturalizando e instruída com os documentos a serem especificados em regulamento. §2º. Exigir-se-á a apresentação apenas de documento de identidade para estrangeiro, atestado policial de residência contínua no Brasil e atestado policial de antecedentes, passado pelo serviço competente do lugar de residência no Brasil, quando se tratar de: I – estrangeiro admitido no Brasil até a idade de 5 (cinco) anos, radicado definitivamente no território nacional, desde que requeira a naturalização até 2 (dois) anos após atingir a maioridade; II – estrangeiro que tenha vindo residir no Brasil antes de atingida a maioridade e haja feito curso superior em estabelecimento nacional de ensino, se requerida a naturalização até 1 (um) ano depois da formatura. §3º. Qualquer mudança de nome ou de prenome, posteriormente à naturalização, só por exceção e motivadamente será permitida, mediante autorização do Ministro da Justiça".

[463] "Art. 70. A naturalização provisória poderá ser concedida ao migrante criança ou adolescente que tenha fixado residência em território nacional antes de completar 10 (dez) anos de idade e deverá ser requerida por intermédio de seu representante legal. Parágrafo único. A naturalização prevista no caput será convertida em definitiva se o naturalizando expressamente assim o requerer no prazo de 2 (dois) anos após atingir a maioridade".

de atingir a maioridade, e desde que tivesse concluído curso superior em estabelecimento nacional de ensino, teria concedida a naturalização se a requeresse até um ano depois da formatura.

Já o art. 116 da mesma lei[464] determinava que o representante legal do estrangeiro admitido no Brasil durante os primeiros cinco anos de vida e que tivesse estabelecido residência definitivamente no território nacional, pudesse requerer a emissão de um certificado provisório de naturalização, que valia como prova de nacionalidade brasileira até dois anos após ter atingido a maioridade. A naturalização tornar-se-ia definitiva se o provisoriamente nacional confirmasse expressamente sua intenção de continuar brasileiro dentro do prazo de dois anos após atingir a maioridade. Ambos os requerimentos eram direcionados ao Ministro da Justiça.

Atualmente, o artigo 70 da Lei nº 13.445/2017 prevê a possibilidade de o representante legal da criança ou adolescente estrangeiro, que tenha fixado residência no território nacional antes de completar 10 (dez) anos de idade, requerer sua naturalização provisória. Esta naturalização será convertida em definitiva se o naturalizando expressamente assim o requerer no prazo de 2 (dois) anos após atingir a maioridade.

A radicação precoce é uma proteção que o Estado brasileiro confere ao estrangeiro radicado em tenra idade no Brasil, mas que somente inicia o procedimento de naturalização, especial e com regras próprias, que será concluído somente com a manifestação inequívoca de vontade após a maioridade.

3.2.6 Os filhos de brasileiros naturalizados

O filho de um estrangeiro naturalizado será estrangeiro se o nascimento tiver se dado antes da naturalização dos pais, porque terá nascido filho de estrangeiros. Neste caso, se pretender se tornar brasileiro, deverá, tal como os pais, naturalizar-se brasileiro. No entanto, se nascido após a naturalização dos pais, a criança será brasileira nata, observada a hipótese da alínea *c*, do inc. I, art. 12, da Constituição, na medida em que o dispositivo não estabelece qualquer distinção entre nato ou naturalizado, referindo-se, tão somente a filhos de pai ou mãe brasileiros.

---

[464] "Art. 116. O estrangeiro admitido no Brasil durante os primeiros 5 (cinco) anos de vida, estabelecido definitivamente no território nacional, poderá, enquanto menor, requerer ao Ministro da Justiça, por intermédio de seu representante legal, a emissão de certificado provisório de naturalização, que valerá como prova de nacionalidade brasileira até dois anos depois de atingida a maioridade".

CONSTITUCIONAL – NACIONALIDADE – OPÇÃO DE NACIO-
NALIDADE BRASILEIRA ORIGINÁRIA – NASCIMENTO NO
LÍBANO – NACIONALIDADE BRASILEIRA DOS PAIS POSTERIOR
AO NASCIMENTO – ART. 12, I, 'C', CRFB/1988 1. Apelação em face
de sentença que, em ação declaratória de nacionalidade brasileira,
julgou improcedente o pedido autoral. 2. Pelos termos do art. 12, I,
'c', da Constituição da República, para o deferimento da opção de
nacionalidade, o requerente, quando do nascimento, deveria ser filho de
pai brasileiro ou mãe brasileira, e a condição de nacional brasileiro de
seus pais somente foi obtida a partir de requerimento de naturalização
brasileira, em data posterior ao seu nascimento. 3. Por se tratar de hipótese
de filiação estrangeira, sem que um dos pais seja brasileiro, não cabe
o acolhimento da pretensão, por ausência dos requisitos exigidos. 4. A
nacionalidade originária é aquela que o indivíduo adquire em razão do
nascimento, segundo critérios sanguineos, territoriais ou misto, ou seja, a
nacionalidade originária nasce com o indivíduo. 5. Apelação a que se nega
provimento (TRF2. Oitava Turma. Apelação Cível nº 200751010016598.
Relator Desembargador Federal Raldênio Bonifacio Costa. Julgado em
16 de junho de 2009 e publicado em 19 do mesmo mês).

3.3 A extradição de brasileiros

A extradição é medida administrativa, judicialmente controlada.
É medida de natureza híbrida, como se dá com a naturalização. É parte
administrativa; parte judicial. É espécie do gênero cooperação jurídica
em matéria criminal. A Lei nº 13.445 dela se ocupa dos arts. 81 a 99. Tem
como fundamento jurídico a existência de um tratado de extradição[465][466]
ou de uma promessa de reciprocidade.[467] E somente pode se dar se o

---

[465] Os tratados internacionais, quando internalizados no direito pátrio, se equiparam às leis
ordinárias. Assim, os tratados de extradição são leis entre os Estados contratantes. Os tratados
são firmados pelo Presidente da República (artigo 84, VIII, da CRFB/88); aprovados pelo
Congresso Nacional (artigo 49, I, da CRFB/88) – por meio de um decreto legislativo, cuja
natureza jurídica é a de ato-condição, próprio dos procedimentos complexos em que se têm
a necessidade de conjugar a vontade de dois órgãos distintos, sem vinculação entre ambos,
sem o qual o tratado não pode ser ratificado –; ratificados pelo Presidente da República,
em ato de direito internacional público que já obriga o país no plano internacional. É dizer:
embora não obrigue os nacionais internamente, impõe que o Estado não se comporte de modo
contrário ao que previsto no tratado e, por fim, promulgados e publicados internamente,
passando a ostentar observância obrigatória no país.

[466] O Brasil mantém tratados bilaterais de extradição com Argentina, Bélgica, Bolívia, Chile,
Colômbia, Equador, EUA, Itália, Lituânia, Reino Unido (Inglaterra e Irlanda do Norte),
México, Paraguai, Peru, Portugal, Rússia, Suíça, Venezuela e Uruguai.

[467] A promessa de reciprocidade é um dos raros exemplos de um acordo executivo no direito
brasileiro. Por meio deste acordo, o Estado requerente promete atender ao pedido de
extradição, formulado pelo Estado requerido, numa oportunidade posterior.

extraditando responder a processo-crime em que se tenha a possibilidade de impor sanção penal, privativa de liberdade, igual ou superior a dois anos, ou se já lhe tenha sido imposta uma pena nestes moldes. Sanções penais pecuniárias ou restritivas de direitos não autorizam extradição. A prática de delitos puramente políticos também não.

Pode ser definida como a entrega de um estrangeiro, a uma jurisdição estrangeira, para que este seja, nela, jurisdicionado.

Dissecando-se a definição, pode-se melhor compreendê-la. A locução "entrega de um estrangeiro" revela que, como regra, somente os estrangeiros podem ser extraditados. Os brasileiros natos nunca o serão; e os naturalizados, somente quando o crime de que forem acusados tiver sido cometido em momento anterior à naturalização; portanto, em momento em que extraditando não era brasileiro, considerada a natureza constitutiva da nacionalidade derivada, ou quando se tratar de crime de tráfico internacional de drogas.

A entrega de um estrangeiro se dará a uma jurisdição estrangeira. No procedimento de extradição, tem-se a entrega de um não nacional, de qualquer nacionalidade, ou mesmo sem nacionalidade, a uma jurisdição estrangeira. É dizer: à jurisdição de um Estado soberano. Aqui, releva salientar que não se impõe seja o estrangeiro nacional do Estado requerente, de modo que pode o paraguaio ser entregue ao Equador, o francês à Itália, o uruguaio à Bélgica, bem como se pode entregar o húngaro à Hungria ou o polonês à Polônia. Por jurisdição estrangeira se entende a jurisdição de um Estado soberano. Assim, não se trata a extradição de entrega de um indivíduo a uma corte internacional.[468]

A jurisdição internacional é uma jurisdição a qual o Estado se submete por vontade. Nessa medida, autorizada está a entrega de um brasileiro à Corte Penal Internacional, estatuída pelo Tratado de Roma. Neste caso, ter-se-ia a entrega de um nacional a uma jurisdição internacional, da qual o Estado brasileiro é Parte.[469]

---

[468] Muito se vê na imprensa, de forma equivocada, a notícia que tal ou qual pessoa, em geral ex-chefe de Estado, foi extraditado por seu país de nacionalidade para a Corte Penal Internacional. Nesses casos, como se viu, tem-se outra figura que com a extradição não se confunde: tem-se a entrega.

[469] A denúncia é forma de extinção dos tratados. Instituto típico de direito contratual, é espécie do gênero dissolução do contrato, que compreende: a rescisão, a resolução e a resilição. A resilição, ou extinção contratual por vontade das partes, pode ser bilateral, o chamado distrato, ou unilateral, em que se tem o exercício de um direito potestativo (faculdade de interferir na esfera jurídica de outrem, sem a necessidade de sua anuência). A resilição unilateral tem lugar quando a lei o permitir, o contrato a prever, ou quando a natureza do acordo for com ela compatível, como nos contratos de confiança, como o mandato, em que o mandante pode, no exercício de seu direito potestativo, revogá-lo e o mandatário a

CAPÍTULO 3
A NACIONALIDADE NO DIREITO BRASILEIRO | 175

Voltando-se à definição, tem-se: entrega de um estrangeiro a uma jurisdição estrangeira para que seja este, nela, jurisdicionado. Ser jurisdicionado é, em sentido largo, submeter-se à jurisdição. A extradição pode ser requerida para que o extraditando seja processado criminalmente, ou para que uma sanção penal já imposta em processo criminal seja executada. Daí porque falar-se em jurisdicionado. A jurisdição, como se sabe, compreende o conhecimento e a execução. Assim, se o pedido se der para que o extraditando se veja processar, é denominado extradição instrutória. Se o pedido se destinar à execução de uma pena já imposta, denomina-se executória.

Para que se dê curso à cooperação e se extradite para cumprimento de pena, também é necessário que a pena seja compatível com o sistema de direitos fundamentais brasileiro, de modo que não se extraditará para cumprimento de penas corporais ou degradantes, de trabalhos forçados, de banimento, de morte, perpétua ou cujo cumprimento se dê em tempo maior que 30 anos, nos termos do art. 75, do Código Penal (CP). Como se trata de procedimento de cooperação jurídica internacional, pode o STF exigir, como condição de deferimento da extradição, o compromisso do Estado requerente de que comutará qualquer destas penas em espécie de pena admitida no sistema brasileiro.

Recebido o pedido extradicional pelo Ministério das Relações Exteriores (MRel), será submetido ao Presidente da República, que decide entre recusar sumariamente seu atendimento, encerrando o processo, ou submetê-lo a controle de legalidade pelo STF. Assim, se decidir cooperar com a jurisdição amiga, deverá o Presidente da República submeter o pedido extradicional ao Supremo Tribunal Federal.[470]

---

ele renunciar. A resilição unilateral ainda se subdivide em: redibição, renúncia, revogação e denúncia. Denúncia consiste em desfazer o acordo simplesmente comunicando-se à outra parte o seu desfazimento. É o que ocorre com os tratados, em razão da soberania que faz com que os Estados só se submetam às suas regras por vontade, e enquanto ela perdurar. Curioso, no caso brasileiro, com relação à submissão ao Tratado de Roma, é que se fez constar, por Emenda Constitucional, esta submissão no próprio texto constitucional, como se vê do §4º, do artigo 5º, do título dos direitos e garantias fundamentais, cláusula pétrea, portanto, de sorte que enquanto vigorar a atual Carta Política, o Brasil não poderá deixar de se submeter à jurisdição da Corte Penal Internacional, por ser esta uma cláusula constitucional pétrea no Brasil.

[470] No Supremo Tribunal Federal (STF), o pedido será distribuído a um relator. A primeira providência que este relator tomará será decretar a prisão do extraditando, ouvido o Ministério Público. Como se viu, só há extradição para que o extraditando seja processado por crime cuja pena seja privativa de liberdade, igual ou superior a dois anos, sendo necessário que sua segregação, ao menos cautelar, já tenha sido determinada na jurisdição requerente. Do contrário, se não houver prisão processual já decretada, ter-se-ia a situação em que o extraditando poderia responder ao processo no Brasil, valendo-se a jurisdição requerente

A Circular de 04 de fevereiro de 1847, que disciplinava a extradição sob a vigência da Constituição Imperial de 1824, dispunha que se o criminoso fosse brasileiro sua entrega em extradição era vedada, porque assim previa o texto constitucional. A Constituição Republicana de 1891 não cuidou do tema e, ante a ausência de disposição constitucional expressa, a Lei nº 2.416, de 28 de junho de 1911, autorizava, no §1º de seu art. 1º, a extradição de brasileiros, desde que houvesse reciprocidade de tratamento. Se se tratasse de brasileiro naturalizado, dispensava-se a reciprocidade se o crime houvesse sido cometido antes da naturalização.[471]

A Constituição de 1934 impediu a extradição de nacionais, sem distinção entre natos ou naturalizados. Já a Constituição de 1937 manteve o impedimento, embora com redação defeituosa, afirmando que nenhum brasileiro poderia ser "extraditado por governo estrangeiro", quando se sabe que quem extradita é o Estado em que se encontra o extraditando.[472] Um ano mais tarde, o Decreto nº 394, de 28 de abril de 1938, estabeleceu que a extradição de brasileiros não seria concedida "em nenhum caso".[473]

A inextratabilidade de brasileiro nunca importou em impunidade, na medida em que a lei penal brasileira indica ser possível a

---

de outro mecanismo de cooperação jurídica internacional, qual seja, a expedição de cartas rogatórias instrutórias.

Pautado o processo para julgamento em plenário, o Supremo examinará: se o crime supostamente cometido é considerado crime no Brasil. É o chamado princípio da dupla tipicidade (não é necessário ostentar a mesma cota marginal, o mesmo *nomen juris*, basta a mesma descrição típica); se se trata de crime político, eis que nesse caso não é possível a extradição, se a pena é igual ou superior a um ano, se o extraditando já foi processado pelo mesmo crime, se a pena já se encontra prescrita, se o julgamento se deu ou se dará por tribunal de exceção; se o crime foi cometido no território do Estado requerente ou se é alcançado por sua lei penal por extraterritorialidade; se a pena a ser executada ou imposta é compatível com o direito pátrio, podendo exigir do Estado requerente que se comprometa a comutá-la para adequá-la a um padrão admissível no direito brasileiro e, por fim, se o processo a que foi submetido o extraditando observou o postulado do devido processo legal.

Autorizada a extradição (o Supremo Tribunal Federal não extradita, isso é competência do Presidente da República, somente autoriza a extradição), a questão volta ao Presidente da República para que esta decida se deseja ou não entregar o extraditando.

Há casos em que o tratado de extradição, cuja internalização a ele confere *status* de lei ordinária no Brasil, obriga o Presidente da República a entregar o extraditando se autorizada, pelo Supremo, a extradição. Nestes casos, a não entrega não seria discricionária e consubstanciaria violação à lei, podendo assim ser determinada pelo STF.

[471] SOUZA, Arthur de Brito Gueiros. *As novas tendências do Direito Extradicional*. 2. ed. rev. atual. ampl. Rio de Janeiro: Renovar, 2013. p. 130-131.

[472] *Ibidem*, p. 132.

[473] *Ibidem*.

responsabilização criminal de brasileiros, no Brasil, por crimes praticados no exterior, a revelar o princípio "extradita ou julga", *aut dedere aut judicare*.

A Constituição de 1988 impede a extradição de brasileiros como regra, excetuando-se as situações de naturalizados: (i) quando o crime de que forem acusados tiver sido cometido em momento anterior à naturalização, portanto em momento em que extraditando não era brasileiro; e, (ii) quando se tratar de crime de tráfico internacional de drogas.

No primeiro caso, se teria a extradição por crime praticado em momento em que extraditando não era brasileiro, considerada a natureza constitutiva da nacionalidade derivada. No segundo, para se evitar que estrangeiros se naturalizem para a prática de crimes de tráfico internacional de drogas.

EMENTA: HABEAS CORPUS – IMPETRAÇÃO CONTRA O MINISTRO DA JUSTIÇA – WRIT QUE OBJETIVA IMPEDIR O ENCAMINHAMENTO, AO SUPREMO TRIBUNAL FEDERAL, DE PEDIDO EXTRADICIONAL FORMULADO POR GOVERNO ESTRANGEIRO – INAPLICABILIDADE DO ART. 105, I, "C", DA CONSTITUIÇÃO – COMPETÊNCIA ORIGINÁRIA DO SUPREMO TRIBUNAL FEDERAL – PEDIDO CONHECIDO. – Compete ao Supremo Tribunal Federal processar e julgar, originariamente, pedido de habeas corpus, quando impetrado contra o Ministro da Justiça, se o writ tiver por objetivo impedir a instauração de processo extradicional contra súdito estrangeiro. É que, em tal hipótese, a eventual concessão da ordem de habeas corpus poderá restringir (ou obstar) o exercício, pelo Supremo Tribunal Federal, dos poderes que lhe foram outorgados, com exclusividade, em sede de extradição passiva, pela Carta Política (CF, art. 102, I, "g"). Conseqüente inaplicabilidade, à espécie, do art. 105, I, "c", da Constituição. Precedentes. PREJUDICIALIDADE DA AÇÃO DE HABEAS CORPUS, POR EFEITO DE PERDA SUPERVENIENTE DE SEU OBJETO. – A ocorrência de fato processualmente relevante – denegação, pelo Governo brasileiro, de encaminhamento do pedido de extradição, por reputá-lo inadmissível – gera situação de prejudicialidade da ação de habeas corpus, por perda superveniente de seu objeto. A formal recusa do Governo brasileiro em fazer instaurar, perante o Supremo Tribunal Federal, processo extradicional contra pessoa constitucionalmente qualificada como titular de nacionalidade brasileira primária (CF, art. 5º, LI), não obstante a existência, no caso, de típica hipótese de conflito positivo de nacionalidades (CF, art. 12, §4º, II, "a"), impede – considerada a superveniência desse fato juridicamente relevante – o prosseguimento da ação de habeas corpus. "OBITER DICTUM" DO RELATOR (MIN. CELSO

DE MELLO), MOTIVADO PELA PERDA SUPERVENIENTE DE OBJETO DA PRESENTE AÇÃO DE "HABEAS CORPUS": IMPOSSIBILIDADE CONSTITUCIONAL ABSOLUTA DE EXTRADITAR-SE BRASILEIRO NATO E POSSIBILIDADE DE APLICAÇÃO EXTRATERRITORIAL DA LEI PENAL BRASILEIRA A FATOS DELITUOSOS SUPOSTAMENTE COMETIDOS, NO EXTERIOR, POR BRASILEIROS – CONSIDERAÇÕES DE ORDEM DOUTRINÁRIA E DE CARÁTER JURISPRUDENCIAL. – *O brasileiro nato, quaisquer que sejam as circunstâncias e a natureza do delito, não pode ser extraditado, pelo Brasil, a pedido de Governo estrangeiro, pois a Constituição da República, em cláusula que não comporta exceção, impede, em caráter absoluto, a efetivação da entrega extradicional daquele que é titular, seja pelo critério do "jus soli", seja pelo critério do "jus sanguinis", de nacionalidade brasileira primária ou originária. Esse privilégio constitucional, que beneficia, sem exceção, o brasileiro nato (CF, art. 5º, LI), não se descaracteriza pelo fato de o Estado estrangeiro, por lei própria, haver-lhe reconhecido a condição de titular de nacionalidade originária pertinente a esse mesmo Estado (CF, art. 12, §4º, II, "a").* – Se a extradição não puder ser concedida, por inadmissível, em face de a pessoa reclamada ostentar a condição de brasileira nata, legitimar-se-á a possibilidade de o Estado brasileiro, mediante aplicação extraterritorial de sua própria lei penal (CP, art. 7º, II, "b", e respectivo §2º) – e considerando, ainda, o que dispõe o Tratado de Extradição Brasil/Portugal (Artigo IV) –, fazer instaurar, perante órgão judiciário nacional competente (CPP, art. 88), a concernente "persecutio criminis", em ordem a impedir, por razões de caráter ético-jurídico, que práticas delituosas, supostamente cometidas, no exterior, por brasileiros (natos ou naturalizados), fiquem impunes. Doutrina. Jurisprudência. AINDA OUTRO "OBITER DICTUM" DO RELATOR (MIN. CELSO DE MELLO): A QUESTÃO DA NACIONALIDADE BRASILEIRA – HIPÓTESES DE OUTORGA E PERDA DESSE VÍNCULO POLÍTICO-JURÍDICO EM FACE DO ESTADO BRASILEIRO – ROL TAXATIVO – MATÉRIA DE ORDEM ESTRITAMENTE CONSTITUCIONAL. DOUTRINA. – As hipóteses de outorga da nacionalidade brasileira, quer se trate de nacionalidade primária ou originária (da qual emana a condição de brasileiro nato), quer se cuide de nacionalidade secundária ou derivada (da qual resulta o "status" de brasileiro naturalizado), decorrem, exclusivamente, em função de sua natureza mesma, do texto constitucional, pois a questão da nacionalidade traduz matéria que se sujeita, unicamente, quanto à sua definição, ao poder soberano do Estado brasileiro. Doutrina. – A perda da nacionalidade brasileira, por sua vez, somente pode ocorrer nas hipóteses taxativamente definidas na Constituição da República, não se revelando lícito, ao Estado brasileiro, seja mediante simples regramento legislativo, seja mediante tratados ou convenções internacionais, inovar nesse tema, quer para ampliar, quer para restringir, quer, ainda, para modificar os casos autorizadores da privação – sempre excepcional – da

CAPÍTULO 3
A NACIONALIDADE NO DIREITO BRASILEIRO | 179

condição político-jurídica de nacional do Brasil. Doutrina (STF. Pleno. HC 83.113. Rel. Min. Celso de Melo. Julgado em 26 de junho de 2003. Grifo meu).

3.4 Obrigações decorrentes da nacionalidade

Considerada a nacionalidade como vínculo jurídico-político que liga um indivíduo a um Estado soberano, cumpre examinar os direitos e obrigações que dela decorrem. Entre os direitos, os de entrar e permanecer no território, receber proteção diplomática e não ser extraditado. Quanto às obrigações, é possível indicar as seguintes: prestar serviço militar,[474] pagar tributos, servir ao Tribunal do Júri e votar.

"A prestação do serviço militar é o dever primordial de todo brasileiro".[475] "O serviço militar é obrigatório nos termos da lei".[476] "O serviço militar é obrigatório a todos os brasileiros nos termos da lei".[477]

"O serviço do júri é obrigatório. O alistamento compreenderá os cidadãos maiores de 18 (dezoito) anos de notória idoneidade". O art. 436 do Código de Processo Penal (CPP) – Decreto-Lei nº 3.689, de 03 de outubro de 1941, estabelece ser obrigatório o serviço do júri para os cidadãos, entendido aqui o termo como nacional. A recusa injustificada enseja aplicação de multa, nos termos do §2º do mesmo artigo.

O voto no Brasil é obrigatório, como preceitua o §1º do art. 14 da CRFB de 1988. O preceito revela ser obrigatório no Brasil o exercício da cidadania, ao menos para os maiores de 18 e menores de 70 anos. É também obrigatório o serviço como mesário eleitoral quando convocado o brasileiro. A falta injustificada constitui crime eleitoral, nos termos do art. 344, da Lei nº 4.737, de 15 de julho de 1965 – Código Eleitoral –, e enseja a aplicação de multa, nos termos do art. 124 do mesmo Código.

No que concerne à tributação, embora o Brasil não adote como regra a nacionalidade como fundamento relevante, verifica-se a exceção quanto ao pagamento de taxas referentes a serviços consulares e diplomáticos no exterior. A doutrina afirma ser a nacionalidade do contribuinte o mais frágil dos fundamentos que autorizam o exercício

---

[474] O Protocolo relativo às obrigações militares em certos casos de dupla nacionalidade, de 1937, internalizado pelo Decreto nº 1.673, prevê (art. I) que o indivíduo que possua mais de uma nacionalidade, resida no território de uma delas e aí tenha cumprido suas obrigações militares está isento destas no território dos países de suas outras nacionalidades.

[475] VALLADÃO, Haroldo. *Estudos de Direito Internacional Privado*. Rio de Janeiro: José Olympio, 1947. p. 103.

[476] Art. 143 da Constituição Federal.

[477] Art. 3º da Lei nº 8.239/90.

da competência tributária. A ausência física do nacional do território não lhe permite fruir, em tese, os serviços postos à sua disposição pelo Estado e remunerados por tributos, à exceção de uma parcela mínima de benefícios, efetivos ou potenciais, no exterior, que são aqueles que derivam de sua nacionalidade, como, por exemplo, os serviços diplomáticos. Este fato, por si só, já seria suficiente para fundamentar a tributação. Por vezes, o critério vantagem-imposto cede lugar a objetivos de política internacional dos Estados, consistentes na atração para seu território de seus nacionais dispersos pelo mundo, seja para atrair rendas, seja para estancar o êxodo de capitais que compromete as finanças do próprio Estado.[478]

O fenômeno da tributação com fundamento na nacionalidade é característico de países de emigração ou de extensa atividade econômica no exterior, como, por exemplo, França ou México. A tributação de nacionais não residentes é estranha ao sistema tributário brasileiro.[479]

A prática generalizada é a de o Estado tributar tanto nacionais quanto estrangeiros residentes no território e a de se abster de tributar nacionais no exterior.[480] A igualdade entre nacionais e estrangeiros, para fins de tributação, decorre do princípio da capacidade contributiva que apenas considera como fundamento legítimo para um tratamento tributário desigual a desigualdade econômica: critério objetivo.

3.5 Perda da nacionalidade brasileira

Perde-se a nacionalidade brasileira em duas hipóteses: (i) pelo cancelamento judicial da naturalização, em virtude da prática de ato nocivo ao interesse nacional – o que somente alcança brasileiros naturalizados (art. 12, §4º, inc. I, da CRFB de 1988); e, (ii) pela aquisição voluntária de outra nacionalidade (art. 12, §4º, inc. I, alíneas *a* e *b*, da CRFB de 1988).

Na primeira delas, de que cuida o inc. I, o cancelamento da naturalização somente pode se dar na via judicial. Trata-se de ação em que se apura a efetiva prática de atividade nociva ao interesse nacional, permitindo-se ao brasileiro naturalizado se defender. O juízo de atividade nociva é formado pelo MPF, que é o legitimado para a

---

[478] DÓRIA, Antonio Roberto Sampaio. *Direito Constitucional tributário e "Due Process of Law"*. 2. ed. Rio de Janeiro: Forense, 1986. p. 111-112.

[479] *Ibidem.*

[480] XAVIER, Alberto. *Direito Tributário Internacional do Brasil*. 5. ed. Rio de Janeiro, 2012. p. 240-241.

CAPÍTULO 3
A NACIONALIDADE NO DIREITO BRASILEIRO | 181

ação. Pode o *Parquet* federal agir por iniciativa própria ou provocado por meio de representação. A competência para o processo e julgamento é da Justiça Federal, evidente o interesse da União (art. 12, §4º, inc. I, da CRFB de 1988). A doutrina não define o que poderia ser considerado atividade nociva ao Estado, e a jurisprudência não teve oportunidade de se ocupar do tema. Um exemplo possível seria o do naturalizado que pretenda promover a dissolução da Federação, com a consequente anexação de uma unidade da federação brasileira a uma soberania estrangeira. Pode-se ainda imaginar a situação de um naturalizado que planeje ou execute um atentado terrorista no Brasil. Em ambos os exemplos, poder-se-ia argumentar que o naturalizado poderia ser responsabilizado, no Brasil, na condição de brasileiro.

Em relação ao inc. II, que trata da perda por aquisição de outra nacionalidade, faz-se necessário destacar que se trata de sanção jurídi-co-política aplicada a quem, por vontade livre, estabelece vínculo jurídico-político com soberania estrangeira. Deste modo, tem-se que a alínea *a* desconsidera por completo a natureza declaratória do reconhecimento de nacionalidade originária, ao estabelecer exceção. É que o dispositivo fala em aquisição de outra nacionalidade, quando, em verdade, tecnicamente, se teria o reconhecimento de outra nacionalidade originária por Estado estrangeiro, o que, por evidente, não constitui aquisição de nova nacionalidade, mas, tão somente, o reconhecimento de nacionalidade originária que o indivíduo já possui. Neste sentido, o fenômeno da polipatria se verifica quando o indivíduo ostenta mais de uma nacionalidade originária, mesmo que esta ainda não lhe tenha sido reconhecida. A nacionalidade originária tem natureza declaratória, e seu reconhecimento formal por um Estado estrangeiro se opera *ex tunc*, na medida em que, repise-se, não se trata de concessão, mas de mero reconhecimento.

A aquisição de outra nacionalidade por naturalização sempre foi, no direito brasileiro, forma de perda da nacionalidade brasileira. Nesta situação, o que se coloca em causa é o elemento volitivo da aquisição, a demonstrar alguma desconsideração pela nacionalidade brasileira, nata ou adquirida, por parte do brasileiro que se naturaliza nacional de outro Estado. É dizer: quem se naturaliza assume compromisso com outra soberania, não sendo possível, para a Constituição Brasileira de 1988, manter o compromisso com o Estado brasileiro em decorrência desta escolha. Ainda com base no elemento volitivo, é que o texto constitucional ressalva desta perda aqueles que se naturalizam estrangeiros no exterior não por vontade, mas premidos pelas circunstâncias, conforme as expressões "como condição de permanência em seu território" e "para o exercício de direitos civis" (art. 12, §4º, inc. II, alínea *b*, da CRFB de 1988). Tal ressalva, introduzida no texto constitucional pela EC de Revisão nº 03, de 07 de junho de 1994, objetivou assegurar aos muitos imigrantes brasileiros, que eram compelidos no exterior a se naturalizar para que pudessem viver em condições de dignidade mínimas nos países para onde foram, que não perdessem sua nacionalidade originária brasileira, na medida em que, em verdade, nunca desejaram perdê-la.

Ocorre que o alcance do enunciado é tão amplo que, na prática, o Ministério da Justiça (MJ) muito raramente inicia processo administrativo de ofício para perda de nacionalidade brasileira em decorrência de naturalização. É que na imensa maioria dos casos, verificam-se as situações fáticas que se subsumem à hipótese da alínea *b*, inc. II, §4º, art, 12, da CRFB de 1988.

> CONSTITUCIONAL E PROCESSUAL CIVIL. PRÉVIO REQUERIMENTO ADMINISTRATIVO. CONTESTAÇÃO DE MÉRITO. PRETENSÃO RESISTIDA. INTERESSE DE AGIR. EXISTÊNCIA. PEDIDO DE RESTITUIÇÃO DE NACIONALIDADE BRASILEIRA. OPÇÃO POR NACIONALIDADE AMERICANA PARA CURSAR UNIVERSIDADE PÚBLICA. EXCEÇÃO À PERDA DA NACIONALIDADE. ART. 12, §4º, II, "b", CF/88. DIREITO FUNDAMENTAL. RETROAÇÃO. 1. O interesse processual não desaparece, na ausência de prévio requerimento administrativo, especialmente quando a Ré, em contestação, demonstra claramente oposição ao pretenso direito do autor (pretensão resistida). 2. Quando a opção pela nacionalidade americana se dá para o exercício do direito (civil) de cursar uma instituição de ensino superior nos Estados Unidos, configura-se a hipótese prevista no art. 12, §4º, II, "b", da Constituição Federal. 3. Tratando-se de direito fundamental previsto na Constituição da República, deve abranger a todos os que nele se enquadrem, mesmo que o fato tenha ocorrido no passado, já que todas as leis devem se adequar à nova ordem constitucional. 4. Remessa Oficial e Apelação a que se nega provimento (TRF1. Quinta Turma. Apelação Cível nº 200001000639728. Relator Juiz Federal Vallisney de Souza Oliveira. Julgado em 16 de novembro de 2005 e publicado em 26 do mesmo mês).

> CONSTITUCIONAL: BRASILEIRO NATO QUE, PARA TRABALHAR NOS EUA, PERDEU SUA NACIONALIDADE. DESEJA OBTÊ-LA NOVAMENTE. APLICÁVEL, AO CASO, A LETRA B, §4º, ART. 12 DA CF. NÃO FAZ SENTIDO, NA ESPÉCIE, SUBTRAIR-LHE A OPORTUNIDADE DE READQUIRIR A NACIONALIDADE BRASILEIRA, QUANDO PARA CÁ RETORNOU, DESDE 1990, CONTRAINDO NÚPCIAS COM UMA BRASILEIRA E, SOBRETUDO, TENDO EM

VISTA O PERMISSIVO CONSTITUCIONAL EM APREÇO. REMESSA OFICIAL CONHECIDA, MAS IMPROVIDA, NOS TERMOS DO VOTO CONDUTOR (TRF1. Terceira Turma. Remessa ex officio. nº 9602434783 Relator Desembargador Arnaldo Esteves Lima. Julgado em 12 de maio de 1998).

Por outro lado, embora o Brasil admita, como de fato admite, há mais de um século, a perda da nacionalidade, hoje, na prática, é como se não se houvesse superado o princípio "uma vez súdito, sempre súdito"[481] – considerada a natureza jurídica de direito fundamental.

Foi o que se discutiu no Mandado de Segurança nº 33.864/DF, sob relatoria do Ministro Luís Roberto Barroso, no STF.

> CONSTITUCIONAL. MANDADO DE SEGURANÇA. BRASILEIRA NATURALIZADA AMERICANA. ACUSAÇÃO DE HOMICÍDIO NO EXTERIOR. FUGA PARA O BRASIL. PERDA DE NACIONALIDADE ORIGINÁRIA EM PROCEDIMENTO ADMINISTRATIVO REGULAR. HIPÓTESE CONSTITUCIONALMENTE PREVISTA. NÃO OCOR-RÊNCIA DE ILEGALIDADE OU ABUSO DE PODER. DENEGAÇÃO DA ORDEM. 1. O Supremo Tribunal Federal é competente para o julgamento de mandado de segurança impetrado contra ato do Ministro da Justiça em matéria extradicional. (HC 83.113/DF, Rel. Min. Celso de Mello). 2. A Constituição Federal, ao cuidar da perda da nacionalidade brasileira, estabelece duas hipóteses: (i) o cancelamento judicial da naturalização (art. 12, §4º, I); e (ii) a aquisição de outra nacionalidade. Nesta última hipótese, a nacionalidade brasileira só não será perdida em duas situações que constituem exceção à regra: (i) reconhecimento de outra nacionalidade originária (art. 12, §4º, II, a); e (ii) ter sido a outra nacionalidade imposta pelo Estado estrangeiro como condição de permanência em seu território ou para o exercício de direitos civis (art. 12, §4º, II, b). 3. No caso sob exame, a situação da impetrante não se subsume a qualquer das exceções constitucionalmente previstas para a aquisição de outra nacionalidade, sem perda da nacionalidade brasileira. 4. Denegação da ordem com a revogação da liminar concedida (STF. 1ª Turma. MS 33.864/DF. Rel. Min. Roberto Barroso, julgado em 19 de abril de 2016).

No caso dos autos, dizia-se que a impetrante, nascida no Brasil de pais brasileiros, radicara-se nos Estados Unidos da América (EUA), onde se casou com norte-americano, em 1990, razão pela qual obteve

---

[481] VALLADÃO, Haroldo. *Direito Internacional Privado*. 4. ed. Rio de Janeiro: Freitas Bastos, 1974. v. I. p. 299.

visto de permanência naquele País. Em 1999, quando ainda casada, requereu a nacionalidade norte-americana, conforme documento em que declarou "renunciar e abjurar fidelidade a qualquer Estado ou soberania".[482] Divorciada, casou-se novamente e foi acusada de matar o segundo marido, fugindo em seguida para o Brasil. Foi aqui, então, aberto de ofício o procedimento administrativo que culminou com a declaração de perda da nacionalidade brasileira, veiculada em Portaria Ministerial. Em 2013, foi requerida pelos EUA a prisão da impetrante para fins de extradição. Neste contexto, foi impetrada a segurança, sustentando-se que a impetrante não poderia ser extraditada por ser brasileira nata.

O Tribunal entendeu que a Constituição, ao cuidar da perda da nacionalidade brasileira, estabeleceu somente as duas hipóteses já mencionadas, a saber: (i) o cancelamento judicial da naturalização, em virtude da prática de ato nocivo ao interesse nacional, o que somente alcança brasileiros naturalizados (art. 12, §4º, inc. I, da CRFB de 1988); e, (ii) a aquisição de outra nacionalidade, exceto quando: a) não se tratar de verdadeira aquisição de outra nacionalidade, mas do mero reconhecimento de outra nacionalidade originária, considerada a natureza declaratória deste reconhecimento (art. 12, §4º, inc. II, alínea *a*, da CRFB de 1988); ou, b) ter sido a outra nacionalidade imposta pelo Estado estrangeiro como condição de permanência em seu território ou para o exercício de direitos civis (art. 12, §4º, inc. II, alínea *b*, da CRFB de 1988).

No caso apreciado pelo Tribunal, a impetrante não se enquadrava em qualquer das duas exceções constitucionalmente previstas. E isso porque já detinha, desde muito antes da naturalização, o denominado *green card*, cuja natureza jurídica é a de visto de permanência e que confere, nos EUA, os direitos que alegava ter pretendido adquirir com a naturalização, quais sejam: a permanência em solo norte-americano e a possibilidade de trabalhar naquele País.

Assim, desnecessária a obtenção daquela nacionalidade para os fins que constitucionalmente constituem exceção à regra da perda da nacionalidade brasileira (alíneas *a* e *b*, §4º, inc. II, art. 12, da CRFB de 1988), sua obtenção somente poderia mesmo se destinar à integração da ora impetrante àquela comunidade nacional, o que justamente constitui a razão central do critério adotado pelo constituinte originário para a

---

[482] Artigo 337, do *Immigration and Nationality Act*: "(2) *to renounce and abjure absolutely and entirely all allegiance and fidelity to any foreign prince, potentate, state, or sovereignty of whom or which the applicant was before a subject or citizen*".

perda da nacionalidade brasileira – critério este não excepcionado pela EC de Revisão nº 03/1994, que introduziu as exceções previstas nas alíneas *a* e *b*, §4º, inc. II, art. 12, da CRFB de 1988.

O Acórdão ainda salientou que não se cuidava de nacionalidade concedida por Estado estrangeiro, com fundamento em seu próprio ordenamento jurídico, independentemente de manifestação de vontade, veiculada em requerimento formal, como pode ocorrer com a nacionalidade adquirida pelo casamento, o que, caso ocorresse, não teria o condão de provocar a perda da nacionalidade brasileira. Neste caso, se teria uma das situações que o direito internacional identifica como direito de não mudar de nacionalidade. Assim, tratando-se, como se tratava, de naturalização efetivamente requerida pela impetrante por manifestação livre de vontade, incluído no ato de naturalização juramento formal de que decorria o efetivo desejo de se integrar à comunidade nacional estrangeira, não observou o Tribunal qualquer ilegalidade ou abuso de poder que ferisse direito líquido e certo da impetrante na decisão administrativa prolatada nos autos do procedimento de perda de nacionalidade – razão porque foi denegada a segurança.

No entanto, a decisão não foi unânime. O Ministro Marco Aurélio ficou vencido porque concedeu a ordem para obstar a perda nacionalidade brasileira nata, ao fundamento de que a nacionalidade ostenta natureza jurídica de direito fundamental e, por isso, não poderia, em hipótese alguma, ser perdida. É o que constou expressamente do voto que proferiu:

> Há mais, Presidente. Atrevo-me, contrariando até a doutrina de Francisco Rezek, a afirmar que o direito à condição de brasileiro nato é indisponível e que cumpre, tão somente, assentar se ocorreu, ou não, o nascimento – porque se trata dessa hipótese – daquele que se diz brasileiro nato na República Federativa do Brasil. E isso se mostra estreme de dúvidas. Dir-se-á que a alínea "a" do inciso II do §4º do artigo 12 versa a possibilidade de perda dessa condição – que entendo indisponível – pelo brasileiro nato, se não houver o reconhecimento, da nacionalidade originária, no país amigo. Será que a ordem jurídica constitucional brasileira se submete, em termos de eficácia, a uma legislação estrangeira? É o que falta nesses tempos muito estranhos que estamos vivenciando! Não se submete.

Tal entendimento é o que concretiza o mencionado, e já abandonado no direito comparado, princípio "uma vez súdito, sempre súdito", como se vê também do que decidido na Extradição que se segue.

EXTRADIÇÃO. HAVENDO O EXTRADITANDO COMPROVADO A REAQUISIÇÃO DA NACIONALIDADE BRASILEIRA, INDEFERE-SE O PEDIDO DE EXTRADIÇÃO. CONSTITUIÇÃO FEDERAL, ART. 153, PARÁGRAFO 19, PARTE FINAL. NÃO CABE INVOCAR, NA ESPÉCIE, O ART. 77, I, DA LEI Nº 6.815/80. ESSA REGRA DIRIGE-SE, IMEDIATAMENTE, A FORMA DE AQUISIÇÃO DA NACIONALIDADE BRASILEIRA, POR VIA DE NATURALIZAÇÃO. NA ESPÉCIE, O EXTRADITANDO É BRASILEIRO NATO (CONSTITUIÇÃO FEDERAL, ART. 145, I, LETRA "A"). A REAQUISIÇÃO DA NACIONALIDADE, POR BRASILEIRO NATO, IMPLICA MANTER ESTE STATUS E NÃO O DE NATURALIZADO. INDEFERIDO PEDIDO DE EXTRADIÇÃO, DESDE LOGO, DIANTE DA PROVA DA NACIONALIDADE BRASILEIRA, DETERMINA-SE SEJA O EXTRADITANDO POSTO EM LIBERDADE, SE AL NÃO HOUVER PERMANECER PRESO (STF. Extradição nº 441. Relator Ministro Néri da Silveira).

3.5.1 Renúncia à nacionalidade brasileira

João Barbalho Uchoa Cavalcanti, comentando o art. 71 da Constituição de 1891, perguntava-se: "Póde ser renunciada a qualidade de cidadão brazileiro?".[483] E respondia:

No regimen imperial fôra esta questão respondida negativamente. O Aviso n. 221, de 10 de outubro de 1832, havia declarado que "a ninguém é lícito renunciar o fôro de cidadão brazileiro, que comprehende não só direitos, mas também ônus que a sociedade tem jus de exigir; pois que a Constituição no art. 6 marcou a aquisição dos direitos de cidadão brazileiro e no art. 7 a perda dos mesmos, o que exclue qualquer outro meio de adquiril-os e perdel-os (…).[484]

Vê-se do que enunciado no Aviso nº 221, de 10 de outubro de 1832, citado nos comentários por João Barbalho, que a razão de impedir a renúncia se funda não só da ausência de previsão constitucional expressa,[485] mas, por igual e talvez por motivo de maior relevo, no fato de que a nacionalidade não somente confere direitos, mas cria obrigações

---

[483] CAVALCANTI, João Barbalho Uchoa. *Constituição Federal Brazileira*: comentários por João Barbalho U. C. 1902. Edição Fac-Similar. Brasília: Editora Senado Federal, 2002. (Coleção História Constitucional Brasileira). p. 295.

[484] *Ibidem.*

[485] O que é salientado por Carlos Maximiliano em seus comentários ao mesmo artigo 71, da Constituição de 1891. Cf. SANTOS, Carlos Maximiliano Pereira dos. *Comentários à Constituição Brasileira de 1981*. Edição Fac-Similar. Brasília: Editora Senado Federal, 2005. (Coleção História Constitucional Brasileira). p. 681: "A Constituinte não delegou poder algum aos legisladores reginonaes para determinarem a aquisição ou perda dos direitos políticos em particular, nem da nacionalidade em geral. O próprio Congresso Federal dispõe sobre o

do nacional para com o Estado, o que o Aviso denomina "ônus que a sociedade tem jus de exigir".

No entanto, o que sempre se considerou para fins de se vedar a renúncia foi impedir a colocação do indivíduo que renunciasse à nacionalidade na condição de apátrida. Em uma das pouquíssimas possibilidades legais de renúncia à nacionalidade, sem a aquisição de outra, na prática brasileira, a prevista no art. 27 do Decreto-Lei nº 389, de 25 de abril de 1938, em que se cuidava da renúncia à nacionalidade secundária por motivo de regresso ao País de origem do naturalizado, entendia-se que a ausência de adaptação à comunidade nacional, somada "aos laços de afeição, às reminiscências, a continuação de uma aliança espiritual continua[va]m a subsistir geralmente nos naturalizados, em relação ao país de origem (...)".[486] Nestes casos, excedidos os prazos, tendo o naturalizado readquirido sua anterior nacionalidade, ou adquirido outra, perdia definitivamente a nacionalidade brasileira por renúncia presumida, pouco importando se tornasse, em razão disto, apátrida.[487]

Art. 27. Considera-se como tendo renunciado à nacionalidade brasileira o naturalizado que voltar a residir por mais de dois anos seguidos no seu país de origem ou de sua nacionalidade anterior, ou que residir por cinco anos ininterruptos fora do brasil, salvo se provar, dentro de tais prazos, que tem a intenção de regressar ao Brasil, e que a sua residência no exterior é determinada simplesmente: a) por motivos de saúde; b) por negócios importantes com firmas brasileiras ou estabelecidas no Brasil; c) pela representação de alguma instituição brasileira de caráter científico, religioso ou filantrópico; d) por se achar a serviço do Governo. *Parágrafo único.* Em cada caso, é necessária autorização do Governo Federal para exceder os prazos referidos. Em qualquer hipótese, exceto a última, tal autorização não poderá estender o prazo de excesso permitido além de três anos.

Hoje, tem-se que a renúncia pura e simples à nacionalidade brasileira, sem a aquisição de outra, não é conhecida pelo ordenamento positivo brasileiro.[488] Sobre a questão, Pontes de Miranda[489] destaca:

---

assunto sem crear casos novos. A expressão – só se suspendem ou perdem – elimina toda dúvida possível e restringe a competência do legislador ordinário".

[486] ESPÍNOLA, Eduardo; ESPÍNOLA FILHO, Eduardo. *Tratado de Direito Civil Brasileiro.* Rio de Janeiro: Freitas Bastos, 1940. v. V. Da Nacionalidade Brasileira. p. 463.

[487] *Ibidem*, p. 465

[488] *Ibidem*, p. 462.

[489] MIRANDA, Pontes de. *Nacionalidade de origem e naturalização no direito brasileiro.* Rio de Janeiro: A. Coelho Branco, 1936. p. 178.

O Brasil não tem a perda-abdicação. Tem a perda-mudança (Constituição de 1943, art. 107, *a*); tem a perda-penalidade do art. 107, *c*, que é um cancelamento por faltas; tem a perda por aceitação de funções, de que cogita o art. 107, *b*, – figura próxima, porém, não idêntica à perda-abdicação. Mais próxima da perda-mudança.

A perda-abdicação, como é tratada a renúncia pela doutrina, se caracteriza pelo rompimento do vínculo jurídico-político que liga o indivíduo a um Estado soberano, por vontade expressa do primeiro, sem que possa o segundo exigir a verificação de outro vínculo já estabelecido entre o renunciante e outro Estado soberano. É o abandono da nacionalidade sem que haja, como condição, a aquisição de nova nacionalidade.

A questão debatida em outros países, sobre se o Estado tem o poder de impedir que o indivíduo se demita da condição de nacional, também se aplica ao Brasil. E aqui também releva a questão de que o fato de a nacionalidade também criar obrigações não impediria, em tese e por si só, a perda da nacionalidade, na medida em que a perda-mudança também faz romper o mesmo vínculo e, portanto, as mesmas obrigações.

Assim, ainda que evitada porque leva, no mais das vezes, à apatridia, o fato é que a renúncia, embora não expressamente prevista no ordenamento brasileiro, é conhecida pelo direito comparado e, especialmente, pelo direito convencional. E o é em suas três espécies, quais sejam: (i) renúncia pura; (ii) sistema de licença para expatriação; e, (iii) ausência prolongada do naturalizado que faz presumir renúncia.

Ante a ausência de previsão constitucional expressa para a renúncia pura e simples, e a restrição indevida de direito fundamental que significaria a adoção pelo direito brasileiro de presunção de renúncia pelo naturalizado, restaria, no Brasil, a possibilidade de fundamentar a renúncia à nacionalidade brasileira tanto na ausência de proibição no texto constitucional, como na proteção, também constitucional, da dignidade da pessoa humana (art. 1º, inc. III, da CRFB de 1988), considerada a renúncia como expressão do direito geral de liberdade que protege a autonomia do indivíduo, observada sua capacidade de fazer escolhas existenciais que não prejudiquem terceiros.

Quanto ao primeiro fundamento – ausência de proibição expressa –, afirma André Ramos Tavares:

> Apesar de as hipóteses constitucionais de perda da nacionalidade na Constituição do Brasil serem taxativas, é reconhecida a renúncia (também

chamada por alguns de perda-abdicação). Apesar de alguns autores considerarem a falta de previsão constitucional da renúncia motivo para não a admitirem no ordenamento jurídico brasileiro, a nacionalidade deve ser interpretada como um direito da pessoa em face do Estado, nunca o contrário. Nesse sentido, a renúncia pura e simples do brasileiro é possível, não podendo ser protestada pelo Estado sob o argumento de que inexiste previsão constitucional para tanto.[490]

Em doutrina, há quem entenda que a perda da nacionalidade brasileira somente é possível com a manifestação inequívoca da vontade de não mais ser brasileiro, "por expressa renúncia, declarada perante juiz federal, após a instauração do correspondente procedimento e homologação publicada da decisão que a reconhece". Para quem assim entende, a renúncia é regra implícita, destinada a regulamentar direito fundamental interno, embora se constitua externamente um direito fundamental de renunciar perante a imposição constitucional de nacionalidade. Tal vontade não pode ser colhida do brasileiro até completar 18 anos de idade.[491]

Na prática, a renúncia à nacionalidade brasileira, como decorrência da aquisição voluntária de outra nacionalidade se dá: (i) presumidamente, com a verificação da aquisição de nova nacionalidade operada, o que permite abertura de processo administrativo de ofício, no âmbito do MJ para se declarar a perda da nacionalidade; e, ii) expressamente, por meio do preenchimento de formulário próprio, dirigido ao Ministro da Justiça, no Brasil ou em representação diplomática no exterior, manifestando a vontade de renunciar e requerendo o reconhecimento desta renúncia.

3.6 Reaquisição da nacionalidade brasileira

A Constituição não cuida da reaquisição da nacionalidade brasileira. Quem disciplina o assunto é a lei ordinária. O art. 36 da Lei nº 818, de 18 de setembro de 1949, dispunha que o brasileiro que tivesse adquirido outra nacionalidade em virtude de naturalização voluntária, ou tivesse aceitado de governo estrangeiro comissão, emprego ou

---

[490] TAVARES, André Ramos. *Curso de Direito Constitucional*. 14. ed. Saraiva: São Paulo, 2016. p. 665.

[491] FONTES, André. Nacionalidade brasileira e adoção internacional. *Revista da EMARF*, Rio de Janeiro, v. 15, n. 1, p. 15, ago. 2011. Disponível em: http://seer.trf2.jus.br:81/emarf/ojs/index.php/emarf/article/view/5/37. Acesso em: 11 maio 2019.

pensão, sem licença do Presidente da República, e por isso houvesse perdido a nacionalidade, poderia readquirí-la por Decreto, se estivesse domiciliado no Brasil.

Embora a jurisprudência do STF já tenha se manifestado no sentido de que a reaquisição pode se dar na condição de brasileiro nato (EXT 441), a doutrina sempre entendeu que somente se pode recuperar a nacionalidade brasileira na condição de brasileiro naturalizado.[492] Esta reaquisição de que cuidava a Lei nº 818/1949 seria uma espécie de naturalização simplificada e privilegiada.[493] Tratar-se-ia de uma reintegração que jamais poderia se dar na condição de brasileiro nato.[494] Esse era o espírito do que previa o §2º, art. 1º, Decreto-Lei nº 389/1938, que regulamentava o art. 116, da Constituição de 1937, *in verbis*:

> Perdida a nacionalidade por qualquer dos motivos deste artigo, só poderá readquiri-la o brasileiro, nato ou naturalizado, por meio de naturalização expressa, na forma desta lei; ressalvado o caso de reconsideração do ato de governo, por se verificar a improcedência de seus fundamentos.

A reaquisição opera *ex nunc*, considerando-se que quem perde a nacionalidade brasileira será estrangeiro até sua reaquisição. Para a doutrina, entender que a reaquisição poderia operar *ex tunc* seria conferir efeito de cancelamento ou revogação do ato, administrativo ou judicial, que decretou a perda da nacionalidade, como se esta jamais houvesse sido perdida.[495]

A nacionalidade brasileira pode ainda ser readquirida em consequência de procedência do pedido em ação rescisória ajuizada para desconstituir decisão judicial de cancelamento da naturalização por atividade nociva ao Estado brasileiro.

O art. 76 da Lei nº 13.445/2017 estabelece que o brasileiro que perde a nacionalidade, nos termos do inciso II do §4º do art. 12 da Constituição Federal, pode, cessada a causa, readquiri-la ou ter o ato que declarou

---

[492] ESPÍNOLA, Eduardo; ESPÍNOLA FILHO, Eduardo. *Tratado de Direito Civil Brasileiro*. Rio de Janeiro: Freitas Bastos, 1940. v. V – Da Nacionalidade Brasileira, p. 462: "O brasileiro nato, que venha a perder a sua nacionalidade, nos termos da Constituição, só poderá readquiri-la por meio de naturalização expressa; voltará a ser brasileiro, mas naturalizado, e não brasileiro nato, excluído, por conseguinte, dos cargos e funções que pertencem exclusivamente aos brasileiros natos".

[493] MIRANDA, Pontes. *Nacionalidade de origem e naturalização no direito brasileiro*. Rio de Janeiro: A. Coelho Branco, 1936. p. 86.

[494] CAHALI, Youssef. *Estatuto do estrangeiro*. 2. ed. rev. atual. ampl. São Paulo: Revista dos Tribunais, 2010. p. 70.

[495] *Ibidem*.

a perda revogado, na forma definida pelo órgão competente do Poder Executivo. Não esclareceu a lei, na primeira parte, se a reaquisição será como brasileiro nato, e, na segunda parte, referente à revogação, parece claro que os efeitos serão retroativos, sendo possível, portanto, a reaquisição da nacionalidade tal como era ostentada antes da perda.

Independentemente do entendimento que prevaleça, o ex-nacional poderá sempre adquirir novamente a nacionalidade brasileira. Ainda que se entenda que a nacionalidade originária *não possa ser* readquiria sempre será possível readquirir a nacionalidade por naturalização.

CAPÍTULO 4

FUNDAMENTAÇÃO DA RENÚNCIA À NACIONALIDADE BRASILEIRA

4.1 Renúncia à nacionalidade como renúncia a direito fundamental

4.1.1 Direitos fundamentais

A natureza jurídica do direito à nacionalidade é a de direito fundamental. Nisso concordam os textos convencionais, a doutrina e a jurisprudência. A nacionalidade, portanto, revela um dos valores universalmente reconhecidos como proteção ao ser humano tão somente por ostentar esta condição. A nacionalidade é, assim, um direito humano e, como consequência, um direito fundamental.

Os direitos do homem são válidos para qualquer homem, em qualquer tempo. Os direitos denominados fundamentais são estes mesmos direitos, limitados no espaço e no tempo, conforme o momento histórico e, por esta razão, selecionados pelo legislador constitucional para figurar na Carta Política, fazendo, assim, parte da configuração do Estado, no momento em que este é pensando por seus fundadores ou atualizado por quem tenha poder para tanto.

Os direitos humanos podem ser definidos por valores universalmente reconhecidos como protetivos da dignidade da pessoa humana: a proteção do ser humano por essa tão só condição. Tais valores (direito a vida, a incolumidade física, a liberdade, a professar a religião que deseja, a ser remunerado pelo trabalho, a não ser encarcerado sem ordem escrita, emanada de autoridade competente) seriam, em tese, reconhecidos a todo e qualquer ser humano, onde quer que se encontre. Daí sua universalidade. É claro que diferentes culturas acolhem ou percebem estes valores de variadas formas, com distintas intensidades. Nem todas as culturas compreendem conceitos como liberdade e incolumidade física do mesmo modo. Nisto estaria o relativismo dos direitos humanos, que seria creditado ao multiculturalismo[496] que caracteriza o mundo contemporâneo. Também esta percepção distinta dos mesmos valores constituiu objeto de proteção pelo direito, na medida em que também se protege a forma como determinada cultura percebe determinados comportamentos humanos.

Tradicionalmente, estes valores – desde a Declaração de Direitos da Virgínia, de 1776, marco da independência norte-americana, e da Declaração de Direitos do Homem e do Cidadão, de 1789, construída na Revolução Francesa – são enunciados em declarações com pretensões de universalidade. Em ambas as declarações e naquelas que lhes sucederam, como a Declaração dos Direitos do Homem, da Organização das Nações Unidas (ONU), de 1948,[497] fala-se em homem, todo homem etc., a representar sempre toda a humanidade, por esta tão só condição de ser humano.

Em sentido político, aquelas declarações objetivavam reconhecer direitos inatos ao ser humano – que não precisam necessariamente de previsão em norma escrita para que sejam percebidos, considerados e observados; que encontram fundamento na razão ou na religião (direitos naturais, portanto) e que seriam, como se vê da declaração norte-americana, autoevidentes.

Em sentido jurídico, as declarações de direitos têm: (i) função hermenêutica: porque representam valores que servem de paradigma para a interpretação de normas previstas nas ordens jurídicas nacionais; e, (ii) função nomogenética, na medida que exortam os Estados soberanos a produzir normas com elas compatíveis.

O conteúdo destes direitos é produto de construção histórica e acompanha o desenvolvimento da sociedade. Sua criação,

---

[496] MEDEIROS, Ana Letícia Barauna Duarte. Multiculturalismo. *In*: BARRETO, Vicente. *Dicionário de Filosofia do Direito*. Renovar: Rio de Janeiro, 2006, p. 588: "Diante da complexidade que domina as relações contemporâneas e da fragmentação dos espaços e das identidades culturais, o multiculturalismo surge como possibilidade de reação à mundialização e ao processo de individualização desmensurada dos sujeitos. A incapacidade de enxergar o *outro* em suas especificidades e simbologias impossibilita o diálogo e vem revelando a fragilidade do ser humano, o que deixa cada vez mais longínqua a solução para harmonização de diferenças culturais e abre caminho para fundamentalismos de qualquer sorte (…)".

[497] A Carta Internacional dos Direitos Humanos é composta pela Declaração Universal dos Direitos Humanos, de 1948, somada aos Pacto Internacional dos Direitos Civis e Políticos, de 1966, e Pacto Internacional dos Direitos Econômicos, Sociais e Culturais.

desenvolvimento e avanço se dá, historicamente, em ondas, e acompanham a necessidade de proteção setorial que a sociedade percebe conforme se desenvolve. Para fins didáticos, é dividido em gerações. Pelo fato de se juntarem às precedentes, e não as substituírem, as gerações são também denominadas dimensões.

Quando estes valores são positivados no ordenamento jurídico, geralmente por meio da Carta Política do Estado, são chamados direitos fundamentais[498] – nomenclatura preferida pelos alemães.[499]

Os direitos fundamentais são tradicionalmente divididos em três gerações, ou dimensões. Alguns autores identificam tais dimensões com o ideário da Revolução Francesa, de modo que a primeira corresponderia à liberdade; a segunda, à igualdade; e, a terceira, à fraternidade.

A primeira geração ou dimensão corresponde às conquistas do povo contra o arbítrio do Estado – os direitos negativos –, que impõem ao Estado uma abstenção. É o caso da liberdade de expressão, do direito de sufrágio, de não ser preso sem ordem escrita emanada de autoridade competente. São conhecidos como liberdades públicas e identificados historicamente com o período que vai da Revolução Francesa, em 1789, até 1848, denominado de Primavera dos Povos. Na CRFB de 1988, podem ser encontrados nos arts. 4º, inc. II, 5º, 6º, 7º e 14 a 16.

A segunda dimensão diz com os direitos econômicos, sociais e culturais. Foram encartados nas legislações do século XX. Impõe uma efetiva ação do Estado no sentido de assegurá-los e promovê-los. São, por isso, considerados direitos positivos ou prestacionais: (i) direito à

---

[498] PIEROTH, Bodo; SCHLINK, Bernhard. *Direitos Fundamentais*. São Paulo: Saraiva, 2012, p. 37: "O direito é direito conformado pela história e não se pode compreender sem a sua história. As regulações jurídicas podem ter um fôlego mais prolongado que as ordens políticas em que surgem, quando assentem em circunstâncias sociais e econômicas constantes ou quando dão respostas a questões humanas invariáveis. Mas estas mesmas regulações também podem extinguir-se com as ordens políticas. Os direitos fundamentais são, enquanto parte do direito público e do direito constitucional, direito político e estão sujeitos à mudança das ordens políticas. Mas os direitos fundamentais são também, simultaneamente, uma resposta a questão fundamental invariável da relação entre a liberdade individual e a ordem política.
A formação gradual dos direitos fundamentais está relacionada com o estado constitucional civil dos tempos modernos, que encontrou suas primeiras configurações por ação da Revolução Americana e da Revolução Francesa. Mas esses desenvolvimentos do direito não tiveram qualquer influência imediata no pensamento de direito público na Alemanha. Também no ano de 1848, os tempos não estavam maduros para a instituição duradoura de um Estado constitucional fundado nos direitos fundamentais. Um tal Estado só foi instituído pela Revolução alemã de 1918, tendo, depois do retrocesso ocorrido entre 1933 e 1945, conseguido estabilidade com a Lei Fundamental da República Federal da Alemanha".

[499] *Grundrechte*. Os direitos fundamentais também são tratados no direito norte-americano como direitos civis; e, no francês, como liberdades públicas.

saúde (art. 196, da CRFB de 1988); (ii) à previdência e assistência social (arts. 201 e 203, da CRFB de 1988); e, (iii) à educação (art. 205, da CRFB de 1988). Direitos a uma prestação do Estado.

A terceira, mas não última dimensão, diz respeito aos direitos transindividuais, cujo titular não é, em regra, previamente definido, e que reclamam a participação de toda a sociedade para sua proteção, como ocorre com o direito ao meio-ambiente equilibrado (art. 225, da CRFB de 1988).[500] Fala-se hoje em direitos de quarta e quinta dimensões, que

---

[500] O Supremo Tribunal Federal, no julgamento da Ação Direta de Inconstitucionalidade nº 18.56/RJ, em voto da lavra do Ministro Celso Mello, entendeu: "AÇÃO DIRETA DE INCONSTITUCIONALIDADE – BRIGA DE GALOS (LEI FLUMINENSE Nº 2.895/98) – LEGISLAÇÃO ESTADUAL QUE, PERTINENTE A EXPOSIÇÕES E A COMPETIÇÕES ENTRE AVES DAS RAÇAS COMBATENTES, FAVORECE ESSA PRÁTICA CRIMINOSA – DIPLOMA LEGISLATIVO QUE ESTIMULA O COMETIMENTO DE ATOS DE CRUELDADE CONTRA GALOS DE BRIGA – CRIME AMBIENTAL (LEI Nº 9.605/98, ART. 32) – MEIO AMBIENTE – DIREITO À PRESERVAÇÃO DE SUA INTEGRIDADE (CF, ART. 225) – PRERROGATIVA QUALIFICADA POR SEU CARÁTER DE METAINDIVIDUALIDADE – DIREITO DE TERCEIRA GERAÇÃO (OU DE NOVÍSSIMA DIMENSÃO) QUE CONSAGRA O POSTULADO DA SOLIDARIEDADE – PROTEÇÃO CONSTITUCIONAL DA FAUNA (CF, ART. 225, §1º, VII) – DESCARACTERIZAÇÃO DA BRIGA DE GALO COMO MANIFESTAÇÃO CULTURAL – RECONHECIMENTO DA INCONSTITUIONALIDADE DA LEI ESTADUAL IMPUGNADA – AÇÃO DIRETA PROCEDENTE. LEGISLAÇÃO ESTADUAL QUE AUTORIZA A REALIZAÇÃO DE EXPOSIÇÕES E COMPETIÇÕES ENTRE AVES DAS RAÇAS COMBATENTES – NORMA QUE INSTITUCIONALIZA A PRÁTICA DE CRUELDADE CONTRA A FAUNA – INCONSTITUCIONALIDADE. – A promoção de briga de galos, além de caracterizar prática criminosa tipificada na legislação ambiental, configura conduta atentatória à Constituição da República, que veda a submissão de animais a atos de crueldade, cuja natureza perversa, à semelhança da 'farra do boi' (RE 153.531/SC), não permite sejam eles qualificados como inocente manifestação cultural, de caráter meramente folclórico. Precedentes. – A proteção jurídico-constitucional dispensada à fauna abrange tanto os animais silvestres quanto os domésticos ou domesticados, nesta classe incluídos os galos utilizados em rinhas, pois o texto da Lei Fundamental vedou, em cláusula genérica, qualquer forma de submissão de animais a atos de crueldade. – Essa especial tutela, que tem por fundamento legitimador a autoridade da Constituição da República, é motivada pela necessidade de impedir a ocorrência de situações de risco que ameacem ou que façam periclitar todas as formas de vida, não só a do gênero humano, mas, também, a própria vida animal, cuja integridade restaria comprometida, não fora a vedação constitucional, por práticas aviltantes, perversas e violentas contra os seres irracionais, como os galos de briga ('gallus-gallus'). Magistério da doutrina. ALEGAÇÃO DE INÉPCIA DA PETIÇÃO INICIAL. – Não se revela inepta a petição inicial, que, ao impugnar a validade constitucional de lei estadual, (a) indica, de forma adequada, a norma de parâmetro, cuja autoridade teria sido desrespeitada, (b) estabelece, de maneira clara, a relação de antagonismo entre essa legislação de menor positividade jurídica e o texto da Constituição da República, (c) fundamenta, de modo inteligível, as razões consubstanciadoras da pretensão de inconstitucionalidade deduzida pelo autor e (d) postula, com objetividade, o reconhecimento da procedência do pedido, com a conseqüente declaração de ilegitimidade constitucional da lei questionada em sede de controle normativo abstrato, delimitando, assim, o âmbito material do julgamento a ser proferido pelo Supremo Tribunal Federal. Precedentes".

CAPÍTULO 4
FUNDAMENTAÇÃO DA RENÚNCIA À NACIONALIDADE BRASILEIRA | 197

compreenderiam desde a bioética, direitos decorrentes da fertilização artificial, até a cibernética e a inclusão digital.

Os direitos fundamentais de primeira geração seriam aqueles do homem livre, direitos em face do Estado, direitos da liberdade, correspondendo, assim, a uma concepção de direitos absolutos que somente se relativizariam dentro de critérios legais. Aqueles historicamente tidos como inalienáveis, imprescritíveis, naturais e sagrados. Direitos que abarcam a liberdade, a propriedade, a vida, a segurança e a resistência à opressão.[501]

No Brasil, os direitos fundamentais se caracterizam por: (i) ter aplicação imediata; (ii) constituírem em cláusulas pétreas; e, (iii) posicionarem-se no topo da hierarquia constitucional, servindo como parâmetro de controle de constitucionalidade das leis.[502]

E qual o conteúdo dos direitos fundamentais no Brasil? Os direitos fundamentais no Brasil se encontram positivados no rol do art. 5º da Carta Política, mas não somente nele. Incluem o respeito à vida, à integridade física, à integridade moral; a liberdade, de locomoção, de crença, de religião, de profissão, de reunião e de associação, de expressão; a proteção à intimidade, à privacidade, à honra e à imagem; a inviolabilidade do sigilo de dados e das comunicações, do domicílio; o direito de propriedade, incluída a propriedade imaterial; a intangibilidade do ato jurídico perfeito, da coisa julgada e do direito adquirido; as garantias processuais, o acesso à justiça, os direitos econômicos, sociais e culturais, os direitos trabalhistas, o direito a um meio-ambiente equilibrado; e quantos mais possam ser identificados como valores básicos para uma vida digna em sociedade, com condições materiais mínimas de sobrevivência, e que preservem valores essenciais do espírito.[503]

---

[501] BONAVIDES, Paulo. *Curso de Direito Constitucional*. 18. ed. São Paulo: Malheiros, 2006. p. 561-562.

[502] MARMELSTEIN, George. *Curso de direitos fundamentais*. São Paulo: Saraiva, 2008. p. 17.

[503] TORRES, Ricardo Lobo. *O direito ao mínimo existencial*. Rio de Janeiro: Renovar, 2009, p. 36: "Sem o mínimo necessário à existência cessa a possibilidade de sobrevivência do homem e desaparecem as condições iniciais da liberdade. A dignidade humana e as condições materiais da existência não podem retroceder aquém de um mínimo, do qual nem os prisioneiros, os doentes mentais e os indigentes podem ser privados.
O mínimo existencial não tem dicção constitucional própria. Deve-se procurá-lo na idéia de liberdade, nos princípios constitucionais da dignidade humana, da igualdade, do devido processo legal e da livre iniciativa, na Declaração dos Direitos Humanos e nas imunidades e privilégios do cidadão.
Só os direitos da pessoa humana, referidos a sua existência em condições dignas, compõem o mínimo existencial (...)".

4.1.2 Nacionalidade como direito fundamental no direito brasileiro

Considerada a classificação usualmente adotada pela doutrina, o direito de nacionalidade pode ser percebido como direito fundamental de segunda dimensão, na medida em que dele decorrem direitos a prestações do Estado, como, por exemplo, os direitos a proteção diplomática, direito a entrar e permanecer no território, direito a dele não ser expulso, direito a não ser entregue em extradição etc.

Também do direito de nacionalidade decorrem os direitos políticos fundamentais, na medida em que somente os nacionais são titulares destes direitos.[504]

4.1.3 Renúncia a direitos fundamentais

O tema da renúncia a direitos fundamentais enfrenta, de início, o obstáculo dogmático referente à sua eficácia *erga omnes* e à sua identificação com os direitos da personalidade[505] que, como se sabe, são imprescritíveis, inalienáveis e irrenunciáveis.

Equacionando a questão da irrenunciabilidade, Canotilho[506] oferece os seguintes parâmetros: (i) são irrenunciáveis os direitos inseparavelmente ligados à dignidade humana (vida, condição de pessoa, liberdade); (ii) são irrenunciáveis os direitos fundamentais compreendidos em como conjunto; e, (iii) é irrenunciável direito fundamental, isoladamente considerado, admitindo-se, tão somente, a limitação voluntária ao seu exercício. Na mesma linha, o pensamento de José Afonso da Silva,[507] para quem: "Não se renunciam direitos fundamentais. Alguns deles podem até não ser exercidos, pode-se deixar de exercê-los, mas não se admite sejam renunciados".

A origem e o desenvolvimento dogmáticos do conceito de renúncia são tributários tanto, e especialmente, do direito civil – ramo do Direito em que prevalece a autonomia: a vontade e a liberdade de fazer o que a lei não proíbe; quanto do direito penal, lugar onde a doutrina

---

[504] SARLET, Ingo Wolfgang. *A eficácia dos direitos fundamentais*: uma teoria geral dos direitos fundamentais na perspectiva constitucional. 12. ed. Porto Alegre: Livraria do Advogado, 2015. p. 182

[505] GAMA, André Couto e. *Sistema dos direitos da personalidade*. Belo Horizonte: D'Plácido, 2014. p. 21

[506] CANOTILHO, Joaquim José Gomes. *Direito Constitucional e Teoria da Constituição*. 7. ed.; 4. reimp. Coimbra: Almedina, 2003. p. 464.

[507] SILVA, José Afonso da. *Direito Constitucional Positivo*. 26. ed. Malheiros: São Paulo, 2006b. p. 181.

CAPÍTULO 4
FUNDAMENTAÇÃO DA RENÚNCIA À NACIONALIDADE BRASILEIRA | 199

do consentimento permite afastar a configuração típica, admitindo que uma pessoa permita, por vontade própria, afastar a proteção a bem jurídico seu que a lei protege.[508] No âmbito do direito civil, a relação contratual, por exemplo, é sempre uma autolimitação consistente em renúncias. No direito penal, o consentimento é a renúncia à proteção ao bem jurídico.[509]

No direito privado, a figura da renúncia equivale à extinção de um direito.[510] Em tema de direitos fundamentais, a renúncia exige um raciocínio ainda mais complexo: trata-se do enfraquecimento voluntário de uma posição jurídica subjetiva, tutelada por uma norma de direito fundamental.[511] Significa a decisão de, voluntariamente, não invocar, perante o Estado, uma posição jurídica tutelada por norma de direito fundamental.[512]

A compreensão da renúncia a direitos fundamentais reclama o entendimento da diferenciação entre: (i) renúncia; (ii) perda; (iii) suspensão; e, (iv) não exercício, para concluir-se que: (i) na renúncia, o particular decide não invocar seu direito; (ii) na perda, é a ordem jurídica que suprime o direito do particular; (iii) na suspensão, a lei limita temporalmente o exercício de um direito fundamental; e, (iii) no não exercício, tem-se a mera não invocação quando se pode exercitar o direito a qualquer momento. Não se trata da escolha de não exercer o direito, mas, simplesmente, da inércia em exercê-lo.[513]

No Brasil, a perda de direitos fundamentais – que prescinde do consentimento do titular, e opera *ope legis*[514] – teria como exemplos o previsto nos arts. 12, §4º, inc. I, e 15, inc. I, da CRFB de 1988: a perda da nacionalidade pelo cancelamento da naturalização e a perda de direitos políticos decorrente desta perda da nacionalidade, respectivamente.

Para a doutrina, embora a Constituição não revele qual seria o órgão do Estado com atribuições para impor a perda de um direito fundamental, uma interpretação que considere a plena eficácia destes

---

[508] NOVAIS, Jorge Reis. Renúncia a direitos fundamentais. *In*: MIRANDA, Jorge (Org.). *Perspectivas Constitucionais nos 20 anos da Constituição de 1976*. v. I. Coimbra: Coimbra Ed., 1996. p. 264.

[509] SINGER, Reinhard. A renúncia aos direitos fundamentais à luz do direito privado alemão e a proteção da pessoa contra si mesma. *Revista da Faculdade de Direito da Universidade Federal do Paraná*, n. 50, p. 44-46, 2009.

[510] CRORIE, Benedita da Silva Mac. *Os limites da renúncia a direitos fundamentais nas relações entre particulares*. Coimbra: Almedina, 2013. p. 22.

[511] NOVAIS, *op. cit.*, 267.

[512] *Ibidem*, p. 271.

[513] *Ibidem*, p. 273.

[514] ADAMY, Pedro Augustin. *Renúncia a direito fundamental*. Malheiros: São Paulo, 2011. p. 30.

direitos leva à conclusão necessária, com fundamento no inc. XXXV, de seu art. 5º, de que cabe ao Poder Judiciário, e somente a ele, decretar a perda de direitos fundamentais, que deverá ser sempre precedida do devido processo legal (art. 5º, inc. LVI, da CRFB de 1988), em que se observem o contraditório e a ampla defesa.[515]

Já a suspensão consistiria em uma "privação temporária" que impede que o indivíduo exerça seus direitos enquanto durar a suspensão. É o que ocorre nas hipóteses do art. 15, incs. II, III, IV e V, da CRFB de 1988, com os direitos políticos: (i) do condenado criminalmente enquanto durarem os efeitos da condenação; (ii) de quem perder a capacidade civil absoluta, enquanto durar a incapacidade; (iii) com quem se recusar a cumprir obrigação imposta a todos, salvo no caso da escusa de consciência, nos termos do art. 5º, inc. VIII, da Carta Magna; e, (iv) com o condenado por improbidade administrativa, enquanto durarem os efeitos da condenação, nos termos do art. 37, §4º, da Carta Magna.[516]

O não exercício como espécie de renúncia a direito fundamental não se confunde com a perda deste direito como gênero. Quem não professar qualquer religião mantém o direito de professar a que entender conveniente no futuro; quem não adquirir propriedade não perde o direito de adquiri-la; e, quem não litiga em juízo terá sempre a sua disposição o direito de submeter ao Poder Judiciário qualquer lesão ou ameaça de lesão a direito seu.[517]

O não exercício de uma ou mais potencialidades colocadas pelo Estado à disposição do indivíduo pode ser também entendido como exercício do direito fundamental: exercício negativo ou não exercício impróprio.[518] Quem, nos termos do art. 1806 do Código Civil (CC) – Lei nº 10.406, de 10 de janeiro de 2002 –, decide não receber determinada herança a que faz jus, não perde, genericamente, o direito de herança (art. 5º, inc. XXX, da CRFB de 1988), mas o exerce em sentido negativo.[519] A liberdade de exercício do direito fundamental em sentido negativo, no entanto, não pode prejudicar terceiros, o que se dá no caso de oposição dos credores do renunciante à recusa da herança.

Já o direito de não ser extraditado pode ser negativamente exercitado com a submissão voluntária a processo-crime no exterior, por exemplo. O direito de não cumprir determinadas obrigações

---

[515] ADAMY, Pedro Augustin. *Renúncia a direito fundamental*. Malheiros: São Paulo, 2011. p. 31.
[516] *Ibidem*, p. 34.
[517] *Ibidem*, p. 40.
[518] *Ibidem*, p. 43.
[519] *Ibidem*, p. 46.

impostas pelo Estado pode ser validamente afastado pela escusa ou objeção de consciência. A escusa ou objeção de consciência consiste "na prerrogativa de recusa em realizar um comportamento prescrito, sob o argumento de convicções seriamente arraigadas no indivíduo, de tal sorte que, se esse indivíduo atendesse ao comando normativo, sofreria grave tormento moral".[520]

Em alguns países, como, por exemplo, França, Países Baixos e Grécia, o não exercício do direito de nacionalidade por tempo prolongado (residência fora do território, somado ao fato de o indivíduo ostentar outra nacionalidade) faz perder a nacionalidade de origem. Aqui se teria um exemplo de não exercício que leva à perda do direito.

A desistência, por fim, consiste em o titular do direito não concretizar "as possibilidades jurídicas conferidas pela norma jusfundamental em um determinado evento",[521] como é o exemplo de quem desiste da ação judicial proposta ou, ainda de quem, eleito em primeiro turno de votações, desiste de prosseguir no certame em um segundo turno.[522]

Entendidas estas diferenças, impõe-se salientar a diferença consistente na renúncia a direito fundamental e renúncia ao exercício de direito fundamental. Assim, enquanto a renúncia a direito fundamental seria impossível para a maior parte da doutrina, a renúncia ao seu exercício estaria compreendida no próprio exercício do direito fundamental.[523] É dizer: não exercer direito fundamental é espécie do gênero exercício de direitos fundamentais.

Para o que interessa ao presente estudo, necessário ter em mente que ser titular de um direito fundamental é deter um conjunto de posições jurídicas que conferem pretensões, faculdades e poderes em face do Estado.[524] É se encontrar em posição de vantagem em relação ao Estado. Disso se extrai que este direito, ou este poder, ou esta vantagem, também consiste no seu próprio enfraquecimento, no seu abandono, no seu exercício de forma negativa, o que revelaria a completude de seu exercício.[525] De outro modo, ter-se-ia a garantia contra o garantido – a

---

[520] MORAES, Maria Celina Bodin de; KONDER, Carlos Nelson. *Dilemas de direito civil-constitucional*: casos e decisões. Renovar: Rio de Janeiro, 2012. p. 57.

[521] ADAMY, Pedro Augustin. *Renúncia a direito fundamental*. Malheiros: São Paulo, 2011. p. 47.

[522] *Ibidem*.

[523] NOVAIS, Jorge Reis. Renúncia a direitos fundamentais. *In*: MIRANDA, Jorge (Org.). *Perspectivas Constitucionais nos 20 anos da Constituição de 1976*. v. I. Coimbra: Coimbra Ed., 1996. p. 278.

[524] *Ibidem*, p. 285.

[525] *Ibidem*, p. 287.

impossibilidade do exercício do "direito de autodeterminação e livre desenvolvimento da personalidade individual".[526]

A proteção que o Estado pode e deve conferir ao indivíduo não pode e nem deve se transformar em pretensão de protegê-lo de si mesmo, o que revela inadequado paternalismo.[527]

A doutrina identifica alguns exemplos de renúncia a direitos fundamentais, quais sejam: (i) o estrangeiro já condenado por tráfico que aceita prescindir da garantia de inviolabilidade do domicílio como condição de obtenção de visto de permanência no País; (ii) um indivíduo, incomodado com telefonemas insistentes, que consente, ou mesmo pede, que as autoridades escutem suas ligações para detectar a origem das chamadas; e, (iii) o detentor de determinado cargo público que aceita ter sua liberdade de expressão restringida por ocasião da incompatibilidade da livre manifestação de pensamento político com o cargo que ocupará.[528]

No direito alemão, permitir a busca em domicílio mesmo sem ordem judicial, ou não deixar que a família seja informada da prisão para evitar constrangimento, em desacordo com o direito de informação previsto na Lei Fundamental Alemã (art. 2º, nº 2, frase 1), não são propriamente exemplos de renúncia, mas de não exercício, tal como não participar de uma reunião ou deixar de se associar. Tal fato demonstra que a questão se aproxima muito mais do não exercício do que da perda. De todo modo, renúncia pode sim significar perda, quando atendido um pressuposto constitucionalmente previsto, como é o caso da renúncia à nacionalidade alemã (art. 16, nº 1, da Lei Fundamental) que depende da manifestação válida de vontade do nacional, além da existência previa de outra nacionalidade, ou do desejo de adquirir outra nacionalidade.

Para o Tribunal Constitucional Federal alemão, a disponibilidade ou renunciabilidade de um direito fundamental tem relação com sua função. Assim, considerando que a função dos direitos fundamentais como direitos subjetivos tutelam a liberdade do indivíduo em face do Estado, a renúncia a posições jurídico-fundamentais é forma de exercício desta liberdade, desde que a liberdade seja claramente reconhecível

---

[526] NOVAIS, Jorge Reis. Renúncia a direitos fundamentais. *In*: MIRANDA, Jorge (Org.). *Perspectivas Constitucionais nos 20 anos da Constituição de 1976*. v. I. Coimbra: Coimbra Ed., 1996. p. 287.

[527] *Ibidem*.

[528] *Ibidem*, p. 269.

como tal, e desde que seu exercício seja manifesto e voluntariamente efetuado.[529]

A tensão entre o limite da liberdade do cidadão e a prerrogativa do Estado de impor comportamentos se resolve com a seguinte equação: na medida em que um direito fundamental serve para a liberdade do indivíduo, a renúncia que atenda a esta finalidade é admitida; ao passo que se o direito fundamental é necessário ao processo de formação da vontade do Estado em conferir liberdade, tem-se um indício de que a renúncia não pode ser admitida, ou não geraria perda do direito, ainda que fosse legítimo o não exercício do direito fundamental.[530]

4.1.4 Renúncia à nacionalidade brasileira como renúncia a direito fundamental

A irrenunciabilidade de direitos fundamentais como regra, e a possibilidade de renúncia entendida como decisão voluntária de não fazer valer posição jurídica frente ao Estado, não atendem, dogmática e satisfatoriamente, à possibilidade de renúncia à nacionalidade brasileira para que o indivíduo se coloque voluntariamente na condição de apátrida. É que, como se viu, a nacionalidade compreende um conjunto de direitos, mas, por igual, de obrigações, de modo que ao deixar de invocar o seu direito, ou as prerrogativas que esse direito encerra, não logra o indivíduo se demitir das obrigações correspondentes à nacionalidade, nem mesmo obter a proteção destinada, normativamente, aos apátridas.

Nesta medida, a renúncia à nacionalidade brasileira como renúncia a direito fundamental pode ser entendida de duas formas: (i) em sentido amplo, como exercício de direito fundamental e com fundamento na dignidade da pessoa humana; e, (ii) em sentido estrito, como o não exercício de determinadas prerrogativas próprias deste direito fundamental, tais como: a) não invocação de proteção diplomática no exterior; e, b) livre decisão de não entrar ou permanecer no território. No entanto, este último sentido, estrito, não alcançaria: 1) o direito de ser extraditado; 2) o direito de não cumprir obrigações com o serviço militar, salvo eventual escusa de consciência, que também é prevista

---

[529] PIEROTH, Bodo; SCHLINK, Bernhard. *Direitos fundamentais*. São Paulo: Saraiva, 2012. p. 89-92.

[530] *Ibidem.*

para nacionais, ou direito de não votar; e, 3) o direito a receber proteção na condição de apátrida.

Neste ponto, quanto à irrenunciabilidade de direitos fundamentais, é preciso destacar que a nacionalidade brasileira perdida poderá sempre ser readquirida, de modo que nunca será definitiva e irremediavelmente perdida, ou seja, tratando-se, como, de fato se trata, de um direito fundamental, a nacionalidade brasileira, por ser sempre passível de reaquisição, não será nunca completamente perdida, a menos que seu titular exerça o direito de não a readquirir.

Quanto à nacionalidade originária especificamente, vale lembrar o que foi decidido pelo Supremo Tribunal Federal (STF) na Extradição nº 441, em que se assentou que a nacionalidade originária será sempre readquirida como originária, nada obstante a doutrina contrária a essa tese. No mesmo sentido, e seguindo ainda mais além, o voto do Ministro Marco Aurélio no Mandado de Segurança nº 33.864/DF, para quem a nacionalidade originária nunca é perdida, de modo que, não exercitada, se teria uma renúncia a direito fundamental, nos moldes preconizados pela doutrina, ou seja, não exercício de uma posição jurídica em face do Estado, sem que este não exercício implique perda.

4.2 Renúncia à nacionalidade brasileira como proteção à dignidade humana

Embora seja possível compreender a renúncia à nacionalidade brasileira como o não exercício de determinadas prerrogativas próprias deste direito fundamental; e embora se reconheça que o ordenamento jurídico brasileiro conheça algumas hipóteses de renúncia à nacionalidade brasileira, a possibilidade de renúncia, pura e simples, que leve à apatridia voluntária precisa ser teoricamente construída, a partir de fundamentos que considerem a proteção à dignidade da pessoa humana, notadamente na vertente que corresponde ao direito de liberdade, que permite a concretização da autonomia,[531] compreendida como o direito de fazer escolhas existenciais que não prejudiquem terceiros.[532]

---

[531] "Autonomia é o elemento ético da dignidade humana. É o fundamento do livre arbítrio dos indivíduos, que lhes permite buscar, da sua própria maneira, o ideal de viver bem e de ter uma vida boa. A noção central aqui é a autodeterminação: uma pessoa autônoma define as regras que vão reger sua vida". Cf. TIBURCIO, Carmen; BARROSO, Luís Roberto. *Direito Constitucional Internacional*. Rio de Janeiro: Renovar, 2013. p. 93.

[532] Aqui se toma como marco teórico o denominado liberalismo igualitário, entendido em contraposição ao que a doutrina chama comunitarismo, esta última ideia associada à

4.2.1 Dignidade humana

O caminho histórico do conceito de dignidade humana tem início com a percepção de dignidade com distinção entre indivíduos de diferentes estratos sociais,[533] na Roma antiga, e atravessa a Idade Média, modificando-se, até chegar ao Estado liberal, para depois completar sua evolução com a identificação com os direitos humanos nas declarações de direitos do século XVIII, e seguir nessa direção até os dias de hoje.[534]

No meio do caminho, a transformação se operou pelas mãos de Giovanni Pico, Conde de Mirandola,[535] e dos autores da segunda escolástica espanhola, Vitória[536] e Suarez,[537] especialmente no trato das questões referentes à conquista do Novo Mundo.[538]

---

prevalência dos interesses da comunidade sobre a liberdade do indivíduo (eventualmente identificada com utilitarismo). E assim se dá porque a nacionalidade pode ser entendida não só como um direito fundamental do indivíduo em face do Estado, mas também como obrigações deste para com a comunidade nacional em que inserido. Cf. BARROSO, Luis Roberto. *Curso de Direito Constitucional Contemporâneo*. 5 ed.; 3. reimp. São Paulo: Saraiva, 2016b. p. 120-123; VITA, Álvaro de. *Liberalismo igualitário*. São Paulo: Martins Fontes, 2008. p. 9; SANDEL, Michael J. *O liberalismo e os limites da justiça*. Trad. de Carlos Pacheco do Amaral. Lisboa: Fundação Calouste Gulbenkian, 2005. p. 20-47.

[533] No longo caminho da dignidade do homem, da distinção na Antiguidade Clássica à igualdade promovida pelas Revoluções Americana e Francesa, no século XVIII, a sociedade se estratificou de distintas formas: (i) na Cidade-Estado de Atenas, os cidadãos ocupavam o topo da pirâmide social, e abaixo deles, as mulheres, os estrangeiros (metecos) e os escravos (estrangeiros bárbaros); (ii) em Esparta, os homoloi (homens livres com mais de 30 anos); os periecos (com direitos civis) e os hilotas (sem direitos civis e políticos). Roma possuía a estratificação mais detalhada: patrícios (com direitos políticos, civis, judiciais e religiosos); clientes (que cultivavam as terras dos patrícios e tinham alguns direitos); plebeus (sem direitos) e escravos (que não eram considerados pessoas). O sistema feudal dividiu a sociedade em: rei, senhores e clero, baixo-clero e nobreza, camponeses livres e servos. E até à construção da igualdade jurídica no século XVIII, a sociedade foi dividida em clero, nobreza e povo. Cf. FERNANDES, António José. *Direitos humanos e cidadania europeia*: fundamentos e dimensões. Coimbra: Almedina, 2004. p. 17-24

[534] BARROSO, Luis Roberto. *A dignidade da pessoa humana no Direito Constitucional contemporâneo*: a construção de um conceito jurídico à luz da jurisprudência mundial. Belo Horizonte: Fórum, 2016a. p. 13.

[535] Cf. SARMENTO, Daniel. *Dignidade da pessoa humana*: conteúdo, trajetórias e metodologia. 2. ed. Belo Horizonte: Fórum. 2016. p. 33. MORAES, Celina Bodin de. O conceito de dignidade humana: substrato axiológico e conteúdo normativo. *In*: SARLET, Ingo Wolfgang. *Constituição, Direitos Fundamentais e Direito Privado*. Porto Alegre: Livraria do Advogado, 2003. p. 112.

[536] Cf. VITÓRIA, Francisco de. *Relectiones*: sobre os índios e o poder civil. Brasília: Ed. Unb; Fundação Alexandre de Gusmão, 2016.

[537] Cf. AZPILCUETA, Martin de; REBELO, Fernão; SUÁREZ, Francisco. *In*: CALAFATE, Pedro (Dir. e Coord.). *A Escola Ibérica da Paz nas universidades de Coimbra e Évora (séculos XVI e XVII)*. v. II. *Escritos sobre a Justiça, o Poder e a Escravidão*. Coimbra: Almedina, 2015.

[538] MACEDO, Paulo Emílio Borges de. *O nascimento do Direito Internacional*. São Leopoldo: Ed. Unisinos, 2009. p. 60-61.

O conceito de dignidade humana alcança: (i) o valor intrínseco de todos os seres; (ii) a autonomia de cada indivíduo; e, (iii) sua limitação por algumas restrições legítimas impostas em nome de valores coletivos (sociais ou estatais). O valor intrínseco se manifesta no imperativo categórico kantiano do homem como um fim em si mesmo; a autonomia é revelada pelo livre arbítrio – a possibilidade de o indivíduo fazer escolhas que considera relevantes para viver bem e ter uma vida boa; e, as limitações dizem com a proteção da dignidade de terceiro ou com a proteção da própria dignidade do indivíduo ou de valores compartilhados.[539]

Assim, tratar as pessoas com dignidade significa, entre outras coisas, reconhecer-lhes o direito de fazer escolhas pessoais e segui-las,[540] desde que estas escolhas não afetem as escolhas, a liberdade e a dignidade de terceiros. Respeitar as escolhas, nestes moldes, é respeitar a autonomia das pessoas, como parte do conteúdo da dignidade humana. E respeitar a autonomia é reconhecer que os indivíduos têm o direito de empreender seus projetos pessoais, além de realizar suas escolhas existenciais, a partir de suas próprias compreensões do que seja uma vida boa.[541] O contrário é revelado pelo paternalismo, consistente na suposição de que o Estado tem de proteger o indivíduo de si próprio.

As escolhas existenciais dizem respeito ao direito de liberdade assegurado pelo ordenamento. O que se discute é o alcance desse direito de liberdade,[542] se haveria um direito geral de liberdade.[543] No entanto, para além de qualquer discussão sobre a extensão deste direito, é intuitivo que ele poderia ser exercitado ao menos quando: (i) não proibido expressamente; e, (ii) quando não prejudicasse terceiros. É o caso da renúncia pura e simples à nacionalidade brasileira.

---

[539] BARROSO, Luis Roberto. *A dignidade da pessoa humana no Direito Constitucional contemporâneo*: a construção de um conceito jurídico à luz da jurisprudência mundial. Belo Horizonte: Fórum, 2016a. p. 72-89.

[540] SARMENTO, Daniel. *Dignidade da pessoa humana*: conteúdo, trajetórias e metodologia. 2. ed. Belo Horizonte: Fórum, 2016. p. 135.

[541] *Ibidem*, p. 143.

[542] *Ibidem*, p. 159.

[543] Robert Alexy alerta para o fato de que as liberdades, no sentido de ausência de proibição de condutas pelo Estado, devem ser examinadas como liberdades protegidas e liberdades não protegidas: as primeiras são liberdades a que correspondem um direito previsto para protegê-las; as segundas são meramente as permissões concedidas pela ausência de proibição. Cf. ALEXY, Robert. *Teoria dos direitos fundamentais*. Trad. de Virgílio Afonso da Silva. São Paulo: Malheiros, 2008. p. 226-234.

4.2.2 Renúncia à nacionalidade como proteção da dignidade da pessoa humana, entendida como direito de liberdade

Nas sociedades modernas, de orientação liberal, prevalece o entendimento de que os indivíduos somente serão pessoas independentes, dotadas de vontade própria, se contarem com direitos subjetivos que lhes concedam uma margem de ação, protegida pelo Estado, que autorize a concretização de suas "propensões, preferências e intenções".[544]

A Europa dos séculos XVII e XVIII viu a positivação do sistema jurídico se consumar, e com ela, a criação de uma rede de garantias, asseguradas pelo Estado, que permitiam o exercício da autonomia privada por qualquer indivíduo.[545] E a soma dos direitos subjetivos, tal como formulada hoje, no século XXI, permite que se compreenda o indivíduo como o "resultado de um esforço para criar uma esfera protegida de intromissões externas, tanto estatais como não estatais, no seio da qual ele pode reconhecer e comprovar a sua própria ideia do bem (...)".[546]

> Por mais que os motivos sociais tenham sido muito distintos e os conteúdos de conflito moral-político, muito díspares, as ampliações e reformulações dos direitos liberais da liberdade seguem, em essência, a ideia de que para todo sujeito se abre uma esfera de liberdade negativa que lhe permita sair do espaço comunicativo dos deveres recíprocos para uma posição de questionamento e revisão.
>
> Consequentemente, o que deve atuar num sentido externo para outros sujeitos do direito pode ser utilizado num sentido interno pelo detentor do direito individual como espaço livre para autoproblematizações éticas como atitude (juridicamente permitida) de renúncia e observação puramente estratégicas.[547]

O regime das liberdades públicas parte, classicamente, da premissa de que a liberdade é a regra, e a restrição, exceção, de sorte que, *grosso modo*, tudo que não está proibido é permitido.

Na doutrina francesa, dois regimes limitam as liberdades públicas: (i) o repressivo; e, (ii) o preventivo.[548] O repressivo, do ponto de vista

---

[544] HONNETH, Axel. *O direito da liberdade*. São Paulo: Martins Fontes, 2015. p. 128.

[545] *Ibidem*, p. 129.

[546] *Ibidem*, p. 131.

[547] *Ibidem*, p. 137.

[548] RIVERO, Jean; MOUTOUH, Hugues. *Liberdades públicas*. São Paulo: Martins Fontes, 2006. p. 222-223.

dos órgãos de controle, faz intervir somente aqueles "aos quais a tradição liberal concede um prejulgamento favorável": o Legislativo e o Judiciário.[549] O Executivo, "inimigo nato da liberdade", não tem atuação. Do ponto de vista do indivíduo que quer exercer sua autonomia, o sistema repressivo oferece a vantagem de permitir o imediato exercício da liberdade, não condicionada a nenhuma formalidade prévia.[550] Nesse sistema, em que o legislador previamente estabeleceu os limites a liberdade, e que, ultrapassados, podem ser eventualmente sancionados pelo juiz, o cidadão organiza sua atividade sem recear supressas advindas da arbitrariedade do Estado. Se ultrapassar os limites preestabelecidos da atuação livre, se expõe, voluntariamente, à repressão.[551]

No regime preventivo[552] tem-se o inverso: a liberdade somente pode ser exercida com o consentimento prévio do Estado. Aqui, o que se objetiva é evitar que os abusos do exercício da liberdade ocorram.[553] O regime preventivo é marcadamente menos liberal. Faz intervir o agente que o liberalismo considera com a máxima suspeita: o Executivo.[554]

Na Teoria Geral do Direito, menos filosófica e com pretensões científicas, a percepção do fenômeno não é distinta, e sintetiza a proposta de fundamentação do presente estudo.[555] Considerada a tensão entre os modais deônticos da norma jurídica (proibido, permitido, tolerado e obrigatório) e, portanto, do ordenamento como a sistematização das normas, encontra-se a fórmula reveladora de que o que não está expressamente proibido, nem comandado, está necessariamente permitido, especialmente se a ação não causa qualquer prejuízo a terceiros ou mesmo ao titular do direito. Logo, se a renúncia não é expressamente vedada, e se o renunciante, ao se colocar na condição de apátrida, não fica completamente desprotegido, porquanto conta com um robusto sistema de proteção a estrangeiros no Brasil, e ainda, se não há qualquer comando que o obrigue a se conduzir de determinado modo, nada impede a renúncia pura e simples a nacionalidade brasileira, muito menos e, de modo especial, a ausência de previsão expressa.

---

[549] RIVERO, Jean; MOUTOUH, Hugues. *Liberdades públicas*. São Paulo: Martins Fontes, 2006. p. 222-223.

[550] *Ibidem.*

[551] *Ibidem.*

[552] *Ibidem.*

[553] *Ibidem.*

[554] *Ibidem.*

[555] BOBBIO, Norberto. *Teoria Geral do Direito*. São Paulo: Martins Fontes, 2007. p. 85-99.

Em termos de direito positivo constitucional, é possível questionar: o não reconhecimento da possibilidade de renúncia pura e simples à nacionalidade brasileira violaria qual direito fundamental brasileiro? No Brasil, a dignidade da pessoa humana figura como um dos fundamentos da República (art. 1º, inc. III, da CRFB de 1988). E o reconhecimento de sua centralidade é recorrente na jurisprudência nacional.[556] Neste sentido, impedir a renúncia pura e simples à nacionalidade brasileira, para que o indivíduo se coloque, voluntariamente, na condição de apátrida, significa violar sua dignidade, na medida em que tal escolha existencial representa, na atualidade, o exercício legítimo de sua autonomia e não coloca em risco os direitos de terceiros.

Como possível limitação à liberdade, é possível argumentar que, ao fazer tal escolha, o indivíduo se coloca em posição de vulnerabilidade, uma vez que a apatridia implica restrição de direitos que decorrem de um direito fundamental: a nacionalidade. No entanto, como se disse, o apátrida no Brasil é protegido, minimamente, pelo mesmo regime jurídico do estrangeiro regular, o que significa, em última análise, que seus direitos fundamentais em conjunto serão sempre protegidos enquanto o indivíduo estiver sobre a proteção do ordenamento constitucional brasileiro,[557] ainda que na condição de estrangeiro regular, que é a condição modelo do apátrida no Brasil. Além disso, é também protegido pelas normas internacionais previstas na Convenção de 1954, da qual o Brasil é Parte. Conta, portanto, com dupla proteção no direito interno e com ampla proteção no direito internacional. Situação completamente distinta daquela observada por Hannah Arendt em outro contexto histórico.

Um exemplo da qualidade da proteção oferecida pelo Brasil aos apátridas é a história de Maha Mamo, apátrida nascida no Líbano e, hoje, estrangeira regular permanente no Brasil na qualidade de refugiada. Maha, filha de mãe síria, foi declarada apátrida ao nascer no Líbano. Não tinha direito à nacionalidade libanesa porque seu pai, cristão,

---

[556] SARMENTO, Daniel. *Dignidade da pessoa humana*: conteúdo, trajetórias e metodologia. 2. ed. Belo Horizonte: Fórum, 2016. p. 14.

[557] "SISTEMA ÚNICO DE SAÚDE. TRANSPLANTE DE MEDULA. TRATAMENTO GRATUITO PARA ESTRANGEIRO. ART. 5º DA CF. O art. 5º da Constituição Federal, quando assegura os direitos garantias fundamentais a brasileiros e estrangeiros residente no País, não está a exigir o domicílio do estrangeiro. O significado do dispositivo constitucional, que consagra a igualdade de tratamento entre brasileiros e estrangeiros, exige que o estrangeiro esteja sob a ordem jurídico-constitucional brasileira, não importa em que condição. Até mesmo o estrangeiro em situação irregular no País encontra-se protegido e a ele são assegurados os direitos e garantias fundamentais" (TRF 4ª Região. Agravo nº 2005040132106/PR, julgado em 29 de agosto de 2006).

não pode se casar com sua mãe muçulmana. Foi então considerada uma filha espúria, havida fora do casamento, e, portanto, sem direito à nacionalidade. Não tinha tampouco direito à nacionalidade síria porque somente os pais, e não as mães, transmitem nacionalidade síria para os filhos.

Quando pequena, não podia viajar com a escola para fora do Líbano. Enquanto as crianças da escola iam para a Síria e Jordânia, Maha ficava em casa. Aos 20 anos, Maha procurou o Alto Comissariado das Nações Unidas para Refugiados (ACNUR) e escreveu para todas as embaixadas estrangeiras no Líbano. Recebeu resposta somente do Brasil. No dia 19 de setembro de 2014, foi autorizada a deixar o Líbano legalmente. No Brasil, solicitou refúgio e, atualmente, reside de forma regular no País com sua família. São considerados estrangeiros regulares permanentes. Possuem documentos de identificação brasileiros e podem, inclusive, viajar para o exterior portando o conhecido passaporte amarelo dos apátridas, expedido pelo Brasil, a indicar que, embora sem nacionalidade brasileira, encontram-se sobre proteção diplomática do Brasil no exterior.

Neste ponto, retome-se a lição de André Ramos Tavares:[558]

> Apesar de as hipóteses constitucionais de perda da nacionalidade na Constituição do Brasil serem taxativas, é reconhecida a renúncia (também chamada por alguns de perda-abdicação). Apesar de alguns autores considerarem a falta de previsão constitucional da renúncia motivo para não a admitirem no ordenamento jurídico brasileiro, a nacionalidade deve ser interpretada como um direito da pessoa em face do Estado, nunca o contrário. Nesse sentido, a renúncia pura e simples do brasileiro é possível, não podendo ser protestada pelo Estado sob o argumento de que inexiste previsão constitucional para tanto.

4.3 Hipóteses de renúncia à nacionalidade no direito brasileiro

A renúncia, pura e simples, à nacionalidade brasileira não é expressamente prevista no ordenamento brasileiro. O direito brasileiro da nacionalidade conhece a possibilidade de renúncia, mas, com previsão expressa, somente nos casos em que se der para a aquisição de outra nacionalidade ou para a manutenção exclusiva de outra nacionalidade.

---

[558] TAVARES, André Ramos. *Curso de Direito Constitucional*. 14. ed. São Paulo: Saraiva, 2016. p. 665.

Por outro lado, e não menos relevante, não há proibição expressa à renúncia. Entende a maioria da doutrina, no entanto, que a renúncia não pode ocorrer justamente diante da ausência de previsão, autorizando-a ou a proibindo.

Assim, do que até aqui se viu, é possível concluir, sem qualquer controvérsia, ser possível a renúncia à nacionalidade brasileira: (i) para a aquisição de outra nacionalidade, ou seja, como decorrência de naturalização em País estrangeiro; e, (ii) manifestada no exterior, para que produza efeitos no exterior. Ainda que de certa forma controvertida, também se entende ser possível a renúncia: (iii) manifestada no Brasil, somente para que produza efeitos no exterior. Neste caso, é o que pode ser obtido, como se viu, por meio de um provimento judicial declaratório.[559]

No julgado citado na introdução, entendeu-se que a teleologia das previsões constitucionais que vedam, por ausência de autorização expressa, a renúncia à nacionalidade brasileira, é impedir que o Estado arbitrariamente prive o indivíduo de sua nacionalidade, sendo um instrumento de proteção do particular contra o aparato estatal, e não o inverso, de modo que, se naquele caso concreto, os próprios autores pretendiam abdicar de sua nacionalidade, entendeu o julgado que nada poderia o Estado fazer para impedir esse desejo. É o que se extrai da Constituição de 1988 quanto às hipóteses tanto de perda, quanto de aquisição de nacionalidade. Entendeu o relator que elas não levam em conta somente a vontade exclusiva do Estado, mas, também, a individual – ambas concorrendo harmonicamente para a decretação da perda.

O que os autores queriam era menos que a perda, "mas uma abdicação, uma renúncia de sua nacionalidade brasileira, para que possam viver nos Estados Unidos de forma plena, com todos os direitos, prerrogativas e garantias que um cidadão com nacionalidade apenas norte-americana possa ter". Assim, tendo manifestado validamente a vontade de serem apenas norte-americanos, e sendo maiores e capazes, "seria inócuo forçar a ser brasileiro quem deu contundentes provas de querer possuir nacionalidade diversa".

Entendida como renúncia a direito fundamental, a renúncia à nacionalidade brasileira comporta duas aproximações. Uma primeira, como o não exercício de determinadas prerrogativas próprias deste

---

[559] TRF2. Oitava Turma. Apelação Cível no 2005.50.02.000411-9. Relator Desembargador Federal Raldênio Bonifácio Costa. Julgado em 16 de junho de 2009.

direito fundamental, de que são exemplos: (i) a não invocação de proteção diplomática no exterior; e, (ii) a livre decisão de não entrar ou permanecer no território. Nesta aproximação, a renúncia à nacionalidade brasileira não produz os efeitos de: (i) restringir direito de não ser extraditado, que não pode ser afastado; (ii) desonerar o cumprimento de obrigações com o serviço militar, ou de não votar; ou de servir ao Tribunal do Júri, salvo as hipóteses normativas de exceção que alcançam, por igual, os nacionais; e, (iii) conferir direito ao recebimento de proteção na condição de apátrida.

Ainda como renúncia a direitos fundamentais, é preciso considerar que a nacionalidade brasileira perdida sempre poderá ser readquirida, seja como nacionalidade originária, nos termos do que decidido pelo STF na Extradição nº 441, e do que se colhe do voto vencido do Ministro Marco Aurélio no Mandado de Segurança nº 33.864/DF, seja como nacionalidade secundária, como preconizado pela doutrina.

Uma segunda aproximação da renúncia à nacionalidade brasileira entendida como renúncia a direito fundamental, implica considerar a renúncia a direito fundamental como exercício de direito fundamental. É o que se conclui da ideia de que o não reconhecimento da possibilidade de renúncia pura e simples violaria o postulado constitucional de proteção da dignidade da pessoa humana, que figura como um dos fundamentos da República (art. 1º, inc. III, da CRFB de 1988). Assim, impedir a renúncia pura e simples à nacionalidade brasileira, para que o indivíduo se coloque, voluntariamente, na condição de apátrida, significaria violação à sua dignidade, na medida em que tal escolha existencial não coloca em risco o direito de terceiros. E nem caberia dizer, como possível limitação à liberdade, que se estaria a proteger o indivíduo que se coloca em posição de vulnerabilidade, já que o apátrida, no Brasil, é protegido pelo regime jurídico do estrangeiro regular, garantindo-se lhe a proteção a direitos fundamentais enquanto o indivíduo estiver sobre a proteção do ordenamento constitucional brasileiro.

Nesta segunda aproximação, o que se exigiria como pressupostos para a renúncia seria: (i) capacidade civil; (ii) licitude do objeto, relevada pela ausência de proibição (que, no direito processual, configuraria a possibilidade jurídica do pedido); e (iii) manifestação livre da vontade.

CAPÍTULO 5

APATRIDIA

A renúncia à nacionalidade que leve à apatridia voluntária não é reconhecida, até onde se conhece de memória, em direito positivo. Foi o que afirmou o professor belga Michel Verwilghen, em 1999, no curso que proferiu na Academia de Direito Internacional da Haia sobre conflito de nacionalidades e apatridia.[560] Ao professor, parecia difícil acreditar que uma pessoa que possuísse uma ou mais nacionalidades pudesse empreender esforços para delas se livrar e, voluntariamente, se colocar na condição que lhe privaria do direito de viver no Estado de sua nacionalidade ou em qualquer outro Estado.[561] Hitler era o único homem, de quem se recordava, que teria se colocado voluntariamente nessa inusitada situação. Ao livrar-se da nacionalidade austríaca, teria encarado a apatridia anterior à obtenção da nacionalidade alemã como um purgatório necessário.[562]

Para a grande maioria da doutrina, ser apátrida é ser vulnerável, o que deve, por isso mesmo, sempre ser evitado. Em muitos países, a apatridia impede o acesso a serviços de saúde, casar-se legalmente, registrar nascimentos, e pode mesmo levar à detenção pela mera impossibilidade de se comprovar de onde se é originário.[563]

---

[560] VERWILGHEN, Michel. *Conflits de nationalités*: plurinatioinalité et apatridie. Academie de Droit International de La Haye. The Hague: Martinus Nijhoff Publishers, 2000. Tire à part du Recueil des Cours, t. 277, 1999. Hors de Commerce. p. 259.

[561] *Ibidem*, p. 260.

[562] *Ibidem*.

[563] GODOY, Gabriel Gualano. A proteção internacional aos apátridas. *In*: JUBILUT, Liliana Lira; BAHIA, Alexandre Gustavo de Melo Franco; MAGALHÃES, José Luiz Quadros de. *Direito à diferença*. São Paulo: Saraiva, 2012. v. 2. p. 505-506.

Hannah Arendt[564] identificou no fato de os judeus não possuírem um Estado próprio que os protegesse como nação, uma das razões que não impediram, ou mesmo permitiram, o holocausto vivido nos anos 1930-1940. O cenário devastador do fim da I Guerra Mundial, uma Europa arrasada por uma crise econômica sem precedentes, com elevadíssimos índices de desemprego, inflação crescente e inúmeros refugiados (em sua maioria, apátridas), transitando por seu território, fomentou o surgimento de políticas totalitárias de extermínio. A vulnerabilidade dos apátridas consistia, justamente, em não contarem com a proteção de qualquer Estado e, portanto, com a proteção conferida por suas leis. Sequer contavam com um consenso político internacional que lhes reconhecesse direitos. O direito internacional dos direitos humanos ocupava uma posição menor no pensamento político do século XIX, e os direitos civis, necessariamente nacionais, pareciam dar conta da proteção pretendida pelo primeiro. E em alguma medida davam, mas somente para aqueles formalmente ligados a algum País.

Nesse contexto, o apátrida era o pária: o rebotalho da humanidade. O homem sem direitos é o homem de categoria inferior a que ordenamento jurídico, paradoxalmente, só reconhece ao infringir a lei do local em que se encontra. E somente para puni-lo. Nada mais. Sem direitos, e capaz de infringir direitos dos outros e do próprio Estado, não havia saída para os sem proteção. A crise dos Direitos do Homem que a guerra instaurou também retirava destas pessoas a proteção mínima que o direito internacional lhes poderia conferir.[565] "Os Direitos do Homem, supostamente inalienáveis, mostraram-se inexequíveis"[566] para os que não ostentavam qualquer nacionalidade, mesmo em países cujas constituições se fundavam neles. Era necessário ser nacional (cidadão) para que se lhes reconhecessem tais direitos que, em tese, prescindiam de qualquer condição para o seu reconhecimento e proteção.

Aqueles indivíduos sofreram duas perdas. A primeira, imensurável, foi a perda de suas casas. Os indivíduos não foram somente destituídos do seu patrimônio, mas impossibilitados de encontrar um novo lar,[567] privados do direito de residir em qualquer lugar. A segunda, o golpe mortal, a perda da proteção estatal, o que levava não somente à

---

[564] ARENDT, Hannah. *Origens do totalitarismo*: antissemitismo, imperialismo, totalitarismo. São Paulo: Companhia das Letras, 2011. p. 31-48.

[565] *Ibidem*, p. 327.

[566] *Ibidem*.

[567] *Ibidem*.

perda de proteção no próprio País, "mas em todos os países",[568] o que fazia com que os apátridas na II Guerra Mundial se encontrassem "em posição invariavelmente pior que os estrangeiros inimigos, que ainda de certo modo eram protegidos por seus governos através de acordos internacionais".[569]

Atualmente, são inúmeras as causas da apatridia no mundo, entre as quais: (i) a secessão de Estados, como o que verificado na experiência da União das Repúblicas Socialistas Soviéticas (URSS), Tchecoslováquia e Iugoslávia, e as posteriores migrações internas e externas; (ii) a formação pós-colonial de países, como nos casos do Paquistão do Leste, atual Bangladesh, em que quatrocentos mil Biharis, de fala Urdu, foram considerados colaboradores dos paquistaneses e deixados sem pátria; (iii) a residência prolongada no exterior, como prevê o direito da nacionalidade na Finlândia, Grécia e Países Baixos; (iv) a ausência de registro de nascimento; e, (v) a impossibilidade de transmissão de nacionalidade pela mãe, que impede a aquisição de nacionalidade quando o pai é desconhecido, o que ocorre em pelo menos 30 países africanos.[570]

A maioria dos apátridas nunca cruzou fronteiras. Eles se encontram em seus "próprios países". Os problemas que enfrentam como consequência da ausência de nacionalidade ocorrem em nível local, nos países em que têm residência habitual, e se originam de questões relacionadas à elaboração e implementação de leis de nacionalidade nestes países.[571]

Além destas causas, tem-se a privação arbitrária de nacionalidade, de que são exemplos as Leis de Nuremberg, durante a II Guerra Mundial, e a Revolução Comunista, de 1917. Mais recentemente, nos anos 1990, Saddam Houssein, por decreto, suprimiu dos curdos Faili, de orientação xiita, a nacionalidade iraquiana.[572]

Pontes de Miranda advertia haver certa confusão entre a necessidade de ser protegido por um Estado, ter direitos e ser acolhido, e ter

---

[568] ARENDT, Hannah. *Origens do totalitarismo*: antissemitismo, imperialismo, totalitarismo. São Paulo: Companhia das Letras, 2011. p. 327.

[569] *Ibidem*.

[570] GODOY, Gabriel Gualano. A proteção internacional aos apátridas. *In*: JUBILUT, Liliana Lira; BAHIA, Alexandre Gustavo de Melo Franco; MAGALHÃES, José Luiz Quadros de. *Direito à diferença*. São Paulo: Saraiva, 2012. v. 2. p. 508.

[571] ONU. Alto Comissariado das Nações Unidas para Refugiados. *Manual de Proteção aos Apátridas*: de acordo com a Convenção de 1954 sobre o Estatuto dos Apátridas. Genebra: ACNUR, 2014. 116 p. Disponível em: http://www.acnur.org/t3/fileadmin/Documentos/Publicaciones/2014/Manual_de_protecao_aos_apatridas.pdf. Acesso em: 08 maio 2019.

[572] GODOY, *op. cit.*, p. 509.

uma nacionalidade, o que levava, segundo ele, a uma ingênua convicção de que "todo homem deve ter uma nacionalidade"[573] porque não lhe seria possível passar a vida sem conectar-se com uma comunidade nacional. Esclarece que tais reflexões são de ordem mais ética que jurídica, porque, juridicamente, o direito, interno ou internacional, não pode obrigar o ser humano a ter uma nacionalidade. Para ele, a atribuição forçada da nacionalidade ao apátrida, sem manifestação de vontade sua, é contrária ao direito internacional, que somente admite imposição de nacionalidade forçada na atribuição originária, *jus soli* ou *jus sanguinis*.[574]

O que o Direito faz, no mais das vezes, é impedir que quem já tenha uma nacionalidade possa dela se demitir por vontade própria, sem a aquisição de uma outra nacionalidade ou qualquer salvaguarda que evite a apatridia. Já sendo apátrida, nada impede que o indivíduo queira assim se conservar.

> Os apátrides não podem ser obrigados a adquirir pátria. Resta saber se podem os indivíduos renunciar à pátria que tem e fazer-se voluntaria e diretamente apátrides. Depende do direito interno da sua pátria. Não existe, ao contrário do que parece a Pierre Louis-Lucas, princípio de Direito das gentes a respeito.[575]

Nesse sentido, o de depender tanto a aquisição quanto a perda da nacionalidade, por qualquer modalidade, inclusive a renúncia, do direito interno dos Estados, Oscar Tenório, comentando acórdão do Tribunal Federal de Recursos,[576] critica a decisão que não reconheceu a perda da nacionalidade alemã decretada pelo direito alemão nazista, que teria colocado o indivíduo na condição jurídica de apátrida, por entender perdurável a nacionalidade alemã. O Tribunal, no julgamento da Apelação Cível nº 3.528, assentou que princípios de direito internacional, somados às previsões do Código Bustamante e da Convenção da Haia de 1930, impedem que os Estados Partes reconheçam a supressão arbitrária da nacionalidade, de modo que, para o direito brasileiro, se a nacionalidade alemã foi ilegitimamente suprimida, não produzia tal supressão qualquer efeito no Brasil.

---

[573] MIRANDA, Pontes de. *Nacionalidade de origem e naturalização no direito brasileiro*. Rio de Janeiro: A. Coelho Branco, 1936. p. 14.

[574] *Ibidem*, p. 116.

[575] *Ibidem*, p. 34.

[576] TENÓRIO, Oscar. Reconhecimento internacional da apatridia. *Arquivos do Ministério da Justiça e dos Negócios Interiores*, n. 55, set. 1955.

Para o professor, moralmente condenável ou não a decisão soberana alemã, não poderia o Estado brasileiro invadir ordenamento estrangeiro para negar-lhe vigência e efeitos nesse tema. No caso concreto, o Brasil congelara os bens de nacionais alemães para garantia do fundo de reparação de guerra, e como o apátrida não é nacional, teria escapado a este congelamento.

Nestes casos, orienta a doutrina no sentido de que o procedimento correto do juiz nacional é consultar sua lei interna para proclamar que o indivíduo não tem a nacionalidade do foro, após o que deve perscrutar as legislações estrangeiras para somente então concluir que "o indivíduo não tem pátria".[577]

5.1 Proteção no Direito Internacional

O estudo da apatridia como tema afeto ao direito da nacionalidade foi objeto de uma lista de matérias tratadas pela Comissão de Direito Internacional das Nações Unidas em sua primeira sessão, em 1949, e três convenções se originaram destes trabalhos iniciais, a saber: (i) sobre o estatuto dos apátridas, de 1954; (ii) sobre a nacionalidade da mulher casada, de 1957; e, (iii) sobre a redução dos casos de apatridia, de 1961.[578]

A Convenção de 1954 se destina a delimitar a condição jurídica de apátrida e a estabelecer instrumentos mínimos para a sua proteção. Neste sentido, não alcança os denominados apátridas de fato, aqueles que embora formalmente considerados nacionais de algum Estado, na prática, não recebem proteção do Estado a que formalmente vinculados. Tais indivíduos são protegidos por normas internacionais de direitos humanos.[579] Assim, para a Convenção, apátridas são todos aqueles não considerados por qualquer Estado como seu nacional.[580]

A Convenção de 1954 tem como ideia central a de que nenhum apátrida deve ostentar, em qualquer dos Estados Partes, condição jurídica inferior a do estrangeiro que possua alguma nacionalidade. Para tanto, garante aos apátridas assistência administrativa (art. 25) e

---

[577] MIRANDA, Pontes de. *Nacionalidade de origem e naturalização no direito brasileiro*. Rio de Janeiro: A. Coelho Branco, 1936. p. 61.

[578] REZEK, Francisco. *Le droit international de la nationalité*. La Haye: Academie de Droit International de La Haye, 1986. Recueil des Cours, t. 198.

[579] Por igual os refugiados, por ostentar tão somente esta condição, recebem proteção da Convenção das Nações Unidas de 1951, relativa ao *Estatuto dos Refugiados*. Dessa forma, refugiados apátridas se encontram sob a proteção tanto das normas convencionais relativas aos refugiados, quanto das protetivas dos apátridas.

[580] Convenção de 1954, artigo 1º.

direito a documentos de viagem (arts. 27 e 28). Com relação a certos direitos, como, por exemplo, o de professar sua própria religião e o de acesso à educação, estabelece que os apátridas devem ser tratados da mesma forma que os nacionais. Alguns dispositivos se destinam a todos os apátridas, enquanto outros somente aos apátridas formalmente reconhecidos pelo Estado onde se encontram. Aos destinatários da proteção, a Convenção obriga ao acatamento das leis e dos regulamentos do Estado onde se encontrem (art. 2º).

O art. 32 estabelece um importante mecanismo de proteção: a facilitação da naturalização dos apátridas que se encontrem em seu território. É dizer: para a Convenção, a apatridia deve ser erradicada, considerada a natureza de direito fundamental o direito a uma nacionalidade. De qualquer modo, a Convenção somente exorta os Estados Partes a facilitarem a aquisição de nacionalidade, não prevendo a obrigação de concedê-la.

A Convenção também solicita que os Estados Partes sejam capazes de identificar os indivíduos na condição jurídica de apátrida, e que a determinação desta condição deva ser objeto de procedimentos próprios de cada Estado, com observância de critérios justos e eficientes.

O art. 1º da Convenção apresenta o critério de exclusão, ou seja, a ausência de proteção àqueles que, por fundadas razões, não mereçam a proteção da normativa convencional.

A Convenção de 1961 estabelece regras para a concessão ou não privação da nacionalidade quando o indivíduo, de outra forma, for deixado na condição de apátrida. Estabelece, assim, salvaguardas contra a apatridia que devem ser implementadas pelos Estados Partes por meio de sua legislação local.

E o que a Convenção de 1961, em linhas gerais, solicita aos Estados Partes? (i) medidas para evitar a apatridia entre crianças (os Estados Partes devem se comprometer a conceder nacionalidade às crianças que mantenham com eles qualquer vínculo referente ao nascimento no território ou descendência; seu art. 2º prevê que os Estados concedam nacionalidade às crianças abandonadas que se encontrarem em seu território); (ii) medidas para evitar a apatridia devido à perda ou à renúncia da nacionalidade (arts. 5 a 7), entre as quais a garantia de manutenção da nacionalidade enquanto outra não é concedida (previsão que se destina a evitar a perda involuntária de nacionalidade, quando do exercício voluntário do direito de mudar de nacionalidade; não se destina, especificamente, à perda ou à renúncia com o objetivo de adquirir voluntariamente a condição de apátrida); (iii) medidas para evitar a privação de nacionalidade (arts. 8 e 9) (objetiva evitar que

Estados Partes privem arbitrariamente indivíduos de nacionalidade por questões raciais, étnicas, religiosas ou políticas; estabelece ainda a proibição de privação de nacionalidade que implique apatridia).

O problema da apatridia diz diretamente com a possibilidade de exercício de direitos por parte de uma categoria especial de estrangeiros que se encontra, presumidamente, em situação de vulnerabilidade.

O Alto Comissariado das Nações Unidas para Refugiados (ACNUR) estima que existam no mundo 12 milhões de pessoas sem nacionalidade. Sua maior concentração se dá nas seguintes regiões: Sudeste Asiático, Ásia Central, Europa Oriental, e Oriente Médio.[581] Para o ACNUR, três focos exigem maior atenção da comunidade internacional, a saber: (i) as lacunas no sistema de proteção de pessoas; (ii) a dificuldade financeira que países pobres enfrentam para auxiliar pessoas em condição de apatridia; e, (iii) a incapacidade de os Estados responderem a contento à questão da apatridia.

A prioridade do órgão é assegurar que um número cada vez maior de Estados adira às Convenções.[582]

Juridicamente, existem duas espécies de apátridas: (i) os apátridas de direito (*de jure*); e, (ii) os apátridas *de fato*. Os primeiros se enquadram entre aqueles que não ostentam qualquer nacionalidade; os segundos são aqueles que, embora ostentem formalmente uma nacionalidade, não tem observados os direitos dela decorrentes, como sucede com quem não possa retornar ao seu país e nele residir.[583]

Uma questão que se coloca na atualidade é saber se é devida a proteção aos apátridas de fato, ante a ausência de previsão na Convenção de 1954, na medida em que, em seu art. 1º, define apátridas como indivíduos que não ostentam qualquer nacionalidade.

Em maio de 2010, o ACNUR promoveu em Prato, Itália – no contexto dos 50 anos da Convenção para Redução dos Casos de Apatridia de 1961 –, uma reunião de especialistas para discutir as questões referentes às duas Convenções (1954 e 1961), entre as quais, o alcance do conceito de apátrida previsto no art. 1º da Convenção de 1954, que estabelece o conceito de apatridia *de jure*, sem considerar a apatridia de

---

[581] ANDRADE, Willian Cesar; FANTAZZINI, Orlando. Dossiê "A Apatridia" – O direito de se ter um lugar a que chamamos de pátria. *Caderno de Debates Refúgio, Migrações e Cidadania*, v. 6, n. 6, p. 34, 2011. Disponível em: https://www.acnur.org/portugues/wp-content/uploads/2018/02/Caderno-de-Debates-06_Ref%C3%BAgio-Migra%C3%A7%C3%B5es-e-Cidadania.pdf. Acesso em: 08 maio 2019.

[582] *Ibidem.*

[583] *Ibidem.*

fato.[584] Do encontro, resultou a conclusão de que a definição contida no artigo em questão ostenta natureza de norma de direito internacional consuetudinário. Daí porque da norma se deve extrair o aproveitamento mais amplo possível, alcançando não só a nacionalidade formal, mas também a de fato,[585] até porque um mesmo Estado pode ter distintas categorias de nacional, havendo, por igual, distinção entre estes quanto à fruição de direitos.[586]

Quanto à locução "por nenhum Estado", estabeleceu o grupo de especialistas reunidos em Prato se tratar de vinculação entre um indivíduo e um Estado reconhecido como tal pelo direito internacional,[587] na medida em que o termo "Estado" representa o elemento normativo mais relevante do próprio conceito de nacionalidade. Neste sentido, um não nacional pode ser cidadão. É o que ocorre com o português, cujos direitos sejam equiparados aos de brasileiros naturalizados no Brasil, e com o nacional de países membros da União Europeia (UE) que, embora não sejam nacionais europeus, eis que a Europa não é um Estado, são cidadãos europeus, porque exercem direitos políticos junto a essa pessoa jurídica de direito internacional público.

O grupo assim definiu os apátridas de fato:

> (...) pessoas fora de seu país de nacionalidade que devido a motivos válidos não podem ou não estão dispostas a pedir proteção a este país. A proteção, neste sentido, refere-se à proteção diplomática exercida pelo Estado de nacionalidade a fim de corrigir um ato internacionalmente ilícito contra um de seus nacionais, bem como a proteção diplomática e consular e assistência geral, inclusive com o retorno para o Estado de nacionalidade.[588]

Os apátridas de fato, embora não alcançados formalmente pela norma do art. 1º da Convenção de 1954, contam, ao menos, com a proteção geral da normativa internacional sobre direitos humanos, e os

---

[584] ANDRADE, Willian Cesar; FANTAZZINI, Orlando. Dossiê "A Apatridia" – O direito de se ter um lugar a que chamamos de pátria. *Caderno de Debates Refúgio, Migrações e Cidadania*, v. 6, n. 6, p. 37, 2011. Disponível em: https://www.acnur.org/portugues/wp-content/uploads/2018/02/Caderno-de-Debates-06_Ref%C3%BAgio-Migra%C3%A7%C3%B5es-e-Cidadania.pdf. Acesso em: 08 maio 2019.

[585] *Ibidem*, p. 38.

[586] *Ibidem*, p. 40.

[587] *Ibidem*, p. 43.

[588] *Ibidem*, p. 45.

apátridas refugiados, com a proteção dada por esta mesma normativa referente aos refugiados.[589]

5.2 Proteção no direito comparado[590]

O art. 2º da Lei nº 88, de 06 de outubro de 1995, que regula o direito de nacionalidade na África do Sul, prevê a aquisição da nacionalidade sul-africana por quem não ostente qualquer outra nacionalidade, desde que: (i) tenha nascido na África do Sul; (ii) não tenha direito à nacionalidade sul-africana pelo nascimento; e, (iii) nem tenha condições de adquirir outra nacionalidade.

Em Angola, a Lei nº 01, de 1º de julho de 2005, prevê, em seu art. 14, que o nascido em território angolano, filho de pais desconhecidos, ou de nacionalidade desconhecida, ou apátridas, adquire a nacionalidade pelo nascimento, que não é o critério preponderante de concessão da nacionalidade naquele País.

A Lei nº 20, de 15 de março de 2007, que regula a nacionalidade australiana, prevê em seus arts. 20 a 24, que o indivíduo que não tenha nacionalidade, nunca tenha tido uma e não tenha condições de adquirir uma, terá direito à nacionalidade australiana.

Na Eslovênia, os arts. 10 e 14, da Lei de Nacionalidade de 25 de junho de 1991, estabelecem a possibilidade da aquisição da nacionalidade pelo apátrida.

A nacionalidade finlandesa pode ser adquirida, nos termos do art. 12 da Lei nº 359, de 1º de junho de 2003, quando a criança que nascer no território finlandês for filha de pais de nacionalidade desconhecida.

Nos Países Baixos, o apátrida residente há pelo menos três anos no País tem direito à nacionalidade holandesa, nos termos dos arts. 7º a 11, da Lei de Nacionalidade de 1984, com as alterações promovidas pela Lei de 31 de março de 2003.

A Hungria também prevê um tempo mínimo de residência no País para a concessão da nacionalidade a apátridas e refugiados. Para os refugiados, o tempo é de três anos. Para os apátridas, de cinco anos.

---

[589] GODOY, Gabriel Gualano de. Considerações sobre recentes avanços na proteção dos apátridas no Brasil. *Caderno de Debates Refúgio, Migrações e Cidadania*, v. 6, n. 6, p. 64, 2011. Disponível em: https://www.acnur.org/portugues/wp-content/uploads/2018/02/Caderno-de-Debates-06_Ref%C3%BAgio-Migra%C3%A7%C3%B5es-e-Cidadania.pdf. Acesso em: 08 maio 2019.

[590] DUARTE, Feliciano Barreiras. *Regime Jurídico Comparado do Direito de Cidadania*: análise do estudo das leis de nacionalidade de 40 países. Lisboa: Âncora, 2009.

É o que estabelece o regime jurídico da nacionalidade húngara previsto no art. 4º da Lei LV, de 1º de junho de 1993.

A Lei de Nacionalidade irlandesa, de 1956, prevê em seu art. 4º, que o nascido na Ilha da Irlanda, sem qualquer outra nacionalidade, será nacional irlandês.

A Letônia concede nacionalidade aos apátridas nascidos em seu território, nos termos do art. 31 da Lei de Nacionalidade, de 11 de agosto de 1994. No mesmo sentido, o art. 10 da Lei de Nacionalidade da Lituânia, de 17 de setembro de 2002.

O art. 11 da Constituição de Moçambique prevê a concessão de nacionalidade moçambicana ao nascido em seu território, filho de pais apátridas.

O art. 10 da Lei de Nacionalidade, de 15 de fevereiro de 1962, da Polônia, prevê a concessão de nacionalidade polonesa residente em seu território, de forma regular, pelo prazo mínimo de cinco anos.

5.3 Proteção no direito brasileiro

Muitas são as causas da apatridia no direito brasileiro. No final do século XIX, vivenciamos o drama dos escravos libertos. Trazidos de países africanos com os quais o Brasil não mantinha relações diplomáticas, aqueles indivíduos, quando excepcionalmente conseguiam se livrar da condição de cativos no Brasil, eram automaticamente colocados em um limbo jurídico, na medida em que nem eram nacionais, nem estrangeiros regulares.[591] Como ostentariam, em tese, a nacionalidade de países com os quais o Brasil não mantinha relações diplomáticas, os escravos libertos eram, no Brasil, apátridas. E como perdiam a nacionalidade em seus países de origem, para onde não podiam regularmente voltar, considerada a ausência prolongada,[592] eram também apátridas onde quer que pudessem ir fora do Brasil.

No direito brasileiro, a naturalização do estrangeiro não implica mudança de nacionalidade de seus filhos menores, mesmo que a lei do Estado da anterior nacionalidade faça a naturalização dos pais perder a dos filhos, colocando-os na condição de apátridas.[593] Assim, naturalizados brasileiros os pais, seus filhos podem ser considerados

---

[591] CUNHA, Manuela Carneiro da. *Negros, estrangeiros*: os escravos libertos e sua volta à África. 2. ed. rev. ampl. São Paulo: Companhia das Letras, 2012. p. 99.

[592] *Ibidem*, p. 185.

[593] MIRANDA, Pontes de. *Nacionalidade de origem e naturalização no direito brasileiro*. Rio de Janeiro: A. Coelho Branco, 1936. p. 141.

apátridas no Brasil até que possam ser, também, naturalizados. A naturalização é, no direito brasileiro, uma escolha do indivíduo. A escolha de se vincular jurídico-politicamente com o Estado brasileiro. Trata-se de procedimento formal e solene. Como tal, somente pode ser efetivado quando se tenha capacidade jurídica para tanto – capacidade esta que não pode ser suprida por seus representantes legais. Trata-se do que se chama em direito civil ato personalíssimo.

Nos anos 1990, dois fenômenos curiosos que resultavam em apatridia foram observados no Brasil. O primeiro, decorrente da supressão, no texto original da Constituição da República Federativa do Brasil de 1988, do critério de atribuição de nacionalidade denominado *jus sanguinis* registral, ficou conhecido com o caso dos "brasileirinhos apátridas", que ensejou a promulgação da Emenda Constitucional (EC) nº 54, de 20 de setembro de 2007. O segundo se referia à situação dos índios Guaranis Avá, que habitam a tríplice fronteira – Brasil, Argentina e Paraguai – e não ostentavam, reconhecidamente, a nacionalidade de qualquer deles.[594]

No caso dos "brasileirinhos apátridas", o que ocorreu foi que prevista no texto original, e dele retirada pela EC de Revisão nº 03, de 07 de junho de 1994, a possibilidade de se registrar a criança, filha de pai ou mãe brasileira, em repartição consular brasileira no exterior e, considerando que a aquisição da nacionalidade originária por opção somente poderia se dar após o atingimento da maioridade pelo optante, na medida em que se trata de ato personalíssimo, cuja prática não admite assistência ou representação, verificou-se, especialmente no sul do País, que muitos filhos de brasileiros, nascidos em países vizinhos, como, por exemplo, o Uruguai, não eram considerados brasileiros no Brasil até os 18 anos, sendo obrigados a viver, no País, na condição de estrangeiros até o implemento desta idade, tendo, portanto, de se submeter a todas as consequências jurídicas advindas da condição jurídica de estrangeiros. Também os filhos de jogadores de futebol, nascidos no exterior, se encontravam aqui em igual situação. Atento à questão, o Supremo Tribunal Federal (STF) construiu uma solução jurisprudencial que não desamparasse estes brasileiros, potencialmente natos. A solução jurisprudencial ficou conhecida como nacionalidade originária sob condição suspensiva.

---

[594] ANDRADE, Willian Cesar; FANTAZZINI, Orlando. Dossiê "A Apatridia" – O direito de se ter um lugar a que chamamos de pátria. *Caderno de Debates Refúgio, Migrações e Cidadania*, v. 6, n. 6, p. 53, 2011. Disponível em: https://www.acnur.org/portugues/wp-content/uploads/2018/02/Caderno-de-Debates-06_Ref%C3%BAgio-Migra%C3%A7%C3%B5es-e-Cidadania.pdf. Acesso em: 08 maio 2019.

Opção de nacionalidade brasileira (CF, art. 12, I, c): menor residente no País, nascido no estrangeiro e filho de mãe brasileira, que não estava a serviço do Brasil: viabilidade do registro provisório (L. Reg. Públicos, art. 32, §2º), não o da opção definitiva. 1. A partir da maioridade, que a torna possível, a nacionalidade do filho brasileiro, nascido no estrangeiro, mas residente no País, fica sujeita à condição suspensiva da homologação judicial da opção. 2. Esse condicionamento suspensivo, só vigora a partir da maioridade; antes, desde que residente no País, o menor – mediante o registro provisório previsto no art. 32, §2º, da Lei dos Registros Públicos – se considera brasileiro nato, para todos os efeitos. 3. Precedentes (STF. Segunda Turma. Recurso Extraordinário nº 418.096. Relator Ministro Carlos Velloso. Julgado em 23 de fevereiro de 20005).

O Brasil é Parte em ambas as Convenções das Nações Unidas sobre o tema da apatridia. A Convenção do Estatuto dos Apátridas, de 1954, foi internalizada pelo Decreto nº 4.246, em 22 de maio de 2002. E a Convenção para Redução dos Casos de Apatridia, de 1961, foi internalizada pelo Decreto nº 8.501, de 18 de agosto de 2016.

Em 14 de agosto de 2014, a Secretaria Nacional de Justiça e Cidadania do Ministério da Justiça (SNJC/MJ) anunciou a formulação de Projeto de Lei (PL) de proteção aos apátridas, concretizando os comandos previstos nas Convenções, em especial, o reconhecimento da ausência de nacionalidade, até mesmo quando a ausência não puder ser comprovada.[595]

Reconhecida a condição de apátrida, o Brasil, entre outras medidas de proteção, emite documento de viagem para o apátrida que pode ser requerido tanto no território nacional quanto no exterior.[596]

Recentemente, em 18 de novembro de 2014, o ACNUR fez publicar em português o *Manual de Proteção aos Apátridas*.[597] Neste manual, verificam-se orientações, já seguidas pelo Brasil, sobre os seguintes aspectos: (i) interpretação dos termos "por qualquer Estado" e o quais entidades podem ser consideradas "Estados" no plano internacional; (ii) quando uma pessoa é considerada não nacional; (iii) perdas automáticas de nacionalidade; (iv) formas de transgressão à concessão legal de

---

[595] Ver: http://www.acnur.org/portugues/noticias/noticia/governo-do-brasil-anuncia-projeto-de-lei-para-proteger-pessoas-sem-patria/. Acesso: 15 maio 2019.

[596] Ver: http://www.pf.gov.br/servicos-pf/passaporte/passaporte-para-estrangeiro. Acesso: 15 maio 2019.

[597] ONU. Alto Comissariado das Nações Unidas para Refugiados. *Manual de Proteção aos Apátridas*: de acordo com a Convenção de 1954 sobre o Estatuto dos Apátridas. Genebra: ACNUR, 2014. 116 p. Disponível em: http://www.acnur.org/t3/fileadmin/Documentos/Publicaciones/2014/Manual_de_protecao_aos_apatridas.pdf. Acesso em: 08 maio 2019.

nacionalidade pelos Estados; (v) nacionalidade adquirida por erro ou má-fé; e, (vi) renúncia voluntária à nacionalidade.

A Lei nº 13.445/2017 traz em seu art.26 a disciplina da proteção ao apátrida.

5.4 Apátrida como estrangeiro

O Estrangeiro é o não nacional, e os direitos conferidos a cada um no território de um Estado são muito distintos. Não houvesse qualquer distinção no que se concede a nacionais e estrangeiros, concedendo-se a ambos os mesmíssimos direitos e prerrogativas no Estado nacional, nenhuma razão haveria para que se fizesse a distinção, comum a todos os Estados que compõem a sociedade internacional contemporânea.

A forma como cada Estado soberano trata a questão do estrangeiro é, como regra e em razão do atributo da soberania, uma questão de direito interno, de modo que pouco importa que tal ou qual direito seja assegurado a um estrangeiro em seu País de nacionalidade, de domicílio, de residência habitual, ou onde estivesse, por qualquer razão, antes de ingressar no território nacional.

Para se saber de quais direitos desfrutará no Estado em que se é estrangeiro, necessário investigar o que a lei local, seja ela constitucional ou infraconstitucional, diz a respeito.[598]

É certo que muitas normas internacionais estabelecem padrões gerais de tratamento de estrangeiros pelos Estados nacionais. Tais padrões se referem a um mínimo[599] que se deve observar como reconhecimento de direitos a estrangeiros quando se encontrem no território dos Estados Partes destes tratados.[600] No entanto, é mesmo no ordenamento

---

[598] ESPÍNOLA, Eduardo; ESPÍNOLA FILHO, Eduardo. *Tratado de Direito Civil Brasileiro.* Rio de Janeiro: Freitas Bastos, 1941. v. VI. Da Condição Jurídica dos Estrangeiros no Brasil. p. 183.

[599] *Ibidem.*

[600] O artigo 5º, da Convenção de Havana sobre Direitos dos Estrangeiros, de 1928, estabelece: "Os Estados devem conceder aos estrangeiros domiciliados ou de passagem em seu território todas as garantias individuais que concedem aos seus próprios nacionais e o gozo de direitos civis essenciais, sem prejuízo, no que concerne aos estrangeiros, das prescrições legais relativas à extensão e modalidades do exercício dos ditos direitos e garantias". O Código Bustamante, em seu artigo 1º, enuncia que: "Os estrangeiros que pertençam a qualquer um dos Estados contratantes, gozam, no território dos demais dos mesmos direitos civis que se concedam aos nacionais". No entanto, ainda segundo o dispositivo: "Cada Estado contratante pode, por motivo de ordem pública, recusar ou sujeitar a condições especiais o exercício de determinados direitos civis aos nacionais dos outros, e qualquer destes Estados pode, em casos idênticos, recusar ou sujeitar a condições especiais o mesmo exercício aos nacionais do primeiro". Assim como a Declaração dos Direitos do Homem, que em seu

jurídico nacional que se verificará a que situação, regulada pelo direito, se submete o não nacional, seja ele permanente ou temporário, regular ou irregular. Em verdade, as categorias regular, irregular, permanente ou temporário, são criadas pela legislação local, ainda que correspondam a padrões internacionais, na medida em que é o próprio Estado que define quem é estrangeiro, o que faz por oposição à definição de nacional e, neste grupo, o de estrangeiros, quem se encontra no território de forma permanente ou temporária, regular ou irregular.

Três correntes de pensamento informam o direito de um estrangeiro no território, a saber: (i) a da equiparação ao estrangeiro do tratamento dispensado ao nacional; (ii) a do melhor tratamento ao estrangeiro; e, (iii) a do melhor tratamento ao nacional.[601]

Em matéria de direitos civis, o Chile, ainda do século XIX, foi o pioneiro da primeira corrente, em termos de direito positivo, igualando os direitos concedidos aos estrangeiros. A segunda concepção, a de melhor tratamento ao estrangeiro, é consequência da ideia de que o estrangeiro, além do direito nacional do Estado em que se encontra, pode se valer da proteção que lhe dá o direito internacional público. Assim, ainda que o Estado não forneça aos seus próprios nacionais um rol mínimo de direitos e garantias fundamentais, o direito internacional público se ocuparia de fornecê-los a todas as pessoas, podendo o estrangeiro, desta forma, dele se valer. Este rol mínimo pode ser compreendido como sendo: (i) reconhecer-se todo o estrangeiro como sujeito de direitos; (ii) respeitar-se os direitos privados adquiridos por estrangeiros no exterior; (iii) conceder-se aos estrangeiros direitos essenciais relativos à liberdade; (iv) permitir aos estrangeiros acesso aos tribunais; e, (v) proteger os estrangeiros de delitos que ameacem sua vida, liberdade, propriedade e honra.[602]

---

artigo 2º, impede distinções entre nacionais e estrangeiros; O Pacto de Direitos Econômicos, Sociais e Culturais de Nova York, de 1966, em seu artigo 2º; o Pacto Internacional de Direitos Civis e Políticos de Nova York, de 1966, nos artigo 2º e 26 e a Convenção Americana dos Direitos Humanos (Pacto de São José da Costa Rica) em seu artigo 1º: "Obrigação de Respeitar Direitos. 1. Os Estados-partes nesta Convenção se comprometem a respeitar os direitos e liberdades nela reconhecidos e a garantir seu livre e pleno exercício a toda pessoa que esteja sujeita à sua jurisdição, sem discriminação alguma, por motivo de raça, cor, sexo, idioma, religião, opiniões políticas ou de qualquer outra natureza, origem nacional ou social, posição econômica, nascimento ou qualquer outra condição social. 2. Para fins desta Convenção, pessoa é todo o ser humano".

[601] TENÓRIO, Oscar. *Direito Internacional Privado*. 11. ed. Rio de Janeiro: Freitas Bastos, 1976. v. I. p. 253. Cf. CORREIA, A. Ferrer. *Lições de Direito Internacional Privado*. Almedina: Lisboa, 2014. v. I. p. 71-81.

[602] TENÓRIO, *op. cit.*, p. 253.

O regramento da situação jurídica do estrangeiro pode ser tratado na Carta Política, em leis infraconstitucionais ou em normas convencionais internacionais. No Brasil, é encontrado em todas estas fontes.

O estudo da condição jurídica do estrangeiro no Brasil se divide em: (i) direitos de entrada, compreendendo a admissão no território entendida como manifestação de vontade da Administração, no exercício de sua soberania, em permitir, a qualquer título, a entrada regular de um estrangeiro em seu território, de forma absolutamente discricionária, concretizando o princípio de direito internacional público da Admissão Discricionária do Estrangeiro e, por igual, os regimes especiais de entrada, como, por exemplo, o asilo e o refúgio; (ii) direitos de permanência, ou seja, os direitos do estrangeiro regularmente admitido e os direitos do estrangeiro irregular ou indocumentado, investigando-se ainda, neste ponto, quais direitos, privados ou públicos, se lhe garantem no território; e, (iii) a saída compulsória do estrangeiro – momento em que se estuda o impedimento, a repatriação, a deportação, a expulsão e a extradição.

É o direito interno que classifica juridicamente os estrangeiros no território. Tal classificação divide os estrangeiros em regulares e irregulares. Os regulares são aqueles que possuem autorização de entrada/estada (visto), também denominados pela doutrina de documentados. Este grupo se subdivide em temporários (turistas, detentores de vistos de trânsito, de visto temporário em viagens de negócio, de visto temporário para tratamento médico etc.) e permanentes (detentores de visto permanente por casamento com nacional brasileiro, por reunião familiar, para investidor, visto de permanência para refugiados etc.). Os irregulares são aqueles que não possuem título autorizativo de entrada e/ou estada (visto), incluídos neste conceito os indivíduos sobre os quais não se conheça formalmente a entrada (os estrangeiros clandestinos) ou os que possuam o mencionado título em desacordo com sua efetiva situação no território nacional, tal como ocorre com que tenha tido em seu favor emitido visto temporário que se encontre expirado ou mesmo visto de categoria que não permita o exercício de trabalho remunerado, e o exerça no território, por exemplo.

Nesta medida, os apátridas, quando regularmente admitidos e autorizados a permanecer no País, são considerados estrangeiros regulares permanentes e desfrutam todos os direitos concedidos a esta categoria de estrangeiros.

E quais direitos são assegurados aos estrangeiros no Brasil? O art. 5º da CRFB de 1988 enuncia:

Art. 5º Todos são iguais perante a lei, sem distinção de qualquer natureza, garantindo-se aos brasileiros e aos estrangeiros residentes no País a inviolabilidade do direito à vida, à liberdade, à igualdade, à segurança e à propriedade, nos termos seguintes:

(...).

Aos estrangeiros residentes, nos termos da própria cabeça do art. 5º, são assegurados todos os direitos fundamentais previstos no texto constitucional, salvo os que sejam limitados pela própria Constituição, como o ajuizamento de ação popular (art. 5º, inc. LXXIII) ou concorrer a cargo eletivo (art. 14, §3º). Embora haja opiniões contrárias, este raciocínio deve se estender, por igual, aos estrangeiros não residentes, na medida em que os direitos fundamentais se identificam com os direitos humanos.[603]

O dispositivo constitucional, ao se referir a estrangeiros residentes, pode e deve ser interpretado como estrangeiros que se encontrem, a qualquer título, sob a proteção do ordenamento jurídico-constitucional brasileiro, desimportante seu *status* migratório, sob pena de se opor a ordenam jurídico-constitucional brasileira a compromissos internacionalmente assumidos, como o que se extrai do art. 1º do Pacto de São José da Costa Rica.[604]

Questão interessante que se coloca, no quanto aos direitos fundamentais observados aos estrangeiros, diz respeito à jusfundamentalidade dos direitos políticos[605] e sua classificação como espécie do gênero direitos fundamentais. Considerados direitos de primeira dimensão, deveriam ser assegurados aos estrangeiros?[606] Em maior

---

[603] MARMELSTEIN, George. *Curso de Direitos Fundamentais*. São Paulo: Saraiva, 2008. p. 25. O autor classifica esta categoria de direitos como: (i) direitos do homem, valores ligados à dignidade humana, mas não positivados; (ii) direitos humanos, valores ligados à dignidade humana e positivados em documentos internacionais; e, (iii) direitos fundamentais, valores ligados à dignidade humana, positivados no direito interno, em geral na Carta Constitucional.

[604] "Artigo 1º – Obrigação de respeitar os direitos. 1. Os Estados-partes nesta Convenção comprometem-se a respeitar os direitos e liberdades nela reconhecidos e a garantir seu livre e pleno exercício a toda pessoa que esteja sujeita à sua jurisdição, sem discriminação alguma, por motivo de raça, cor, sexo, idioma, religião, opiniões políticas ou de qualquer natureza, origem nacional ou social, posição econômica, nascimento ou qualquer outra condição social. 2. Para efeitos desta Convenção, pessoa é todo o ser humano".

[605] No Brasil, correspondem a: (i) direito de sufrágio, ou aptidão para eleger e ser eleito, em sentido geral; (ii) alistabilidade, aptidão para votar em eleições, plebiscitos e referendos; (iii) elegibilidade, aptidão para ser eleito; (iv) iniciativa de lei, a denominada iniciativa popular; (v) controle da Administração Pública por meio do ajuizamento de ação popular; e, (vi) organização e participação em partidos políticos.

[606] BONAVIDES, Paulo. *Curso de Direito Constitucional*. 18. ed. São Paulo: Malheiros, 2006. p. 563.

ou menor medida, o direito ao voto é permitido aos estrangeiros em muitos Estados da América Latina (Paraguai, Argentina, Chile, Uruguai, Bolívia, Colômbia, Equador, México e Peru).[607]

A exclusão dos direitos políticos do rol de direitos fundamentais garantidos aos estrangeiros no território permite três conclusões genéricas, partindo-se deste exemplo específico, a saber: (i) nem todos os direitos fundamentais, assegurados aos nacionais pela Constituição são extensíveis aos estrangeiros; (ii) eventualmente quando um valor, universalmente reconhecido como protetivo da dignidade humana, não corresponder a uma norma garantidora de direito fundamental a um estrangeiro, deve-se, para protegê-lo, procurar o fundamento de sua proteção nos direitos humanos, ou seja, no Brasil, para verificar se o estrangeiro tem direito à proteção, deve-se recorrer, primeiramente, ao texto constitucional e, à sua falta, deve o intérprete se socorrer das normas internacionais; e, (iii) pode ocorrer que um valor universalmente reconhecido como protetivo da dignidade da pessoa humana não encontre fundamento jurídico que o garanta, nem no texto constitucional, nem nas normas convencionais internacionais que protejam direitos humanos, como é o caso dos direitos políticos, vedados pelo ordenamento constitucional brasileiro, e não autorizado pelas normas convencionais,[608] embora a doutrina dos direitos fundamentais os identifique como tal, e seja esta uma reivindicação universal das comunidades de imigrantes, no mundo e, particularmente, no Brasil.

Com relação aos demais direitos fundamentais, encontra-se, por exemplo, o acesso à justiça, que é uma garantia constitucional. O art. 2º da Lei nº 1.060, de 05 de fevereiro de 1950, que regulamenta a assistência judiciária gratuita no Brasil, refere, expressamente, ao indicar os destinatários na norma, tal como fez a cabeça do art. 5º da CRFB de 1988, a brasileiros e estrangeiros residentes. No que concerne aos chamados direitos fundamentais de segunda dimensão – os direitos prestacionais –, tem-se a questão mais delicada no trato com os estrangeiros, em especial, com estrangeiros irregulares ou clandestinos. Neste sentido, se impõe a seguinte questão: teriam os estrangeiros não residentes, irregulares e clandestinos, direito a tratamento de saúde, custeado pelo Estado brasileiro, ou mesmo à obtenção de benefício

---

[607] Ver: www.cdhic.org.br. Acesso em: 15 maio 2019.

[608] O artigo 7º, da Convenção de Havana sobre Condição dos Estrangeiros, de 1928; e o artigo 38 da Declaração Americana dos Direitos e Deveres do Homem dispõe que o estrangeiro não deve participar de atividades políticas, privativas de nacional, no Estado em que se encontre, podendo tal conduta ser sancionada pela lei local.

assistencial, nos termos do art. 203, inc. V, da Constituição Federal, ou à educação fundamental? A Constituição foi extremamente generosa na previsão das obrigações estatais relativas à concretização de direitos fundamentais de segunda dimensão. Seu art. 196 prevê, expressamente, ser a saúde um direito de todos e um dever do Estado. Ao referir-se a todos, deixou claro não haver, na titularidade deste direito, qualquer distinção entre nacionais ou estrangeiros e, entre os estrangeiros, entre regulares ou irregulares. E foi além, ao afirmar que o acesso a ações e serviços destinados à promoção, proteção e recuperação da saúde é universal e igualitário.[609]

Ainda quanto aos direitos fundamentais, outra questão que se coloca é: e se o estrangeiro irregular se encontrar em condições de miserabilidade, aquelas previstas na Lei nº 8.472, de 07 de dezembro de 1993, que autorizam o recebimento de um salário mínimo, nos termos do inc. V, art. 203 da CRFB de 1988? É certo que a lei, em seu art. 1º, refere a cidadão, o que, em tese, excluiria os estrangeiros, regulares ou irregulares, a exceção do português equiparado a brasileiro naturalizado, mas aqui não se pode esquecer que o mencionado benefício é concedido, sem problemas, a crianças que, como já visto, não são tecnicamente cidadãs. O Decreto que regulamenta a lei, de nº 6.214, de 26 de setembro de 2007, em seu art. 7º, enuncia como beneficiários somente os brasileiros natos ou naturalizados. Aqui vale questionar: pode a Lei – e o Decreto – restringir o que o dispositivo constitucional não restringe, quando refere a quem dele necessitar? Teria o Estado brasileiro de suportar a manutenção e o sustento deste estrangeiro em território nacional? Comparado a qualquer sistema de seguridade social do mundo desenvolvido, a concessão de benefícios assistenciais a estrangeiros, regulares ou irregulares, seria considerado um exagero? Isso impede que o Estado brasileiro assim se comporte?[610]

---

[609] "SISTEMA ÚNICO DE SAÚDE. TRANSPLANTE DE MEDULA. TRATAMENTO GRATUITO PARA ESTRANGEIRO. ART. 5º DA CF. O art. 5º da Constituição Federal, quando assegura os direitos garantias fundamentais a brasileiros e estrangeiros residente no País, não está a exigir o domicílio do estrangeiro. O significado do dispositivo constitucional, que consagra a igualdade de tratamento entre brasileiros e estrangeiros, exige que o estrangeiro esteja sob a ordem jurídico-constitucional brasileira, não importa em que condição. Até mesmo o estrangeiro em situação irregular no País encontra-se protegido e a ele são assegurados os direitos e garantias fundamentais" (TRF 4ª Região. Agravo nº 2005040132106/PR, julgado em 29 de agosto de 2006).

[610] Quanto a estrangeiros regulares, permanentes, a jurisprudência não oferece maior resistência em conceder o benefício. Veja-se por todos: "CONSTITUCIONAL. PROCESSO CIVIL. AGRAVO (ART. 557, §1º, CPC). BENEFÍCIO DE PRESTAÇÃO CONTINUADA. POSSIBILIDADE DE CONCESSÃO A ESTRANGEIRO RESIDENTE NO PAÍS. I – Ao dar provimento à apelação do autor, julgando procedente o seu pedido, a decisão agravada

No ponto, de se destacar, quanto ao conceito constitucional de estrangeiro residente, e sua não restrição ao conceito de residência regularmente deferida como autorização de permanência, que alguns programas sociais do governo brasileiro que concedem benefícios assistenciais não diferenciam estrangeiros regulares de irregulares, como, por exemplo, o Programa Universidade Para Todos (PROUNI), o Brasil Carinhoso e o Bolsa Família. Neste último, basta o cadastro realizado com o número de inscrição no Cadastro de Pessoa Física (CPF) que, por igual, não diferencia estrangeiros regulares de irregulares. No programa de fomento à aquisição de casa própria, denominado Minha Casa, Minha Vida, somente se admite o ingresso de estrangeiros regulares.

Quanto aos direitos privados, o Código Civil (CC) não distingue entre nacionais e estrangeiros em seu art. 1º, ao enunciar que "Toda pessoa é capaz de direitos e deveres na ordem civil",[611] de modo que lhes é permitido o exercício de todos os direitos privados, excetuados aqueles que exijam formalidade específica com relação aos irregulares e clandestinos (como casar, testar, prestar fiança etc.). A tradição jurídica brasileira assegura aos estrangeiros regulares a prática de atividades privadas.[612]

---

filiou-se ao entendimento já manifestado anteriormente por esta C. Turma, no sentido de que a concessão do benefício assistencial é garantida aos estrangeiros residentes nos país, desde que presentes os requisitos legais autorizadores. (Precedentes do E. TRF da Terceira Região). II – O autor reside no país desde a década de 1970, podendo-se concluir que já poderia ter requerido sua naturalização voluntariamente, não sendo válido, no entanto, que esta seja exigida para que ele faça jus ao exercício de um direito fundamental. III – Agravo (art. 557, §1º, CPC) interposto pelo réu improvido" (TRF3. Apelação Cível nº 1540369. Décima Turma. Relator Desembargador Federal Sérgio Nascimento. Julgado em 13 de março de 2012 e publicado no dia 21 do mesmo mês). Por outro lado, o Brasil é signatário de uma série de tratados internacionais que garantem reciprocidade de tratamento na concessão de benefícios previdenciários as nacionais dos Estados signatários nos territórios dos demais. Nestes casos, a jurisprudência, por igual, não oferece qualquer obstáculo à concessão destes benefícios, embora, em sede administrativa, a questão não se apresente tranquila. *Vide*: Processo nº 2009.51.51.047895-6/01. Segunda Turma Recursal do Rio de Janeiro. Relator Juiz Federal Vladmir dos Santos Vitovsky.

[611] ESPÍNOLA, Eduardo. *Sistema de Direito Civil*. Ed. Histórica. Rio de Janeiro: Ed. Rio, 1977, p. 251: "Sôbre o princípio da territorialidade também se baseia a teoria da reciprocidade. É a doutrina amplamente aceita pelo Código Civil Francês. Por ela os Estados concedem aos estrangeiros somente os direitos, que aos seus nacionais são garantidos pelos Estados, a que os estrangeiros pertencem. A reciprocidade pode ser, muitas vezes, uma medida de utilidade prática, de conveniência política, não é, porém, um princípio que satisfaça as exigências racionais do direito; além disso, 'autoriza iniqüidades manifestas e empresta às relações internacionais uma estranha feição de ameaça e hostilidade'".

[612] "Todas estas restrições de liberdade civil, decorrentes, aliás, de razões de ordem pública, na afetavam propriamente o exercício de atividade privada dos estrangeiros. Debaixo das leis brazileiras elles podiam exercer livremente sua indústria, achando-se para elles abertos, do mesmo modo que para os nacionaes, os tribunaes de justiça". Cf. OCTAVIO, Rodrigo. *Direito do estrangeiro no Brazil*. Rio de Janeiro: Francisco Alves, 1909. p. 138.

Quanto ao acesso às funções públicas, este era vedado constitucionalmente até 1998, quando autorizado pela EC nº 19, de 04 de junho de 1998, que, alterando o inc. I, do art. 37 da Constituição, estabeleceu que "os cargos, empregos, e funções públicas são acessíveis aos brasileiros que preencham os requisitos estabelecidos em lei, assim como aos estrangeiros, na forma da lei". A referida Emenda, denominada Reforma Administrativa, acompanhou anterior alteração constitucional promovida pela EC nº 11, de 30 de abril de 1996. Tal manifestação do poder constituinte derivado já havia autorizado a contratação de professores, técnicos e cientistas estrangeiros, também na forma da Lei.

O STF, no entanto, quando do julgamento do Recurso Extraordinário (RE) nº 439.754/RR, de relatoria do Ministro Carlos Velloso, assentou que a norma do inc. I, do art. 37, não possui aplicabilidade imediata, dependendo, portanto, de lei que a regulamente.[613]

Já no que concerne às restrições aos estrangeiros no Brasil, há restrições de ordem constitucional e infraconstitucional. A Constituição estabelece, no regramento da ordem econômica, art. 176, §1º:

> Art. 176. As jazidas, em lavra ou não, e demais recursos minerais e os potenciais de energia hidráulica constituem propriedade distinta da do solo, para efeito de exploração ou aproveitamento, e pertencem à União, garantida ao concessionário a propriedade do produto da lavra. §1º A pesquisa e a lavra de recursos minerais e o aproveitamento dos potenciais a que se refere o "caput" deste artigo somente poderão ser efetuados mediante autorização ou concessão da União, no interesse nacional, por brasileiros ou empresa constituída sob as leis brasileiras e que tenha sua sede e administração no País, na forma da lei, que estabelecerá as condições específicas quando essas atividades se desenvolverem em faixa de fronteira ou terras indígenas. (Redação dada pela Emenda Constitucional nº 6, de 1995).
> (…).

Já no capítulo V, *Da Comunicação Social*, o texto constitucional dispõe que a propriedade de empresa jornalística e de radiofusão sonora e de sons e imagens é vedada ao estrangeiro. Nos termos do art. 222 do texto constitucional é privativa de brasileiros natos ou naturalizados há mais de 10 anos ou de pessoas jurídicas constituídas sob leis brasileiras que tenham sede no território nacional. A intenção do constituinte é intuitiva e estratégica: quem controla informação, se

---

[613] No mesmo sentido, os Julgados: RE 544.655-AgR; e AI 590.663-AgR.

encontra em condições de controlar o País. O brasileiro nato, como já se viu quando se tratou do direito da nacionalidade brasileira, tem o mais expressivo vínculo com o Estado e, por esta razão, nada lhe é vedado em razão de sua origem. O naturalizado, a quem se veda o acesso a posições estratégicas, somente está autorizado a ser proprietário de empresa jornalística após 10 anos de naturalização, verificada, assim, a intensidade do vínculo que estabeleceu com o Estado brasileiro.

Alguns cargos públicos são reservados aos brasileiros natos, nos termos do §3º, do art. 12, da Carta Política, excluindo-se, assim, destes postos, os naturalizados, os portugueses equiparados e, evidentemente, os estrangeiros em geral.

Quanto às restrições legais, o art. 106 da Lei nº 6.815, de 19 de agosto de 1980, trazia um rol de atividades vedadas aos estrangeiros. Estas restrições haviam sido pensadas com base na compatibilidade que teriam com a Carta Constitucional de 1969, de modo que algumas delas se tornaram incompatíveis com a Constituição atual, como é o caso da posse e utilização de rádio amador.

O art. 107, do mesmo diploma legal, vedava ao estrangeiro a atividade política. A Constituição, em seu art. 14, §3º segue a mesma orientação, *in verbis*:

> Art. 14. A soberania popular será exercida pelo sufrágio universal e pelo voto direto e secreto, com valor igual para todos, e, nos termos da lei, mediante:
> (...).
> §4º São inelegíveis os inalistáveis e os analfabetos.
> (...).

O art. 110 do revogado Estatuto do Estrangeiro permitia ao Ministro da Justiça, sempre que considerasse conveniente aos interesses nacionais, proibir a realização, por estrangeiros, de conferências, congressos e exibições artísticas. Tal permissivo legal era, a toda evidência, incompatível com a garantia fundamental, constitucional, da liberdade de expressão.

O exercício de profissões liberais não é, em tese, vedado, em observância ao que dispõe o art. 5º, inc. XIII, do texto constitucional. No entanto, profissões como, por exemplo, a advocacia e a medicina, exigem prévia validação de diploma obtido no exterior e autorização do órgão fiscalizador do exercício profissional. Quanto à advocacia, especificamente, a Lei nº 8.906, de 04 de julho de 1994, não veda a atividade do advogado estrangeiro no Brasil, mas condiciona o exercício da profissão à inscrição na Ordem dos Advogados do Brasil (OAB), e esta, à validação do diploma estrangeiro.

Com relação ao direito à remuneração pelo trabalho, tem-se que o trabalho não remunerado somente se enquadra em duas categorias possíveis, a saber: (i) voluntário; e, (ii) escravo. Daí porque o direito ao trabalho digno, e a ser remunerado por ele, assume contornos de direito fundamental, na medida em que consubstancia um valor universalmente reconhecido como protetivo da dignidade da pessoa humana, e por isso foi escolhido pelo legislador constituinte, para compor o elenco dos direitos fundamentais de Carta Política brasileira, sob a rubrica de direito social. Por esta razão, os Tribunais vêm enfrentando a questão do não pagamento de remuneração por trabalho já realizado, com o fundamento de que o trabalhador que o realizou encontrava-se em situação migratória irregular – razão porque não poderia validamente ter contratado o vínculo laboral.[614]

O estrangeiro recluso deve ter os mesmos direitos que os brasileiros no processo penal. Esta é a conclusão a que chegou a jurisprudência dos Tribunais Superiores nos últimos anos, especialmente o STF.[615]

---

[614] Do sul do Brasil, chegou ao Tribunal Superior do Trabalho questão que o levou a assentar que o *status* migratório irregular não autoriza a não remuneração pelo trabalho prestado. Tratava-se do caso de uma trabalhadora colombiana que prestou serviço como analista de sistemas para operadora de telefonia celular, de primeiro de janeiro de 1999 a oito de agosto de 2002. De 1999 a 2000 de forma irregular, na medida em que só obteve visto de trabalho no Brasil em 26 de março de 2000. Após sua dispensa, propôs reclamação trabalhista pleiteando o pagamento dos direitos referentes a todo o período em que trabalhou para a empresa. Em primeiro grau, foi acolhida preliminar de carência do legítimo exercício do direito de ação por impossibilidade jurídica do pedido relativo aos pleitos anteriores a 26 de março de 2000; e declarada a existência de vínculo de trabalho somente a partir daquele período. Para o juiz, o ordenamento jurídico proíbe o reconhecimento de vínculo de emprego com estrangeiro em situação irregular no Brasil. Em grau de recurso, o Tribunal Regional do Trabalho da 4ª Região reconheceu o vínculo de emprego por todo o período, ao argumento de que o trabalho de estrangeiro irregular no país poderia até ser proibido, mas não ilícito. O acórdão do TRT entendeu que no caso deveria ser observado o *Princípio da Primazia da Realidade do Direito do Trabalho*, segundo o qual a nulidade dos atos não alcança o fato de que houve prestação de trabalho, razão por que eram devidas todas as verbas trabalhistas decorrentes da força de trabalho oferecida. Inconformada, interpôs a reclamada recurso de revista nº 49800-44.2003.5.04.0005. O TST, em voto da lavra do ministro Luiz Philippe Vieira de Mello Filho, manteve a decisão do regional. Para o relator, a garantia aos direitos sociais independe da situação migratória do estrangeiro. Assentou que, constitucionalmente, os estrangeiros residentes no país gozam dos mesmos direitos e tem os mesmos deveres dos brasileiros. Outros fundamentos expedidos foram os da observância do princípio da dignidade da pessoa humana (artigo 1º, III, da CF), do valor social do trabalho (artigo 1º, IV, da CF) e do direito fundamental da igualdade.

[615] O Supremo Tribunal Federal já decidiu que o "fato de o condenado por tráfico de droga ser estrangeiro, estar preso, não ter domicílio no país e ser objeto de processo de expulsão, não constitui óbice à progressão de regime de cumprimento da pena" (HC 97.147/MT,

O art. 26 da Lei nº 13.445/2017 traz disposição específica sobre a proteção do apátrida como estrangeiro no Brasil.

5.5 Apátrida como direito fundamental a não ostentar qualquer nacionalidade

Como se viu da advertência de Pontes de Miranda, há uma certa confusão entre a proteção que pode e deve ser conferida às pessoas pelos Estados e ser o indivíduo obrigado a ostentar uma nacionalidade. Afirma, partir desta advertência, que nem o direito interno, nem o internacional, podem obrigar o ser humano a ter uma nacionalidade.[616] Assim, a atribuição forçada da nacionalidade ao apátrida, sem manifestação própria de vontade, seria contrária ao direito internacional, que somente admite imposição de nacionalidade forçada na atribuição originária, *jus soli* ou *jus sanguinis*.[617] O que o Direito pode fazer é, eventualmente, impedir que quem já tenha uma nacionalidade possa dela se demitir por vontade própria, sem a aquisição de outra nacionalidade ou qualquer salvaguarda que evite a apatridia. Já sendo apátrida, nada impede que o indivíduo queira assim se conservar.

É o que se viu do curioso caso da atriz Elke Maravilha. Nascida em São Petersburgo, Rússia, veio criança para o Brasil, fugida com os pais. Aqui chegou apátrida porque os pais perderam a nacionalidade russa. Aqui, naturalizou-se brasileira. Nesta condição, viveu até a idade adulta, quando ficou conhecida como modelo. Nos anos 1970, em pleno regime militar, teve sua naturalização cancelada por protestar contra o regime militar. Passou uma vez mais à condição de apátrida. Restaurado o regime democrático, recusou-se, enquanto viveu até 2016, a readquirir a nacionalidade brasileira como forma de protesto, mantendo viva a memória de arbitrariedades do regime militar.

Neste exemplo, a manutenção do indivíduo na condição da apátrida configura uma escolha existencial, motivada por razões políticas e ideológicas. No caso da atriz, mais de 40 anos se passaram entre a assunção involuntária da condição de apátrida e a manutenção voluntária desta condição, sem que se registrasse, no Brasil, qualquer

---

Segunda Turma, Rel. Min. ELLEN GRACIE, Relator para o Acórdão Min. Cezar Peluso, *DJe* de 12.02.2010).

[616] MIRANDA, Pontes de. *Nacionalidade de origem e naturalização no direito brasileiro*. Rio de Janeiro: A. Coelho Branco, 1936. p. 14.

[617] *Ibidem*, p. 116.

óbice ao pleno desenvolvimento de sua personalidade e sem obstáculos à experiência de viver a vida que considerou boa.

O fato de se associar, e se associar corretamente, a apatrida à vulnerabilidade não significa, necessariamente, que o indivíduo deva ser impossibilitado de colocar-se nessa condição.

Como se viu, o enfraquecimento de uma posição jurídica ancorada em direito fundamental pode, eventualmente, significar o próprio exercício legítimo de um direito fundamental. Aqui, a ausência de previsão constitucional expressa para a renúncia à nacionalidade pura e simples deve ser cotejada com a ausência de proibição expressa desta mesma renúncia, para encontrar, no direito geral de liberdade (art. 5º, *caput*, da CRFB de 1988),[618] que exige do Estado um severo ônus argumentativo[619] para fundamentar restrições a escolhas legítimas, o fundamento para a colocação voluntária em uma condição que, embora internacionalmente considerada vulnerável, conta, no Brasil, com proteção suficiente para afastar a necessidade de que o indivíduo tenha de ser protegido de si mesmo. Nesta perspectiva, a limitação da autonomia deve se restringir, como se viu, às seguintes hipóteses: (i) necessidade de proteção da dignidade de terceiros; (ii) proteção de valores compartilhados; e, (iii) proteção da própria dignidade do indivíduo.[620] No caso da apatridia voluntária no Brasil, não se está diante de nenhum destes casos.

Disto se conclui que permitir que as pessoas se coloquem voluntariamente na condição de apátrida é respeitar sua dignidade, o que significa proteger a sua autonomia de modo a lhes permitir o exercício do direito de fazer escolhas e de se comportar conforme estas escolhas,[621] desde que estas não afetem a liberdade e a dignidade de terceiros. Respeitar estas escolhas é, como se disse, respeitar a autonomia individual, como parte do conteúdo da dignidade humana.[622] O contrário

---

[618] SARMENTO, Daniel. *Dignidade da pessoa humana*: conteúdo, trajetórias e metodologia. 2. ed. Belo Horizonte: Fórum, 2016. p. 161.

[619] *Ibidem*.

[620] BARROSO, Luis Roberto. *A dignidade da pessoa humana no Direito Constitucional contemporâneo*: a construção de um conceito jurídico à luz da jurisprudência mundial. Belo Horizonte: Fórum, 2016. p. 72-89.
SARMENTO, *op. cit.*, p. 33.

[621] *Ibidem*, p. 135.

[622] *Ibidem*, p. 143.

é revelado pelo paternalismo, consistente na suposição de que o Estado tem de proteger o indivíduo de si próprio.[623]

No caso brasileiro, não havendo previsão de autorização expressa, desconhece a burocracia administrativa tal possibilidade, o que inviabiliza, em termos práticos, o exercício desse direito que se procurou fundamentar. Nada obstante, o só fato de não se conhecer uma fórmula administrativa precisa para o exercício deste direito não pode e nem deve obstá-lo.

Enquanto não viável, na prática, a obtenção do reconhecimento administrativo da renúncia pura e simples à nacionalidade brasileira, como mero exercício do direito constitucional de petição, abre-se ao indivíduo a possibilidade de fazer valer a garantia da inafastabilidade da jurisdição, como é próprio de sistemas de jurisdição una como o brasileiro. É dizer, negado o reconhecimento administrativo da renúncia manifestada, abre-se a possibilidade de se judicializar a questão, podendo o Poder Judiciário emitir provimento, a um só tempo declaratório e constitutivo, que reconheça a efetiva perda da nacionalidade brasileira, entre outros fundamentos, pelos preconizados no presente estudo.

---

[623] NOVAIS, Jorge Reis. Renúncia a direitos fundamentais. *In*: MIRANDA, Jorge (Org.). *Perspectivas Constitucionais nos 20 anos da Constituição de 1976*. v. I. Coimbra: Coimbra Ed., 1996. p. 287.

CONCLUSÃO

Conclusões gerais

É possível renunciar à nacionalidade brasileira. Atualmente, o que significa ostentar uma nacionalidade? A nacionalidade encerra um feixe de direitos e obrigações. Entre os direitos, o de receber proteção diplomática no exterior e o de entrar e sair livremente do território. Mas será necessário ser nacional para viver e trabalhar regularmente no território? E para receber proteção diplomática no exterior? O direito internacional estabelece que apátridas devem ser tratados nos Estados Parte das Convenções que os protegem como estrangeiros regulares, o que significa dizer, em linhas gerais, que podem viver e trabalhar nestes Estados, o que leva à consideração sobre o fato de que, hoje, ser nacional encerra o desejo de pertencer a uma determinada nação; mudando o que deve ser mudado, nos mesmos moldes quase românticos preconizados pelo nacionalismo do século XIX. Mais que proteção e acolhimento pelo Estado, significa uma escolha existencial. Assim, ser nacional ou não é opção que se encontra dentro do âmbito de movimentação compreendido no direito de liberdade, entendido como um direito fundamental e como proteção da dignidade humana, na especifica vertente da autonomia.

O desejo de pertencer a um Estado se encontra alinhado com o desejo de a ele não pertencer. São duas percepções do mesmo fenômeno, pelas mesmas razões: ligar-se ou não a uma nação. Dúvida não há, no direito internacional, de que a ligação com um Estado, pela via do direito de nacionalidade, é e deve sempre ser facilitada, na medida em que o apátrida, indubitavelmente, encontra-se em posição de vulnerabilidade;[624] mas o desligamento do indivíduo em relação ao Estado por sua livre vontade não pode e nem deve ser impedido. A ideia de que o indivíduo não queira pertencer a um Estado, e tenha o

---

[624] Confira-se por todos: ARENDT, Hannah. *Origens do totalitarismo*: antissemitismo, imperialismo, totalitarismo. São Paulo: Companhia das Letras, 2011. p. 300-336.

direito de a ele não se ligar, não é estranha ao direito internacional, e é nele positivada há mais de 80 anos, como se viu da Convenção da Haia de 1930, sobre o direito que se assegura aos filhos de diplomatas de não adquirir a nacionalidade do local onde nasçam; e da mulher casada, de não adquirir, automaticamente, a nacionalidade do marido pelo casamento.

No direito comparado, a renúncia à nacionalidade configura, via de regra, mecanismo para evitar a dupla nacionalidade ou polipatria, sendo somente possível ao indivíduo rejeitar uma nacionalidade quando ostente outra. E só nestes casos. Os raros exemplos de renúncia pura e simples no direito estrangeiro estão previstos no *Immigration and Nationality Act*, norte-americano, que: (i) autoriza a renúncia; (ii) dela faz perder todos os direitos decorrentes da nacionalidade; e, (iii) pode efetivamente levar à apatridia; e na Constituição polonesa.

No direito brasileiro, a imensa maioria da doutrina entende não ser possível que um nacional, sob a vigência da Constituição da República Federativa do Brasil (CRFB) de 1988 – que como regramento do direito da nacionalidade reproduz em quase tudo as Constituições anteriores –, renuncie à nacionalidade brasileira, como se percebe do pensamento de Eduardo Espínola, Haroldo Valladão, Pontes de Miranda e Ilmar Pena Marinho. André Ramos Tavares, isoladamente, defende que a ausência de previsão constitucional da perda-abdicação não impede a renúncia pura e simples, considerado o fato de que a nacionalidade deve ser entendida como direito do indivíduo em face do Estado, e não o contrário.

A regulamentação constitucional do direito da nacionalidade no Brasil evidencia que a nacionalidade entre nós é um direito fundamental. Assim entendida, não prescreve, não pode ser alienada e, tampouco, em tese, renunciada. Muito desta ideia se deve à consideração, construída pelo direito internacional, de que a pessoa sem nacionalidade é alguém vulnerável, sem direitos, e, nessa medida, a nacionalidade também é um modo de proteção oferecido pelo Estado brasileiro a quem preencha os requisitos constitucionais para a obtenção da referida proteção. No entanto, se se trata de uma proteção, a questão que se coloca é saber se é possível utilizar a proteção contra o próprio protegido, impedindo que ele abra mão da nacionalidade pelas razões que entender suficientes. Neste sentido, é possível entender que não, uma vez que, se a finalidade desta proteção é evitar a apatridia involuntária – e é esta a finalidade –, não deve ser utilizada a proteção para impedir a apatridia voluntária e obrigar o nacional a ostentar tal condição, mesmo quando ela signifique um fardo.

CONCLUSÃO | 241

Neste ponto se dirá que além de constituir um direito, a nacionalidade implica uma série de obrigações. E como ficariam as obrigações do nacional que queira se demitir da nacionalidade brasileira? Exatamente como ficam as obrigações daqueles que perdem a nacionalidade como consequência da aquisição voluntária de outra nacionalidade por naturalização (fora das exceções previstas nas alíneas a e b, inc. II, §4º do art. 12 da CRFB de 1988). No Brasil, se a escolha por uma nacionalidade estrangeira for expressa, voluntária e formal, e não implicar apatridia, é perfeitamente possível a renúncia, ou seja: a desoneração das obrigações pelo nacional que venha a perder a nacionalidade brasileira é conhecida pelo direito constitucional brasileiro. O que não se conhece, ao menos expressamente, é a desoneração das obrigações como consequência da renúncia pura e simples (a perda-abdicação).

E ainda, se o nacional brasileiro renunciar à sua nacionalidade e, como apátrida, decidir ficar no Brasil? Neste caso, fará jus ao robusto sistema de proteção do estrangeiro regular no Brasil, somado ao específico sistema de proteção aos apátridas previsto na Convenção de 1954, internalizada pelo direito brasileiro, o que significa, por outro lado, que se submeterá às mesmas obrigações previstas para estrangeiros regulares e, especificamente, àquelas previstas pelo sistema próprio de proteção dos apátridas de que o Brasil, como se disse, é parte.

Neste ponto, não se descuida de que, em muitos lugares do mundo, o apátrida não pode regularmente trabalhar ou se casar, ou contratar, ou registrar seus filhos. Este é o risco que o brasileiro que se coloca nesta condição correrá em alguns lugares do mundo. No entanto, o risco de se submeter a ordenamentos distintos e às suas vicissitudes é o risco que corre qualquer estrangeiro no mundo, não configurando razão suficiente para se impedir a renúncia. Este não é o caso do Brasil, onde o apátrida se submete, como regra, ao mesmo regime jurídico previsto para estrangeiros regulares, com alguns eventuais privilégios, como, por exemplo, a facilitação de aquisição (no caso do brasileiro que renunciou à nacionalidade brasileira: a reaquisição) da nacionalidade, e, portanto, com a obtenção de todos os direitos dela decorrentes.

Por outro lado, a jurisprudência brasileira, reconhecendo o direito à nacionalidade como um direito fundamental, sempre reconheceu a possibilidade de sua reaquisição, e na mesma condição anteriormente havida. Se originária, é assim readquirida; e se secundária, poderá haver nova naturalização, de modo que se pode concluir que a renúncia à nacionalidade originária brasileira levaria – em tese e para quem concorda com a conclusão jurisprudencial –, a uma mera suspensão de seus efeitos, na medida em que a nacionalidade perdida pode ser sempre readquirida, a qualquer tempo, e na mesmíssima condição anterior.

No ponto, como se viu, a doutrina discorda da tese de que a nacionalidade é readquirida na mesma condição (originária) anterior. Ainda assim, poder-se-ia readquirir a nacionalidade (secundária), ou seja: por naturalização.

O direito brasileiro conhece algumas formas de renúncia à nacionalidade, embora entre elas não se encontre a possibilidade de renúncia à nacionalidade para colocação voluntária do indivíduo na condição de apátrida. Logo, a renúncia à nacionalidade necessita ser sistematicamente fundamentada no ordenamento. Isso se mostra necessário porque, ainda que teoricamente entendida a renúncia à nacionalidade como renúncia à direito fundamental, a construção teórica da renúncia a direito fundamental, como exceção, não teria, como consequência prática, no direito brasileiro, o despojamento das obrigações decorrentes do direito da nacionalidade, na medida em que pode ser entendida somente como não exercício em face do Estado de posição jurídica fundada em direito fundamental, e não como perda do direito. Assim, não invocar as prerrogativas decorrentes do direito de nacionalidade, com esse fundamento, não possibilita ao titular do direito se desonerar das obrigações dele decorrentes, que sempre podem ser exigidas pelo Estado, como, por exemplo, votar e tomar parte em julgamento do Tribunal do Júri; e nem permitiria, em tese, que o indivíduo fosse extraditado.

Assim, a renúncia à nacionalidade brasileira que leve à apatridia voluntária precisa ser juridicamente construída a partir de fundamentos que considerem a proteção à dignidade da pessoa humana, notadamente na vertente que corresponde ao direito de liberdade, de que decorre o exercício da autonomia privada, compreendida como o direito de fazer escolhas existenciais que não prejudiquem terceiros.

Conclusões de fundamentação

A irrenunciabilidade de direitos fundamentais como regra, e a possibilidade de renúncia entendida como decisão voluntária de não fazer valer posição jurídica frente ao Estado, não atendem, dogmaticamente, à possibilidade de renúncia à nacionalidade brasileira para que o indivíduo se coloque, voluntariamente, na condição de apátrida. É que, como se viu, a nacionalidade compreende um conjunto de direitos, mas, por igual, de obrigações, de modo que ao deixar de invocar o seu

CONCLUSÃO | 243

direito ou as prerrogativas que este encerra, não logra o indivíduo se demitir das obrigações correspondentes à nacionalidade, e tampouco obter a proteção destinada, normativamente, aos apátridas.

Neste sentido, a renúncia à nacionalidade brasileira como renúncia a direito fundamental pode ser entendida: (i) como efetivo exercício de direito fundamental, com fundamento na dignidade da pessoa humana; e, (ii) em sentido estrito, como o não exercício de determinadas prerrogativas próprias deste direito fundamental, tais como: não invocação de proteção diplomática no exterior e livre decisão de não entrar ou permanecer no território.

Contudo, o indivíduo que não exercita as prerrogativas decorrentes do direito fundamental de nacionalidade (denominada pelo doutrina de não exercício) não obteria: i) o direito de ser extraditado (ainda que possa se submeter, voluntariamente, a processo crime no exterior); (ii) o direito de não cumprir obrigações com o serviço militar, salvo eventual escusa de consciência, que também é prevista para nacionais, ou direito de não votar; e, (iii) o direito a receber proteção na condição de apátrida.

Neste ponto, quanto à irrenunciabilidade de direitos fundamentais, releva destacar que a nacionalidade brasileira perdida pode sempre ser readquirida, de modo que nunca será definitivamente perdida.

Assim, embora seja possível compreender a renúncia à nacionalidade brasileira como o não exercício de determinadas prerrogativas próprias deste direito fundamental – e embora se reconheça que o ordenamento jurídico brasileiro conheça algumas hipóteses de renúncia à nacionalidade brasileira –, a possibilidade de renúncia pura e simples que leve à apatridia voluntária reclama outro argumento de fundamentação, que considere a proteção à dignidade da pessoa humana, notadamente na vertente que corresponde ao direito de liberdade, que permite a concretização da autonomia, compreendida como o direito de fazer escolhas existenciais que não prejudiquem os outros. Esta é a proposta do estudo.

A doutrina aponta que o conceito de dignidade humana alcança: (i) o valor intrínseco de todos os seres; (ii) a autonomia de cada indivíduo; e, (iii) sua limitação por algumas restrições legítimas impostas em nome de valores coletivos. Logo, tratar os indivíduos com dignidade significa, entre outras coisas, reconhecer-lhes o direito de fazer escolhas existenciais, limitadas pela proteção da sua própria dignidade e da dignidade de terceiros. Não verificadas tais hipóteses, observa-se a liberdade como regra. Na hipótese apresentada neste estudo, a renúncia à nacionalidade brasileira consubstancia liberdade que não poderia validamente ser limitada por nenhuma destas duas hipóteses.

Por outro lado, tecnicamente, o que não se encontra expressamente proibido, nem comandado, deve estar permitido, de modo que, se a renúncia não é expressamente vedada – e não é –, e se o renunciante, ao se colocar na condição de apátrida, não fica completamente desprotegido (proteção de sua própria dignidade), porquanto conta com um robusto sistema de proteção de estrangeiros no Brasil, nada impediria a renúncia pura e simples à nacionalidade brasileira, muito menos e, em especial, a ausência de previsão expressa.

Há mais. A vedação da renúncia, cuja proibição não é constitucionalmente expressa, violaria frontalmente o postulado da dignidade da pessoa humana, que ocupa posição de centralidade no ordenamento brasileiro, constituindo um dos fundamentos da República, conforme preconizado no art. 1º, inc. III, da CRFB de 1988.

Conclusões quanto às consequências da renúncia

a) Espécies de renúncia e suas consequências

É possível a renúncia à nacionalidade brasileira: (i) para a aquisição de outra nacionalidade, como decorrência de naturalização em país estrangeiro; (ii) manifestada no exterior, para que surta efeitos somente no exterior; ou manifestada no Brasil somente para que surta efeitos no exterior, o que pode ser obtido, por exemplo, por meio de um provimento judicial declaratório; e, (iii) manifestada no Brasil, com fundamento na ausência de proibição expressa no texto constitucional e na proteção ao direito geral de liberdade.

b) Efetiva renúncia à nacionalidade: forma de manifestação

Enquanto não se mostra viável, em termos práticos, a obtenção do reconhecimento administrativo da renúncia pura e simples à nacionalidade brasileira, como mero exercício do direito constitucional de petição, abre-se ao indivíduo a possibilidade de fazer valer a garantia da inafastabilidade da jurisdição, como é próprio de sistemas de jurisdição una, como o brasileiro. Assim, uma vez negado eventualmente o reconhecimento administrativo da renúncia manifestada, poderá o renunciante judicializar a questão – hipótese em que o Poder Judiciário emitirá provimento, a um só tempo declaratório e constitutivo, que reconheça a efetiva perda da nacionalidade brasileira, entre outros fundamentos, por aqueles apontados no presente estudo.

CONCLUSÃO | 245

c) Efetiva renúncia à nacionalidade: situação jurídica do ex-nacional

A renúncia fará do ex-nacional, que não possua outra nacionalidade, um apátrida, protegido no Brasil na condição de estrangeiro regular permanente; e, no exterior, na condição de apátrida sob proteção do Brasil, inclusive, com o uso de documento de viagem (passaporte) brasileiro.

Ao se despojar na nacionalidade brasileira, o ex-nacional que se torne apátrida não mais fica obrigado ao que o Estado brasileiro exige de seus nacionais, mas se submete às obrigações exigidas dos estrangeiros regulares no Brasil e aquelas previstas no Estatuto dos Apátridas (Convenção das Nações Unidas de 1954).

De fato, a apatridia voluntária faz perder todos os direitos assegurados somente a nacionais.

Em se tratando de direito fundamental, terá o ex-nacional brasileiro, como proteção subsidiária, a possibilidade de reaquisição da nacionalidade, de modo originário, para aqueles que entendem ser possível tal forma de reaquisição ou, ainda, de forma secundária, por naturalização, para quem entende somente ser possível esta forma de reaquisição.

REFERÊNCIAS

ABRAHAMIAN, Atossa Araxia. Mike Gogulski Might Be the First Case of Successful Voluntary Statelessness. *Vice*, 27 maio 2014. Disponível em: https://www.vice.com/en_us/article/a-bum-without-a-country-0000326-v21n5?utm_source=vicetwitterus. Acesso em: 08 maio 2019.

ACCIOLY, Hidelbrando. *Tratado de Direito Internacional Público*. 3. ed. histórica. São Paulo: Quartier Latin, 2009. v. 1.

ADAMY, Pedro Augustin. *Renúncia a direito fundamental*. Malheiros: São Paulo, 2011.

ALEINIKOFF, Thomas Alexander; MARTIN, David A; MOTOMURA, Hiroshi; FULLERTON, Maryellen. *Immigration and Citizenship*: Process and Policy. 7. ed. Thompson Reuters: Minnesota, 2012.

ALEXY, Robert. *Teoria dos direitos fundamentais*. Trad. de Virgílio Afonso da Silva. Malheiros: São Paulo, 2008.

ALLAND, Denis; RIALS, Stephane. *Dicionário da cultura jurídica*. São Paulo: Martins Fontes, 2012.

ALVES, José Carlos Moreira. *Direito Romano*. 14. ed. Rio de Janeiro: Forense, 2007.

AMARAL, Francisco. *Direito Civil*: introdução. 6. ed. Rio de Janeiro: Renovar, 2006.

AMORIM, Edgar Carlos. *Direito Internacional Privado*. 2. ed. Rio de Janeiro: Forense, 1992.

ANDRADE, Agenor Pereira de. *Manual de Direito Internacional Privado*. 5. ed. São Paulo: Saraiva, 1985.

ANDRADE, Willian Cesar; FANTAZZINI, Orlando. Dossiê "A Apatridia" – O direito de se ter um lugar a que chamamos de pátria. *Caderno de Debates Refúgio, Migrações e Cidadania*, v. 6, n. 6, p. 33-60, 2011. Disponível em: https://www.acnur.org/portugues/wp-content/uploads/2018/02/Caderno-de-Debates-06_Ref%C3%BAgio-Migra%C3%A7%C3%B5es-e-Cidadania.pdf. Acesso em: 08 maio 2019.

APÁTRIDA e oito maridos: os bastidores da vida de Elke Maravilha. *Veja*, 16 ago. 2016. Disponível em: http://veja.abril.com.br/entretenimento/apatrida-e-oito-maridos-os-bastidores-da-vida-de-elke-maravilha/. Acesso em: 08 maio 2019.

AQUAVIVA, Marcus Cláudio. *Teoria Geral do Estado*. 3. ed. São Paulo: Manole, 2010.

ARAÚJO, Nadia. *Direito Internacional privado*: teoria e prática brasileira. 4. ed. Rio de Janeiro: Renovar, 2008.

ARENDT, Hannah. *Origens do totalitarismo*: antissemitismo, imperialismo, totalitarismo. São Paulo: Companhia das Letras, 2011.

AUDIT, Bernard; D'AVOUT, Louis. *Droit Internacional privé*. 6. ed. Paris: Economica, 2010.

AUST, Anthony. *Handbook of International Law*. 1 ed.; 1. reimp. Cambridge: Cambridge Universtity Press, 2009.

AZAMBUJA, Darcy. *Teoria Geral do Estado*. 2. ed. rev. ampl. São Paulo: Globo, 2008.

AZPILCUETA, Martin de; REBELO, Fernão; SUÁREZ, Francisco. *In*: CALAFATE, Pedro (Dir. e Coord.). *A Escola Ibérica da Paz nas universidades de Coimbra e Évora (séculos XVI e XVII)*. v. II. Escritos sobre a Justiça, o Poder e a Escravidão.

BATALHA, Wilson de Souza Campos. *Tratado Elementar de Direito Internacional Privado*. São Paulo: Revista dos Tribunais, 1961. v. I – Parte Geral.

BAPTISTA, Olívia Cerdoura Garjaka. *Direito de nacionalidade em face das restrições coletivas e arbitrárias*. Curitiba: Juruá, 2007.

BATTIFOL, Henri; LAGARDE, Paul. *Traité du Droit International privé*. 8. ed. Paris: Librairie Générale de Droit et de Jurispridence, 1993.

BARRETTO, Vicente de Paulo. *O fetiche dos direitos humanos e outros temas*. 2. ed. Porto Alegre: Livraria do Advogado, 2013.

BARROSO, Luis Roberto. *A dignidade da pessoa humana no Direito Constitucional contemporâneo*: a construção de um conceito jurídico à luz da jurisprudência mundial. Belo Horizonte: Fórum, 2016a.

BARROSO, Luis Roberto. *Curso de Direito Constitucional Contemporâneo*. 5. ed.; 3. reimp. São Paulo: Saraiva, 2016b.

BARROSO, Luis Roberto. *O controle de constitucionalidade no Direito brasileiro*. 2. ed. São Paulo: Saraiva, 2006.

BARROSO, Luis Roberto. *O direito constitucional e a efetividade de suas normas*: limites e possibilidades da constituição brasileira. 6. ed. Rio de Janeiro: Renovar, 2002.

BERNARDES, Wilba Lúcia Maia. *Da nacionalidade*: brasileiros natos e naturalizados. Belo Horizonte: Del Rey, 1995.

BEVILÁQUA, Clovis. *Direito Internacional Privado*. Ed. histórica. Rio de Janeiro: Ed. Rio. 1977.

BEVILÁQUA, Clovis. *Princípios elementares de Direito Internacional Privado*. Edição Fac-Similar. Ed. Histórica. Rio de Janeiro: Ed. Rio, 1978.

BEZERRA, Elton. Menor vítima de "coiotes" deve ser naturalizado. *Revista Consultor Jurídico*, 07 jul. 2012. Disponível em: http://www.conjur.com.br/2012-jul-07/menor-vitima-trafico-pessoas-naturalizado-brasileiro. Acesso em: 08 maio 2019.

BOBBIO, Norberto. *Era dos direitos*. Nova ed.; 9. reimp. Rio de Janeiro: Elsevier, 2004.

BOBBIO, Norberto. *Teoria Geral do Direito*. São Paulo: Martins Fontes, 2007.

BODIN, Jean. *Six livres sur la Republique*. Paris: Librairie Generale Française, 1993. (Le Livre de Poche 17).

BONAVIDES, Paulo. *Curso de Direito Constitucional*. 18. ed. São Paulo: Malheiros, 2006.

BORCHARDT, Klaus-Dieter. *El ABC del derecho comunitario*. Luxemburgo: Oficina de Publicaciones Oficiales de las Comunidades Europeas, 1994.

REFERÊNCIAS | 249

BOUCHE, Nicolas. La Reforme de 1999 du Droit Allemand de la Nationalité. *Revue Internationale de Droit Comparé*, Paris, n. 4, p. 1036, 2002.

BRASIL. Supremo Tribunal Federal. *Extradição 441*. Tribunal Pleno. Relator Ministro Néri da Silveira. Brasília, 18 de junho de 1986. Disponível em: http://stf.jusbrasil.com.br/jurisprudencia/725668/extradicao-ext-441-eu. Acesso em: 08 maio 2019.

BRASIL. *Decreto nº 4.246*, de 22 de maio de 2002. Promulga a Convenção sobre o Estatuto dos Apátridas. Brasília, 2002. Disponível em: https://www.planalto.gov.br/ccivil_03/decreto/2002/d4246.htm. Acesso em: 08 maio 2019.

BRASIL. Supremo Tribunal Federal. *Mandado de Segurança nº 33.864*. Primeira Turma. Relator Ministro Roberto Barroso. Brasília, 30 de novembro de 2016.

BRAVO, Frederico de Castro y. *La nationalité, la double nationalité et la supra-nationalité.* La Haye: Academie de Droit International de La Haye, 1961. Recueil des Cours, t. 102.

BROWNLIE, Ian. *Principles of Public International Law.* 7. ed. Oxford: Oxford University Press, 2008.

BRUSCHI, Christian. L'Histoire Recent du Droit des Etrangers. *In*: REYDELLET, Michel. *L'étranger entre la loi e les juges*. Paris: L'Harmatan, 2008.

BURDEAU, Georges. *O Estado*. São Paulo: Martins Fontes, 2005.

CAETANO, Marcello. *Manual de Ciência Política e Direito Constitucional.* 6. ed.; 2. reimp. Coimbra: Almedina, 2006. t. I.

CAHALI, Yussef Said. *Estatuto do estrangeiro.* 2. ed. rev. atual. ampl. São Paulo: Revista dos Tribunais, 2011.

CALVO, Charles. *Droit International*: théorique et pratique. 12. ed. Paris: A. Durand et Pedone-Lauriel, 1870. t. I.

CANOTILHO, Joaquim José Gomes. *Direito Constitucional e Teoria da Constituição.* 7. ed.; 4. reimp. Coimbra: Almedina, 2003.

MENDES, José Sacchetta Ramos. *Laços de sangue*: privilégios e intolerância à imigração portuguesa no brasil. São Paulo: EDUSP, 2011.

CARVALHO, Dardeau. *Nacionalidade e cidadania*. Rio de Janeiro: Freitas Bastos, 1950.

CARVALHO, Luis Fernando de. *O recrudescimento do nacionalismo catalão*: estudo de caso sobre o lugar da nação no séc. XXI. Brasília: Fundação Alexandre Gusmão, 2016.

CASTRO, Amilcar de. *Direito Internacional Privado.* 5. ed. Rio de Janeiro: Forense, 2001.

CAVALCANTI, João Barbalho Uchoa. *Constituição Federal Brazileira*: comentários por João Barbalho U. C. 1902. Edição Fac-Similar. Brasília: Editora Senado Federal, 2002. (Coleção História Constitucional Brasileira). [Rio de Janeiro: Typographia da Companhia Litho-Typographia, 1902].

CAVARZERE, Thelma Thais. *Direito internacional da pessoa humana:* a circulação internacional de pessoas. Rio de Janeiro: Renovar, 1995.

CONSELHO DA EUROPA. *Convenção Europeia sobre a Nacionalidade*. Estrasburgo: Conselho da Europa, 1997. 19 p. Disponível em: http://gddc.ministeriopublico.pt/sites/default/files/documentos/instrumentos/convencao_europeia_nacionalidade.pdf. Acesso em: 09 maio 2019.

CORREIA, A. Ferrer. *Lições de Direito Internacional Privado*. Almedina: Lisboa, 2014. v. I.

CICCO, Claudio. *História do Pensamento Jurídico e da Filosofia do Direito*. 6. ed. São Paulo: Saraiva, 2012.

COMBACAU, Jean. L'opposabilité et la preuve de la nationalité de l'Etat em droit international. *In*: *Colloque de Poitiers*. *Droit international et nationalité*. Paris: A. Pedone, 2012.

CRETELLA JUNIOR, José. *Manual de Direito Administrativo*. 7. ed. Rio de Janeiro: Forense, 2005.

CRETELLA JUNIOR, José. *Curso de Direito Romano*. 31. ed. Rio de Janeiro: Gen/Forense, 2009.

CRICK, Bernard. *Em defesa da política*. Brasília: Ed. Unb, 1975.

CRORIE, Benedita da Silva Mac. *Os limites da renúncia a direitos fundamentais nas relações entre particulares*. Coimbra: Almedina, 2013.

CUNHA, Manuela Carneiro da. *Negros, estrangeiros*: os escravos libertos e sua volta à África. 2. ed. rev. ampl. São Paulo: Companhia das Letras, 2012.

DAILLIER, Patrick; PELLET, Allain. *Droit International Public*. 7 ed. Paris: Librairie Génerale de Droit et de Jurisprudence, 2002.

DAL RI JÚNIOR, Arno. Apresentação. *In*: VATTEL, Emerich de. *O direito das gentes ou princípios da lei natural aplicados à condução e aos negócios das nações e dos governantes*. Trad. de Ciro Moranza. Ijuí, RS: Ed. Ijuí, 2008.

DALLARI, Dalmo de Abreu. *Elementos de Teoria Geral do Estado*. 33. ed. São Paulo: Saraiva, 2016.

DANTAS, San Tiago. *Programa de Direito Civil*: Teoria Geral. 2. ed. Rio de Janeiro: Ed. Rio, 1979.

DEL'OLMO, Florisbal de Souza. A nacionalidade brasileira ao estrangeiro adotado: o caso das meninas guineenses. *In*: SANTOS, André Leonardo Copeti; DEL'OLMO, Florisbal de Souza (Orgs.). *Diálogo e entendimento*: direito e multiculturalismo & cidadania e novas formas de solução de conflitos. Rio de Janeiro: Forense, 2009. v. 1.

DEL'OLMO, Florisbal de Souza. A nacionalidade e sua presença no Direito Internacional privado. *In*: DEL'OLMO, Florisbal de Souza; KAKU, William Smith; SUSKI, Liana Maria Feix (Orgs.). *Cidadania e direitos humanos*: tutela e efetividade internacional e nacional. Rio de Janeiro: G/Z, 2011.

DETIENNE, Marcel. *A identidade nacional, um enigma*. Belo Horizonte: Autêntica, 2013.

DEPARDIEU: "Je reste Français et j'aurai la double nationalité belge". *Belga News*, 07 jan. de 2013. Disponível em: http://www.rtbf.be/info/medias/detail_depardieu-je-reste-francais-et-j-aurai-la-double-nationalite-belge?id=7903252. Acesso em: 08 maio 2019.

DIDEROT; D'ALEMBERT. *Enciclopédia*: verbetes políticos. São Paulo: EdUnesp, 2006.

DISTRITO FEDERAL. Justiça Federal. Tribunal Regional Federal da 1ª Região. *Remessa ex officio 9602434783*. Terceira Turma. Relator Desembargador Arnaldo Esteves Lima. Brasília, 12 de maio de 1998.

REFERÊNCIAS | 251

DISTRITO FEDERAL. Justiça Federal. Tribunal Regional Federal da 1ª Região. *Apelação Cível 200001000639728*. Quinta Turma. Relator Juiz Federal Vallisney de Souza Oliveira. Brasília, 16 de novembro de 2005.

DOLHNIKOFF, Miriam. *História do Brasil Império*. São Paulo: Contexto, 2017.

DOLINGER, Jacob. *Direito internacional privado*: parte geral. 9. ed. Rio de Janeiro: Renovar, 2007.

DOLINGER, Jacob. *Direito e amor*. Rio de Janeiro: Renovar, 2009a.

DOLINGER, Jacob. Saudades de D. Pedro II. *In*: DOLINGER, Jacob. *Direito e amor*. Rio de Janeiro: Renovar. 2009b.

DOLINGER, Jacob; TIBÚRCIO, Carmen. *Direito Internacional Privado*: Vade-Mécum, Edição universitária. 2. ed. Rio de Janeiro: Renovar, 2002.

DÓRIA, Antonio Roberto Sampaio. *Direito Constitucional Tributário e "Due Process of Law"*. 2. ed. Rio de Janeiro: Forense, 1986.

DUARTE, Feliciano Barreiras. *Regime jurídico comparado do direito de cidadania*: análise do estudo das leis de nacionalidade de 40 países. Lisboa: Âncora, 2009.

EDUARDO SAVERIN, o brasileiro do Facebook, conta sua história. *Veja*, 26 maio 2012. Disponível em: http://veja.abril.com.br/tecnologia/eduardo-saverin-o-brasileiro-do-facebook-conta-sua-historia/. Acesso em: 08 maio 2019.

ESPÍNOLA, Eduardo; ESPÍNOLA FILHO, Eduardo. *Tratado de Direito Civil brasileiro*. Rio de Janeiro: Freitas Bastos, 1940. v. V – Da Nacionalidade Brasileira.

ESPÍNOLA, Eduardo; ESPÍNOLA FILHO, Eduardo. *Tratado de Direito Civil Brasileiro*. Rio de Janeiro: Freitas Bastos, 1941. v. VI – Da Condição Jurídica dos Estrangeiros no Brasil.

EU POSSO RENUNCIAR minha cidadania brasileira sem ter outra cidadania? *Yahoo! Respostas*, [s.d.]. Disponível em: https://br.answers.yahoo.com/question/index?qid=20140122230820AAH5wej. Acesso em: 09 maio 2019.

FAGUNDES, Miguel de Seabra. *O controle dos atos administrativos pelo Poder Judiciário*. 4. ed. Rio de Janeiro: Forense, 1967.

FARIA, Milton. *Pareceres dos consultores jurídicos do Ministério das Relações Exteriores*. Distrito Federal: Ministério das Relações Exteriores Seção de Publicações, 1956. t. I –1903-1912.

FARIA, Milton. *Prática consular*. Distrito Federal: Ministério das Relações Exteriores Seção de Publicações, 1950.

FERNANDES, António José. *Direitos humanos e cidadania europeia*: fundamentos e dimensões. Coimbra: Almedina, 2004.

FERRAJOLI, Luigi. *A Soberania no mundo contemporâneo*. 2. ed. São Paulo: Martins Fontes, 2007.

FERREIRA, Leonardo. Impostos: Dispara o número de americanos que renunciam a cidadania dos EUA. *Brazilian Voice*, 17 abr. 2012. Disponível em: https://issuu.com/bvoice/docs/edi_1379_36_online. Acesso em: 08 maio 2019.

FERREIRA FILHO, Manoel Gonçalves. *Comentários à Constituição Brasileira*. São Paulo: Saraiva, 1975. v. 3.

FONTES, André. Nacionalidade brasileira e adoção internacional. *Revista da EMARF*, Rio de Janeiro, v. 15, n. 1, p. 9-16, ago. 2011. Disponível em: http://seer.trf2.jus.br:81/emarf/ojs/index.php/emarf/article/view/5/37. Acesso em: 11 maio 2019.

FUSTEL DE COULANGES. *A cidade antiga*: estudo sobre o culto, o Direito e as instituições da Grécia e de Roma. Trad. de José Cretella Júnior e Agnes Cretella. São Paulo: Revista dos Tribunais, 2003.

GAIO. *Instituições de Direito Privado Romano*. Tradução do texto latino e notas por J. A. Segurado e Campos. Lisboa: Fundação Calouste Gulbekian, 2010.

GAMA, André Couto e. *Sistema dos direitos da personalidade*. Belo Horizonte: D'Plácido, 2014.

GÉRARD DEPARDIEU obtient la citoyenneté russe. *Le Figaro*, 03 jan. 2013. Disponível em: http://www.lefigaro.fr/actualite-france/2013/01/03/01016-20130103ARTFIG00311-gerard-depardieu-obtient-la-citoyennete-russe.php. Acesso em: 08 maio 2019.

GILBERT, Martin. *Holocausto*: histórias dos judeus da Europa na Segunda Guerra Mundial. 2. ed. São Paulo: Hucitec, 2010.

GODOY, Gabriel Gualano de. Considerações sobre recentes avanços na proteção dos apátridas no Brasil. *Caderno de Debates Refúgio, Migrações e Cidadania*, v. 6, n. 6, p. 61-92, 2011. Disponível em: https://www.acnur.org/portugues/wp-content/uploads/2018/02/Caderno-de-Debates-06_Ref%C3%BAgio-Migra%C3%A7%C3%B5es-e-Cidadania.pdf. Acesso em: 08 maio 2019.

GODOY, Gabriel Gualano. A proteção internacional aos apátridas. *In*: JUBILUT, Liliana Lira; BAHIA, Alexandre Gustavo de Melo Franco; MAGALHÃES, José Luiz Quadros de. *Direito à diferença*. São Paulo: Saraiva, 2012. v. 2.

GUERIOS, José Farani Mansur. *A condição jurídica do apátrida*. Tese (Concurso à cadeira de Direito Internacional Privado) – Faculdade de Direito do Paraná, Universidade Federal do Paraná, Curitiba, 1936. Disponível em: https://acervodigital.ufpr.br/bitstream/handle/1884/24785/T%20-%20GUERIOS,%20JOSE%20FARANI%20MANSUR%20(T0930).pdf;jsessionid=5E9C868788BAA958C825FC3B8E5E7792?sequence=1. Acesso em: 08 maio 2019.

GUIMARÃES, Francisco Xavier da Silva. *Nacionalidade*: aquisição, perda e reaquisição. Rio de Janeiro: Forense, 1995.

HABERMAS, Jürgen. *Identidades nacionales y postnacionales*. 2. ed. Madrid: Tecnos, 1998.

HESPANHA, António Manuel. *Cultura jurídica europeia*: síntese de um milénio. Coimbra: Almedina, 2015.

HOBSBAWM, Eric J. *A era dos impérios*. São Paulo: Paz e Terra, 2011.

HOBSBAWM, Eric J. *Nações e nacionalismo desde 1780*. 5. ed. São Paulo: Paz e Terra, 2008.

HONNETH, Axel. *O direito da liberdade*. São Paulo: Martins Fontes, 2015.

IGLESIAS, Juan. *Direito Romano*. Tradução da 18. ed. espanhola. São Paulo: Revista dos Tribunais, 2012.

ISAY, Ernst. *De la Nationalité*. [S.l.]: Recueil des Cours de l'Academie de Droit International, 1924.

REFERÊNCIAS | 253

JOHNSON, Kevin R; ALDANA, Raquel; HING, Bill Ong; SAUCEDO, Leticia; TRUCIOS-HAYNES, Enid F. *Understanding Immigration Law*. San Francisco: LexisNexis, 2009.

JUNIOR, Lier Pires Ferreira. *O estrangeiro no Brasil*: legislação fundamental. Rio de Janeiro: Freitas Bastos, 2005.

JUSTO, A. Santos. *Direito Privado Romano*. 4. ed. Coimbra: Coimbra Ed., 2008. v. I –Parte Geral.

KALTHOFF, Henrique. *Da nacionalidade do direito internacional privado e na legislação comparada*. São Paulo: [s.n.], 1935.

KIM, Richard Pae. O conteúdo jurídico de cidadania na Constituição Federal do Brasil. *In*: MORAES, Alexandre de; KIM, Richard Pae. *Cidadania*: o novo conceito jurídico e a sua relação com os direitos fundamentais individuais e coletivos. São Paulo: Atlas, 2013.

KNOWLTON, Brian. More american expatriates give up citizenship. *The New York Times*, 25 abr. 2010. Disponível em: http://www.nytimes.com/2010/04/26/us/26expat.html. Acesso em: 08 maio 2019.

LA PRADELLE, Géraud de Geouffre de; NIBOYET, Marie-Laure. *Droit International Privé*. 2. ed. Paris: Lextenso, 2009.

LAGARDE, Paul. Les compétences de l'Etat en matière d'octroi et de décheance de la nationalité. *In*: *Colloque de Poitiers. Droit international et nationalité*. Paris: A. Pedone, 2012.

LECUCQ, Olivier. Propos Introductives. Nationalité et Citoyenneté. *In*: LANFRANCHI, Marie-Pierre; LECUCQ, Olivier; NAZET-ALLOUCHE, Dominique. *Nationalité et Citoyenneté*: perpectives de droit comparé, droit eurppéen et droit international. Bruxelas: Bruylant, 2012. (Coleção À la croisée des droits).

LÉGIER, Gérard. *Histoire du droit de la nationalité française*. Aix-en-Provence: Presses Universitaires d'Aix-Marseille, 2014. t. I.

LEGOMSKY, Stephen H.; RODRIGUEZ, Cristina M. *Immigration and Refugee Law and Policy*. 5. ed. New York: Foundation Press; Thomson Reuters, 2009.

LIBERATI, Wilson Donizeti. *Adoção internacional*. São Paulo: Malheiros, 1995.

LIMA, João Alberto de Oliveira; PASSOS, Edilenice; NICOLA, João Rafael. *A gênese do texto da Constituição*. Brasília: Senado Federal, 2013. v. II – Textos.

LITRENTO, Oliveiros L. *Manual de Direito Internacional Público*. Forense: Rio de Janeiro, 1968.

MACEDO, Paulo Emílio Borges de. *O nascimento do Direito Internacional*. São Leopoldo: Ed. Unisinos, 2009.

MACHADO, Reis; MIRANDA, Thiago Alves. Estados nacionais e as minorias. *In*: JUBILUT, Liliana Lyra; BAHIA, Alexandre Gustavo Melo Franco; MAGALHÃES, José Luiz Quadros (Coords.). *Direito à diferença*. São Paulo: Saraiva, 2013. v. 1.

MALLARMÉ, André. *Les fondateurs du droit international*. Paris: Panthéon-Assas, 2014.

MANCINI, Paquale Stanislao. *Direito Internacional*. Trad. de Tito Ballarino. Ijuí, RS: Ed. Ijuí, 2003.

MARCO, Carla. *O direito fundamental à nacionalidade*: a apatridia e a competência atributiva da ONU. Jundiaí, SP: Paco, 2015.

MARINHO, Ilmar Pena. *Tratado sobre a nacionalidade*. Rio de Janeiro: Departamento de Imprensa Nacional, 1956. v. I – Direito Internacional da Nacionalidade.

MARINHO, Ilmar Pena. *Tratado sobre a nacionalidade*. Rio de Janeiro: Departamento de Imprensa Nacional, 1957. v. III.

MARMELSTEIN, George. *Curso de direitos fundamentais*. São Paulo: Atlas, 2008.

MARTINS, Ana Maria Guerra. *A igualdade e a não discriminação dos nacionais de Estados terceiros legalmente residentes na União Europeia*: da origem na integração económica ao fundamento da dignidade do ser humano. Coimbra: Almedina, 2010.

MATTOSO, Katia de Queiróz. *ser escravo no Brasil*. 3. ed.; 2. reimp. São Paulo: Brasiliense, 2003.

MAUSS, Marcel. *A Nação*. São Paulo: Três Estrelas, 2017.

MAZZUOLI, Valério de Oliveira. *Curso de Direito Internacional Público*. 2. ed. São Paulo: Revista dos Tribunais, 2007.

MAZZUOLI, Valerio de Oliveira. *Direito Internacional privado*: curso elementar. Rio de Janeiro: Gen/Forense, 2015.

MEDEIROS, Ana Letícia Barauna Duarte. Multiculturalismo. *In*: BARRETO, Vicente. *Dicionário de Filosofia do Direito*. Renovar: Rio de Janeiro, 2006.

MEIRELLES, Hely Lopes. *Direito Administrativo Brasileiro*. 35. ed. São Paulo: Malheiros, 2009.

MELLO, Celso de Albuquerque. *Direito constitucional internacional*. 2. ed. rev. Rio de Janeiro: Renovar, 2000.

MELLO, Celso Antônio Bandeira. *Curso de Direito Administrativo*. 20. ed. São Paulo: Malheiros, 2006.

MIGRANT INFO. *Loss of Polish Citizenship*. 2015. Disponível em: http://www.migrant. info.pl/loss-of-polish-citizenship.html. Acesso em: 08 maio 2019.

MILZA, Pierre. *As Relações Internacionais de 1871 a 1914*. 2. ed. Lisboa: Edições 70, 2007.

MIRANDA, Jorge. *Curso de Direito Internacional Público*. 4. ed. Lisboa: Principia, 2009.

MIRANDA, Pontes de. *Direito Internacional privado* Rio de Janeiro: José Olympio, 1935. t. I. Fundamentos – Parte Geral.

MIRANDA, Pontes de. *Nacionalidade de origem e naturalização no direito brasileiro*. Rio de Janeiro: A. Coelho Branco, 1936.

MIRANDA, Pontes de. Comentários à Constituição de 1967. Revista dos Tribunais: São Paulo, 1967. t. IV.

MIRANDA, Pontes de. *Tratado de Direito Privado*. São Paulo: Revista dos Tribunais, 2012. t. I – Das pessoas físicas e jurídicas.

MORAES, Celina Bodin de. *O conceito de dignidade humana*: substrato axiológico e conteúdo normativo. *In*: SARLET, Ingo Wolfgang. *Constituição, Direitos Fundamentais e Direito Privado*. Porto Alegre: Livraria Advogado, 2003.

MORAES, Maria Celina Bodin de; KONDER, Carlos Nelson. *Dilemas de direito civil-constitucional*: casos e decisões. Renovar: Rio de Janeiro, 2012.

MOREIRA, Adriano. *Teoria das Relações Internacionais*. 6. ed. Coimbra: Almedina, 2010.

MOUGEL, François-Charles; PACTEAU, Séverine. *Histoire des Relations Internationales*. 10. ed. Paris: PUF, 1998.

NOVAIS, Jorge Reis. Renúncia a direitos fundamentais. *In*: MIRANDA, Jorge (Org.). *Perspectivas Constitucionais nos 20 anos da Constituição de 1976*. v. I. Coimbra: Coimbra Ed., 1996.

PALOMBARA, Joseph La. *A política no interior das nações*. Brasília: Ed. Unb, 1974.

PAUPÉRIO, A. Machado. *O conceito polêmico de soberania*. 2. ed. Rio de Janeiro: Forense, 1958.

PEDERNEIRAS, Raul. *Direito Internacional Compendiado*. 11 ed. rev. e ampl. por Oscar Tenório. Rio de Janeiro: Freitas Bastos, 1956.

PIEROTH, Bodo; SCHLINK, Bernhard. *Direitos fundamentais*. São Paulo: Saraiva, 2012.

POCOCK, John. *Cidadania, historiografia e res publica*: contextos do pensamento político. Coimbra: Almedina, 2013.

POLÔNIA. Consulado Geral da República da Polônia em Nova Iorque. *Renunciation of Polish Citizenship*. 2015. Disponível em: http://newyork.mfa.gov.pl/en/consular_information/polish_citizenship/renunciation_polishconsulate/. Acesso em: 08 maio 2019.

OCTAVIO, Rodrigo. *Direito do Estrangeiro no Brazil*. Rio de Janeiro: Francisco Alves, 1909.

OCTAVIO, Rodrigo. *Le Droit International Privé dans La Legislation Brésilienne*. Paris: Librairie de La Societé du Recueil Sirey, 1915.

OCTAVIO, Rodrigo. *Elementos de Direito Público e Constitucional Brasileiro*. 3. ed. Rio de Janeiro: F. Briguiet e Cia, 1927.

OCTAVIO, Rodrigo. *Direito Internacional Privado*. Rio de Janeiro: Freitas Bastos, 1942.

ONU. Alto Comissariado das Nações Unidas para Refugiados. *Apátridas*. 2015. Disponível em: http://www.acnur.org/portugues/quem-ajudamos/apatridas/. Acesso em: 08 maio 2019.

ONU. Alto Comissariado das Nações Unidas para Refugiados. *Manual de Proteção aos Apátridas*: de acordo com a Convenção de 1954 sobre o Estatuto dos Apátridas. Genebra: ACNUR, 2014. 116 p. Disponível em: http://www.acnur.org/t3/fileadmin/Documentos/Publicaciones/2014/Manual_de_protecao_aos_apatridas.pdf. Acesso em: 08 maio 2019.

ORDZGI, Antônio Elias. A atuação da Polícia Federal. *In*: SEMINÁRIO O DIREITO DOS MIGRANTES NO BRASIL, 2012, Rio de Janeiro. *Anais...* Rio de Janeiro, 2012.

PELA PRIMEIRA VEZ, equipe de refugiados disputa Olimpíada. *Portal Brasil*, 05 ago. 2016. Disponível em: http://www.brasil.gov.br/cidadania-e-justica/2016/08/pela-primeira-vez-equipe-de-refugiados-disputa-olimpiada. Acesso em: 09 maio 2019.

RAMOS, André de Carvalho. Asilo e refúgio: semelhanças, diferenças e perspectivas. *In*: *60 anos de ACNUR*: perspectivas de futuro. São Paulo: CLA, 2011.

RAMOS, Rui Manuel Moura. *Estudos de direito português da nacionalidade*. Coimbra: Coimbra Ed., 2013.

RENAN, Ernst. *Qu'est-ce qu'une nation*. Pierre Bordas et fils: Paris, 1991.

REZEK, Francisco. *Direito Internacional Público*: curso elementar. 13. ed. São Paulo: Saraiva, 2011.

REZEK, Francisco. *Le droit international de la nationalité*. La Haye: Academie de Droit International de La Haye, 1986. Recueil des Cours, t. 198.

REX, Andreia Lisangela. Nacionalidade primária do estrangeiro adotado por brasileiro no exterior: promoção dos direitos fundamentais e da dignidade. *In*: SANTOS, André Leonardo Copeti; DEL'OLMO, Florisbal de Souza (Orgs.). *Diálogo e entendimento*: direito e multiculturalismo & cidadania e novas formas de solução de conflitos. Rio de Janeiro: Forense, 2010. v. 2.

RIBAS, Conselheiro Joaquim. *Direito Civil Brasileiro*. Edição Fac-Similar. Rio de Janeiro: Editora Rio, 1983.

RICUPERO, Bernando. Nação/Nacionalismo. *In*: DI GIOVANNI, Geraldo; NOGUEIRA, Marco Aurélio (Orgs.). *Dicionário de políticas públicas*. 2. ed. São Paulo: EdUnesp, 2015.

RIO DE JANEIRO (Estado). ESPÍRITO SANTO (Estado). Justiça Federal. Tribunal Regional Federal da 2ª Região. *Apelação Cível 200550020004119*. Oitava Turma. Relator Desembargador Federal Raldênio Bonifacio Costa. Rio de Janeiro, 16 de junho de 2009. Disponível em: https://trf-2.jusbrasil.com.br/jurisprudencia/5702122/apelacao-civel-ac-200550020004119-rj-20055002000411-9. Acesso em: 08 maio 2019.

RIVERO, Jean; MOUTOUH, Hugues. *Liberdades públicas*. São Paulo: Martins Fontes, 2006.

RODRIGUES, Paulo Cesar Villela Souto. Apresentação da Corte Internacional de Justiça: fundamentos da jurisdição internacional e o conceito de soberania. *In*: BERNER, Vanessa; BOITEAUX, Luciana (Orgs.). *A ONU e as questões internacionais contemporâneas*. Rio de Janeiro: Freitas Bastos, 2014.

ROUSSEAU, Jean-Jaques. *Do contrato social*: texto integral. Martin Claret: São Paulo, 2000.

SAND, Shlomo. *A invenção do povo judeu*. São Paulo: Benvirá, 2011.

SANDEL, Michael J. *O liberalismo e os limites da justiça*. Trad. de Carlos Pacheco do Amaral. Lisboa: Fundação Calouste Gulbenkian, 2005.

SANTOS, Carlos Maximiliano Pereira dos. *Comentários à Constituição Brasileira de 1981*. Edição Fac-Similar. Brasília: Editora Senado Federal, 2005. (Coleção História Constitucional Brasileira). [Rio de Janeiro: Jacinto Ribeiro dos Santos editor, 1918].

SANTOS, André Leonardo Copetti; DEL'OLMO, Florisbal de Souza. *Diálogo e entendimento*: Direito e multiculturalismo & cidadania e novas formas de solução de conflitos. Rio de Janeiro: Gen/Forense, 2009. v. 1.

SARLET, Ingo Wolfgang. *A eficácia dos direitos fundamentais*: uma teoria geral dos direitos fundamentais na perspectiva constitucional. 12. ed. Porto Alegre: Livraria do Advogado, 2015.

SARLET, Ingo Wolfgang; MARINONI, Luiz Guilherme; MITIDIERO, Daniel. *Curso de Direito Constitucional*. 4 ed. São Paulo: Saraiva, 2015.

SARMENTO, Daniel. *Dignidade da pessoa humana*: conteúdo, trajetórias e metodologia. 2. ed. Belo Horizonte: Fórum, 2016.

SAVIGNY, Friedrich Carl von. *Sistema do Direito Romano atual*. Trad. de Ciro Mioranza. Ijuí, RS: Ed. Unijuí, 2004. v. VIII.

REFERÊNCIAS | 257

SCHWABE, Jürgen. *Cinquenta Anos de Jurisprudência do Tribunal Constitucional Federal Alemão*. Berlin: Konrad Adenauer Stftung, 2005.

SILVA, José Afonso da. *Comentário contextual à Constituição*. 2. ed. São Paulo: Malheiros, 2006a.

SILVA, José Afonso da. *Direito Constitucional Positivo*. 26. ed. Malheiros: São Paulo, 2006b.

SINGER, Reinhard. A renúncia aos direitos fundamentais à luz do direito privado alemão e a proteção da pessoa contra si mesma. *Revista da Faculdade de Direito da Universidade Federal do Paraná*, n. 50, p. 44-46, 2009.

SHAW, Malcolm N. *Direito Internacional*. São Paulo: Martins Fontes, 2010.

SOUZA, Arthur de Brito Gueiros. *As novas tendências do Direito Extradicional*. 2. ed. rev. atual. ampl. Rio de Janeiro: Renovar, 2013.

SOUZA, Arthur de Brito Gueiros. *Presos estrangeiros no Brasil*: aspectos jurídicos e criminológicos. Rio de Janeiro: Lumen Juris, 2007.

SPENCER, Philip; WOLLMAN, Howard. *Introduction. Nations and Nationalism. A reader*. New Jersey: Rutgers University Press, 2005.

STRENGER, Irineu. *Direitos e obrigações dos estrangeiros no Brasil*. 2. ed. São Paulo: LTR, 2003.

STRENGER, Irineu. *Teoria Geral do Direito Internacional Privado*. São Paulo: Edusp, 1973.

STRENGER, Irineu. *Direito Internacional Privado*. 2. ed. São Paulo: Revista dos Tribunais, 1991. v. I.

TAVARES, André Ramos. *Curso de Direito Constitucional*. 14. ed. São Paulo: Saraiva, 2016.

TCHEN, Vincent. *Droit des Étrangers*. 2. ed. Paris: Elipses, 2011.

THE INCREDIBLE Stories of Inger Miller & Donghua Li. 01 out. 2014. 1 vídeo (29 min., 44 seg.). Publicado pelo canal Olympic Channel. Disponível em: https://www.youtube.com/watch?v=sL1zfBprgDE. Acesso em: 08 maio 2019.

TIBURCIO, Carmen. A nacionalidade à luz do direito internacional e brasileiro. *In*: CICCO FILHO, Alceu José; VELLOSO, Ana Flávia Penna; ROCHA, Maria Elizabeth Guimarães Teixeira (Orgs.). *Direito Internacional na Constituição*: estudos em homenagem a Francisco Rezek. São Paulo: Saraiva, 2014.

TIBURCIO, Carmen. *Temas de Direito Internacional*. Rio de Janeiro: Renovar, 2006.

TIBURCIO, Carmen. *The Human Rigths of Aliens under International and Comparative Law*. Haia: Martinus Nijhoff Publishers, 2001.

TIBURCIO, Carmen; BARROSO, Luís Roberto. *Direito Constitucional Internacional*. Rio de Janeiro: Renovar, 2013.

TENÓRIO, Oscar. *Direito Internacional Privado*. 11. ed. Rio de Janeiro: Freitas Bastos, 1976. v. I.

TENÓRIO, Oscar. Reconhecimento internacional da apatridia. *Arquivos do Ministério da Justiça e dos Negócios Interiores*, n. 55, set. 1955.

THIELLAY, Jean-Philippe. *Le droit de la nationalité française*. 3. ed. Paris: Berger Levraut, 2011.

TORRES, Ricardo Lobo. *O direito ao mínimo existencial*. Rio de Janeiro: Renovar, 2009.

UNITED STATES OF AMERICA. U. S. Citizenship and Immigration Services. *Path to U. S. Citizenship.* 22 jan. 2013. Disponível em: https://www.uscis.gov/us-citizenship/citizenship-through-naturalization/path-us-citizenship. Acesso em: 09 maio 2019.

UNITED STATES OF AMERICA. U.S. Citizenship and Immigration Services. *Immigration and Nationality Act,* 1952. Disponível em: https://www.uscis.gov/legal-resources/immigration-and-nationality-act. Acesso em: 08 maio 2019.

UNITED STATES OF AMERICA. U. S. Department of State. *Renunciation of U.S. Nationality Abroad.* 2015. Disponível em: https://travel.state.gov/content/travel/en/legal-considerations/us-citizenship-laws-policies/renunciation-of-citizenship.html. Acesso em: 08 maio 2019.

VANDENDRIESSCHE, Xavier. *Le Droit des Étrangers.* 5. ed. Paris: Dalloz, 2012.

VALLADÃO, Haroldo. *Direito Internacional Privado.* 4. ed. Rio de Janeiro: Freitas Bastos, 1974. v. I.

VALLADÃO, Haroldo. *Estudos de Direito Internacional Privado.* Rio de Janeiro: José Olympio, 1947.

VATTEL, Emerich de. *O Direito das Gentes ou Princípios da Lei Natural Aplicados à Condução e aos Negócios das Nações e dos Governantes.* Tradução de Ciro Moranza. Editora Ijuí: Ijuí, 2008.

VERWILGHEN, Michel. *Conflits de nationalités*: plurinatioinalité et apatridie. Academie de Droit International de La Haye. The Hague: Martinus Nijhoff Publishers, 2000. Tire à part du Recueil des Cours, t. 277, 1999. Hors de Commerce.

VERHOEVEN, Joe. Etat, nation et nationalité. En guise de conclusion. *In: Colloque de Poitiers. Droit international et nationalité.* Paris: Editions A. Pedone, 2012.

VITA, Álvaro de. *Liberalismo igualitário.* São Paulo: Martins Fontes, 2008.

VITORIA, Francisco de. *Relectiones*: sobre os índios e o poder civil. Brasília: Ed. Unb; Fundação Alexandre de Gusmão, 2016.

WEISSBRODT, David. *Immigration Law and Procedure.* 4. ed. Minnesota: West Group, 1998.

WELLISCH, Maurício. *Legislação sobre Estrangeiros.* Rio de Janeiro: Imprensa Nacional, 1941.

WHITAKER, José Maria. *Letra de câmbio.* 5. ed. São Paulo: Revista dos Tribunais, 1957.

XAVIER, Alberto. *Direito Tributário Internacional do Brasil.* 5. ed. Rio de Janeiro, 2012.

ZIPPELIUS, Reinhold. *Teoria Geral do Estado.* São Paulo: Saraiva, 2016.

Esta obra foi composta em fonte Palatino Linotype, corpo 10
e impressa em papel Offset 75g (miolo) e Supremo 250g (capa)
pela Gráfica Laser Plus.